宮本武蔵の一生

濱田昭生

宮本武蔵の一生

濵田昭生

はじめに

二〇一二年（平成二四年）、筆者は、『宮本武蔵は、名君 小笠原忠真の「隠密」だった』（東洋出版）を執筆、出版した。図書新聞（三〇八七号、同年一一月二四日発行）でも取り上げられ書評を賜ったことは、我が誉れであった。

＊図書新聞…植田隆氏の書評

…武蔵は諸国修行の身でありながら、養子の伊織が高い地位にいたことを不思議に思ったものだった。武蔵が名高い武芸者であったからといって、その養子を任官させるというのは、確かに、なにかしらの理由がなければありえないことかもしれない。隠密と小姓のセット案という筆者の考えは、意外にも的を射てるかもしれない。……

さて今般、再度、武蔵を執筆しようと思った切っ掛けは、武蔵の真実が概して解明されているにも拘《かかわ》らず、そうした真実、事実を語ることなく今も徒《いたずら》に愚論を繰り返し、その間違った内容を伝説化していると見たからである。その内容とは次の通り。

①武蔵の「生国」と「生年」は、一九六一年（昭和三六年）、兵庫県加古川市にある泊神社で「伊織の棟札」という歴史的な大発見があったことから、それぞれ「兵庫県高砂市米田町」および「一五八二年（天正一〇年）」と確定した。それにも拘らず、今でも根強く、生国は「岡山県英田郡大原町」（本書は、以降「作州・大原」と称す）、生年は「一五八四年（天正一二年）」だ、と言われ続けている。

②「巌流島の決闘」に圧勝した武蔵は、次の達人を求めて悠然と去っていくが如くにクローズアップされ認識されている。それにも拘らず、これ以降の武蔵は真剣勝負を止めて、その手に筆墨を握っているのだ。まして武蔵の書『五輪書《ごりんのしょ》』には、この「巌流島の決闘」後に、それまでの武蔵は「弱い者としかやらない強い者は避ける卑怯で兵法も知らない未熟な自分があった」ということを自覚した件《くだり》がある。するとこの決闘は、武蔵の人生にとって一大転機となった、と考える。

だが吉川英治（一八九二〜一九六二年）らの通説ストーリーは、かような変化に目もくれず、今も筋違いな虚構内容の展開に見識張って真実が述べられていない。

③一六一八年、明石藩主・小笠原忠真《ただざね》が明石城の縄張を、武者修行中の剣豪・宮本武蔵が城下町の町割り（都市計画）を手掛けたといわれている。だが通常、城の守護に関わる「縄張と町割り」は、築城における最高機密であるが故に、よそ者などに任せるはずがない。それにも拘らず、どうして武蔵が任されたのかが論じられていない。

④一六一七年、武蔵の養子・三木之助一四歳は、家康の曾孫《ひまご》で次期姫路藩主となる本多忠《ただ》刻《とき》（千姫の婿）の小姓に登用されたが、一六二六年、忠刻の早死にで三木之助は殉死《じゅんし》した。その直後、武蔵の養子・伊織一五歳が、同じく家康の曾孫で明石藩主・小笠原忠真の小姓に登用されたのだ。何ゆえに、こう縁も所縁《ゆかり》もない二人が、それぞれ徳川の親藩に登用されたのか。その理由が、一切、論じられていない。

　まして伊織は、二〇歳で家老、二一歳で二千五百石、二七歳で四千石を貰い受けるほどに、飛び抜けて出世していくのである。しかし伊織に皆が納得するほどの実績があれば別だが、藩主・忠真は、藩の序列も無視し、また古参家臣らの反感を買ってまで（？）

出世させていく理由が、これ又、論じられていない。

⑤武蔵は、仕官を希望していたと言う。だが仕官が決まる頃になると、武蔵は家老級の「高禄」を要求したり、あるいは身形《みなり》も整えず入浴もせず悪臭を振り撒《ま》く「不潔さ」を擬装したことで、全ての仕官が断られていくのだ。仕官を希望する身の者が、何ゆえにそんな断られるようなことをしたのか、その理由が解明されていない。

⑥通説では、武蔵は最後に熊本・細川忠利の好意に縋《すが》って客分になり余生を過ごしたという。だが武蔵の養子・伊織は、隣の「九州探題」小倉藩の家老である。親子が二君に仕えることは、それぞれの藩の機密事項が筒抜けとなるようなものである。これが、許されるのか。「君主の為」にと武士の法を説く武蔵の『五輪書』や、細川藩に分藩危機が存在していることを考えると、通説は大変な間違いを犯しているのではないか。

⑦伊織が建てた周囲を圧するほどの巨大な武蔵顕彰碑「小倉碑文」は、如何《いか》なる理由があって建てられたのか。さらに伊織が勝手に建てれば、藩主や幕府も黙っていないであろう。然るに今日まで無傷で堂々と建っていることは、皆の承諾があったのではないか。

だがこれまで建立の理由や皆の承諾なども、一切議論されていない。

右記の内容を疑問と思わず、また「実在した武蔵」の姿や事実を論じることもなく、武蔵を適当に断片的に解釈しストーリー化してきた識者、論者らは、武蔵の真実を見極めておらず、結局、武蔵を曲解、歪曲《わいきょく》していると言っても過言ではない。

筆者は少し憤りを感じながらも、そうした連続性のない断片的な話ばかりに終始しているのは、やはり武蔵に一貫した実際の一代記が未だにないからだと考える。

そこで本書は、武蔵を解明する為に、現実的な時代認識の中で右記の内容も読み解いた「武蔵の一生」を何とか取り纏《まと》めていかねばならない……、と痛感した次第である。

ところで武蔵の話を展開するには、どうしても当時の時代考証は勿論《もちろん》のこと、主君・小笠原忠真や養子・伊織をも語っていかないと、武蔵の置かれた状況を巧く説明し得ないので、この辺りは冗長となるが、承知願いたい。

尚、本書では、史料の引用などや年号の表記についてを、次の通りとした。

イ. 史料などの引用についてはⅹ印、筆者の考えなどについては※印、をもって表示した。史料引用において、その口語訳に解釈が多くある「伊織の棟札」、あるいは口語訳が判りづらい『綿考輯録《めんこうしゅうろく》』『大日本近世史料　細川家史料』については、勝手ながら拙訳をもって引用記載した。しかしながら拙訳に拡大解釈などがあるかも知れないことを、この場でお断りしておきたい。

ロ. 年号の表示は、比較し易くする為に西暦とした。その和暦と西暦の対比は左記の通り。また月日は旧暦であり、人物の年齢は数えである。

永禄（一五五八〜七〇）、元亀（一五七〇〜七三）、天正（一五七三〜九二）、
文禄（一五九二〜九六）、慶長（一五九六〜一六一五）、元和（一六一五〜二四）、
寛永（一六二四〜四四）、正保（一六四四〜四八）、慶安（一六四八〜五二）、
承応（一六五二〜五五）、明暦（一六五五〜五八）、万治（一六五八〜六一）、
寛文（一六六一〜七三）、延宝（一六七三〜八一）、天和（一六八一〜八四）。

加えて武蔵を理解する上で、重要な三つの史料、武蔵の著書および武蔵に関する史料、さらには当時の幕府草創期での動きなども、以下1．〜3．に掲げておきたい。

1．重要な三つの史料について

（1）『五輪書』（宮本武蔵原著、大河内昭爾訳…以下省略）…序文の一部

「わが兵法の道を二天一流と名づけ、数年にわたって鍛錬してきたことを、ここに初めて書物にあらわそうと思う。

ときは寛永二〇年（一六四三年）一〇月上旬、九州肥後の地の岩戸山に上り、天を拝し、観音をおがみ、仏前にむかう。生国播磨の武士、新免武蔵守、藤原の玄信。年を重ねて六〇歳。

自分は若年の頃から兵法の道に心をかけ、一三歳のとき初めて勝負した。その相手である新当流・有馬喜兵衛という兵法者に打ち勝ち、ついで一六歳のとき、但馬国の秋山という強力な兵法者に打ち勝った。二一歳のとき都へ上り、天下の兵法者に会って数度の勝負を決したが、勝利を得ないということはなかった。

その後、国々をまわって、諸流の兵法者と出会い、六〇余度も勝負した。だが、一度も不覚をとったことはない。これは一三歳から二八、九までのことである。

三〇歳をすぎたとき、自分の歩んできた跡をふりかえって、勝ったのは決して兵法

をきわめたためではなく、身に生まれつきの能がそなわり、それが天の理に叶ってい
たためか、それとも相手の兵法が不十分だったためではないかと自覚した。
その後、さらに深い道理を得ようと、朝に夕に鍛錬をつづけた結果、おのずと兵法
の道の真髄を会得できるようになったのは、五〇歳の頃のことである。
それ以来、とくに探求すべき道もなく歳月を送っている。兵法の道理にしたがって、
それを諸芸諸能の道としているから、一切の事柄にわたって自分には師匠はない。い
まこの書をつくるにあたっても、仏法や儒教の古い言葉を借りることもなく、軍記や
軍法の古いことも用いず、この二天一流の見解、真実の心を書きあらわそうと、天の
道と観世音を鏡として、一〇月一〇日の夜も暁方に近い午前四時、筆をとって書き始
めるものである。
そもそも、兵法というものは武士の法である。武将たるものは、とりわけこの法を
実行し、兵卒たるものもまたこの道を知るべきである。が、いま世の中に兵法の道を
しっかりと弁えた武士というものは、なかなか存在しないものだ。…」

（２）泊神社の「伊織の棟札」…漢文は『宮本玄信伝史料集成』参照のこと

「伊織の棟札」は、久しくその存在が判らなかったが、昭和三六年、加古川市・泊神社（参照「図１」「図４」）の屋根裏から発見されたことによって、武蔵の生国などが解明される大きな手掛かりとなったのである。その漢文による棟札の写しは、拝殿上部に掲示されている。

この「伊織の棟札」とは、一六五三年、武蔵の養子・宮本伊織（一六一二〜七八年）が氏神である泊神社の社殿再建にあたり願主として奉納した板札である。そして再建後には、伊織は能舞台、石灯篭、三十六歌仙額をも献納した。また米田天神社（参照「図４」）も同様に再建し同種のものが献納されたという。

尚、五三〇余字に及ぶ漢文の棟札には、武家の名門・赤松の出だが田原と改姓したこと、米田生まれであること、武蔵が新免の養子、伊織が武蔵の養子になったことなどを、次様の通りに記している。この棟札の内容は、小倉広寿山福聚寺・法雲和尚が撰述したといわれている［参考「宮本家系図覚書」（引用『宮本玄信伝史料集成』）］。

—泊神社「伊織の棟札」…口語文および（　）内は筆者—

「余（宮本伊織）の祖先は、人王六二代村上天皇の第七王子の具平《ともひら》親王（九六四～一〇〇九年）の流れを伝える赤松氏（初代は則村で播磨の守護大名、法名は円心…一二七七～一三五〇年）の出である。高祖の刑部太夫持貞（円心の曾孫、四世。田原家の初代）は時運がふるわなかった。故にその顕氏（名門・赤松）を避けて田原に改称し、播州印南郡河南庄米堕邑（村）に住み、子孫代々ここで産まれた。曽祖父は左京太夫貞光といい、祖父は家貞（九世。後掲『宮本玄信伝』では七世と記す）といい、先父は久光という。貞光以来、相継いで（御着城主）小寺一番の麾下《きか》（黒田官兵衛らの家来）に属してきた。故に今も筑前（福岡。城主は黒田家）に於いてその子孫を見る。

　作州の顕氏に神免（新免）なる者がいたが、天正の間（一五七三～一五九二年）、後継ぎがないまま、筑前秋月城で亡くなった（その死を江戸時代とする記録あり）。遺を受け家を継承したのを武蔵掾《えん》玄信といい、後に宮本と氏を改めた。また（その武蔵にも）子がないため、余が義子（養子）となった。故に余は今もその氏を称している。

　余の結髪（元服…一五歳）の頃、元和年間（一六一五～一六二四年。次の寛永の間違いでは?）に、信州出身の小笠原右近太夫源忠政（忠政は、後に忠真と改名）と播州明石で主として関わり（君臣関係。一六二六年に小姓で登用）、今また豊前の小倉で従っている。

　然るに、木村、加古川、西宿村、舟本村【西河原村】、友澤村、稲屋村、古新村、上

新村、米堕、中嶋、鹽《えん》市【今在家村、小畠村、奥野村、北河原村】、今市の総一七村の氏神として号し奉っているのが、泊大明神なのである。古老伝えて云うに、ここは紀伊の日前神を勧請《かんじょう》し奉っている所である。しかも米堕には、また別に菅神（米田天神社…泊神社の分霊）を崇めている。

　近頃、二社ともに、ほとんど崩れ朽ちている。余の一族はこれを深く嘆いている。故に、一つは、君主（小笠原家）の家運栄久を奉祈し、一つには、父祖世々の先志を慰めたいと欲し（武蔵も含めた先祖供養）、そこで謹んで申し上げます。家兄の田原吉久、舎弟の小原玄昌および田原正久などと、世の習いとして匠の技を従え（宮大工などを集め）事を成し、今ここに新しく二社を再建させていただきます。

（再建によって得る神のご加護や功徳の話については、省略）

尚、玄昌が小原の氏者となったのは、摂州有馬郡小原城主の上野守信利には後継ぎの信忠と私を生んだ母（各）一人で（あるが、その信忠には）、男子が無く、天正の間、（信忠は）播州三木城主の中川右衛門太夫に従い（朝鮮出兵し）、高麗で戦死したに到る。故に母の命に従って、玄昌がその（小原の）氏を継いだというのが理由です。

時に　承応巳《み》癸《みずのと》二年（西暦一六五三年）五月日　　宮本伊織源貞次　謹白」

（3）「小倉碑文」（引用『宮本武蔵―日本人の道』）…漢文は『宮本玄信伝史料集成』を参照のこと

［題字］―「天仰 実相 円満 兵法 逝去 不絶」―

（解釈）天を仰げば、ありのままの真実が満ち満ちている。（理に適った）兵法は、それを担った者が亡くなろうが絶えるものではない。

［本文］―

「…播州の英産、赤松末葉、新免の後裔武蔵玄信、号は二天。…二刀兵法の元祖なり。父新免は号無二、十手の家をなす。武蔵は家業を受け朝鑽暮研、思惟考索、十手の利あきらかに一刀に倍し、甚だ以て夥しきを灼知す。

…まさに一三にして初めて播州に至り、新当流有馬喜兵衛なる者と進んで雌雄を決し忽ち勝利を得る。一六歳の春但馬の国に至り、大力量の兵術人、秋山と名のる者と勝負を決し、反掌の間にその人を打ち殺し、芳声街に満つ。

後に京師に至り扶桑第一の兵術吉岡という者と雌雄を決せんと請い、彼の家の嗣清十郎と洛外蓮台野において竜虎の威を争い、雌雄を決するといえども、木刃の一撃に触れ、吉岡倒れて臥し眼前にて息絶える。あらかじめ一撃の諾あるにより命根を輔弼《ほひつ》する、彼の門生等助けて板上に乗せて去り、薬治温湯ようやく復すも遂に兵術を棄て雉髪《ちはつ》しておえる。しかして、吉岡伝七郎また出て洛外に雌雄を決す。伝七郎は五尺余の木刃を袖にし来る。武蔵その機に臨み彼の木刃を奪い、これを撃てば地に伏し立ち所に死す。吉岡の門生はうらみ（冤）をいだき密かに語りていう、兵術の妙を以て敵対する所にあらず、帷幄《いあく》に於いてはかりごと（籌）をめぐらし、吉岡又七郎は兵術にこと寄せ、洛外下り松の辺りにおいて会す。彼の門生数百人、兵杖（仗？）・弓箭《きゅうせん》を以て忽ちこれを害せんと欲す。武蔵は普段（平日）から先を知るの才有り、竊《ひそか》に非義の働を察し吾が門生に謂って云く、汝等傍人となり速に退け、たとえ怨敵は群を成し隊を成すとも、我これを視るに浮雲の如し、何ぞこれを恐れん、衆敵の散するや走狗猛獣を追うに似ると。（武蔵の門人）威をふるいて帰る。洛陽の人皆これに感嘆す。勇勢智謀、一人を以て万人に敵するは、実に兵家の妙法なり。是より先、吉岡代々は公方の師範と為し、扶桑第一の兵法術者の号有り、その霊陽院義昭公の時、新免無二を召し、吉岡に令して兵術の勝負を決せんとす。三度限り以てす、吉岡一度利を得、新免両度勝を決す、ここに於いて新免無二をして日下無双兵法術者の号をくだされる、故に武蔵洛陽に至り吉岡と数度勝負を決し、遂に吉岡兵法家を泯絶《びんぜつ》す。

ここに兵術の達人、名、岩流あり、彼と雌雄を決せんを求む、岩流云く真剣を以て雌雄を決せんと請う。武蔵云く、汝は白刃を揮《ふる》って其の妙を尽くせ、吾は木戟《ぼくげき》を提えて此の秘を顕さんと堅く漆約《しつやく》を結ぶ。長門と豊前のきわ海中に島あり舟島と謂う。両雄同時に相会し、岩流は三尺の白刃を手に来たりて命を顧みずして術を尽くす。武蔵木刃を以てこれを一撃、電光猶遅き（早業）でこれを殺す、故に俗に舟島を改め岩流島（巌流島）と謂う。

およそ一三より壮年まで、兵術の勝負六〇余場、一として勝たざるはなし。…古より兵術の雌雄を決する人、其の数を算するに、幾千万なるを知らず。然りと雖《いえど》も、夷《い》洛《らく》において、英雄豪傑に向かい、前《すす》んで人を打ち殺すは、今古《きんこ》その名を知らず武蔵一人を耳にするのみ。兵術の威名、四夷（全国）に遍《あまね》き、其の誉れ古老の口に絶えず、いま人の肝に銘じしは誠に奇なりや妙なりや。力量早雄《そうゆう》、尤も他と異にせり。武蔵常に言う、兵術の手熟するを心得え、一毫《いちごう》も私なければ、則《すなわ》ち恐らくは戦場に於て大軍を領し、また国を治めるも、豈《あに》難しからずや。…礼・楽・射・御・書・数の文に通じざるはなし。況《いわ》んや小芸・巧業殆んど成して成さざるはなし、蓋《けだ》し大丈夫の一体なり。…故に孝子碑を立て、以て不朽を伝え後の人に見せしむ。嗚呼偉なる哉」

2. 武蔵の著書および武蔵に関する史料などについて

武蔵の著書については、写本しか存在していないので、常にその真贋《しんがん》が議論されている。そこでこの真贋について語っているのが『図説　宮本武蔵の実像』であると思うので、その内容を以下に記しておきたい。尚、確定した武蔵の著書と武蔵関連の主な史書なども、左記①、②に区分けし作成年順に掲げておくこととする

「武蔵の著作としては『五輪書』が有名であるが、…自筆本がなく、写本で残されているものが多い。…このように写本を研究した結果、『五輪書』は確かに武蔵の著作であるが、現在の公刊本の本文はかなり訂正する必要があること、『兵法三十五箇条』には増補版の写本があり、これも併せてみると現在の流布本は校訂する必要があること、この二書と『独行道』以外に、『兵道鏡』『兵法書付』『五方之太刀道』という著作も、武蔵のものであることが判明した」

①武蔵の六つの著書

一六〇五年…　『兵道鏡』

一六三八年…『兵法書付』
一六四一年…『兵法三十五箇条』
一六四二年頃…『五法之太刀道』
一六四五年…『五輪書』『独行道』

②武蔵関連の主な史書など
一六五三年…宮本伊織が奉納した播州加古川・泊神社の「伊織の棟札」
一六五四年…宮本伊織が建立した小倉・手向山《たむけやま》にある「武蔵顕彰碑」
一六六一～八〇年…『小笠原忠真一代覚書　乾坤《けんこん》』
一六六二年…林羅山『羅山文集』
一六六六年…釈恵中『海上物語』
一六七一年…沼田延元『沼田家記』
一八世紀初期…豊田正剛『武公伝』
一七〇九年頃…杉木三之丞義隣『渡辺幸庵対話』
一七一六年…日高繁高『本朝武芸小伝』
…熊沢正典『武将感状記』

一七一六年…　菅原国枝『菅公図匣《はこ》書』
一七二七年…　丹治峯均『兵法大祖武州玄信公伝来』（＝『丹治峯均筆記』）
一七三六年…　長野升太夫『明石記』
一七五五年…　豊田景英『二天記』
一八世紀中期…柏崎永以『古老茶話』
一七六二年…　平野傭脩『播磨鑑』
一七八二年…　丹羽信英『兵法先師伝』
一七九〇年…　三上元竜『撃剣叢談』
一八一五年…　『東作誌』
一八三〇年頃…小島礼重『鵜の真似』
一八三八年…　本庄茂満『宮本玄信伝』
一八四三年…　「宮本三家系図」
一八四六年…　「宮本家系図」
一八五〇年…　宮本貞章「宮本家由緒書」
一八五一年…　荻昌国『新免武蔵論』

3. 徳川幕府草創期の主な動きなどについて

隠密などが陰で活躍したと思しき江戸時代初期の幕府体制が脆弱な時の世の主な動きなどを、次に掲げて見る。取り分け取り潰した大名らについて、二代将軍・秀忠の時から次々強権を発動したといわれる三代将軍・家光（在職…一六二三～五一年）の時にピークに達した「お家の除封件数」は、巷間では四四家にも上ったという（参考『江戸時代年表』など。尚、『徳川幕府事典』にいう除封件数は、家康期…四一家、秀忠期…三八家、家光期…四七家とある）。

幕府としては不穏な要因などを一刻も早く摘発、処分し、また一方では、制度の締め付けなどを厳しくしながら、堅固な幕藩体制を確立していったわけである。

一六一二年　キリシタン禁教令…教会の破却、宣教師ら四百名もの国外追放。
一六一四年　豊臣秀頼に内通したという理由で、小田原・大久保忠隣の改易。
一六一五年　大坂夏の陣。
　　　　　　一国一城令、武家諸法度、禁中並公家諸法度などを発布。
一六一六年　家康逝去、享年七五歳。
一六一八年　熊本・加藤にお家騒動あり家老らは流刑。

一六一九年　広島・福島正則、城の無断修理で改易。

長崎代官、反逆罪で処刑。

一六二二年　江戸城の普請を諸大名に命じ割り当てる。

日光東照宮で家康の七回忌法要。

宇都宮・本多正純の改易。山形・最上義俊の改易。

一六二三年　家光二〇歳、三代征夷大将軍に任ぜられる。

家康の孫で越前北庄・松平忠直二八歳が秀忠に謀反を企てたということで隠居させ豊後へ配流。

一六三〇年　岡山・池田でお家騒動あり、裁定を幕府に要請。

一六三一年　駿河大納言・徳川忠長、不行跡により甲斐へ蟄居、後に自害。

海外渡航の禁止による邦人への一種の鎖国令。その後、キリシタン信者の改宗を図る為に、五人組制度や「踏み絵」の実施。

一六三二年　秀忠逝去、享年五四歳。

熊本・加藤忠広、謀叛などの疑いで改易。

甲斐谷村・鳥居成次の除封。遠州掛川・朝倉宣正の除封。

四国大洲・脇坂安信の改易。松山・池田長幸の改易。

一六三三年　福岡・黒田でお家騒動あり、家老は配流。
一六三四年　江戸城西の丸、炎上。
一六三五年　参勤交代の実施。
一六三六年　江戸城総改築の普請を諸大名に命じ割り当てる。
一六三七年　島原の乱。
一六三八年　島原・松倉勝家の改易。唐津・寺沢堅高の減封。
一六三九年　江戸城本丸、炎上。
一六四一年　播磨山崎・池田輝澄の改易。高松・生駒高俊の改易。
一六四三年　会津・加藤明成の改易。良純法親王の甲斐への配流。
一六四五年　赤穂・池田輝興、乱心により除封。
常陸府中・皆川成郷、無嗣廃絶。
一六四六年　庄内藩お家騒動により家老一族を処罰。
一六四七年　唐津・寺沢堅高、自害により除封。
一六四八年　石見浜田藩・古田重恒の改易。
一六五〇年　丹波柏原・織田信勝、無嗣廃絶。
一六五一年　三河刈谷・松平定政、幕政批判により除封。

図1…西日本の都市などの位置図

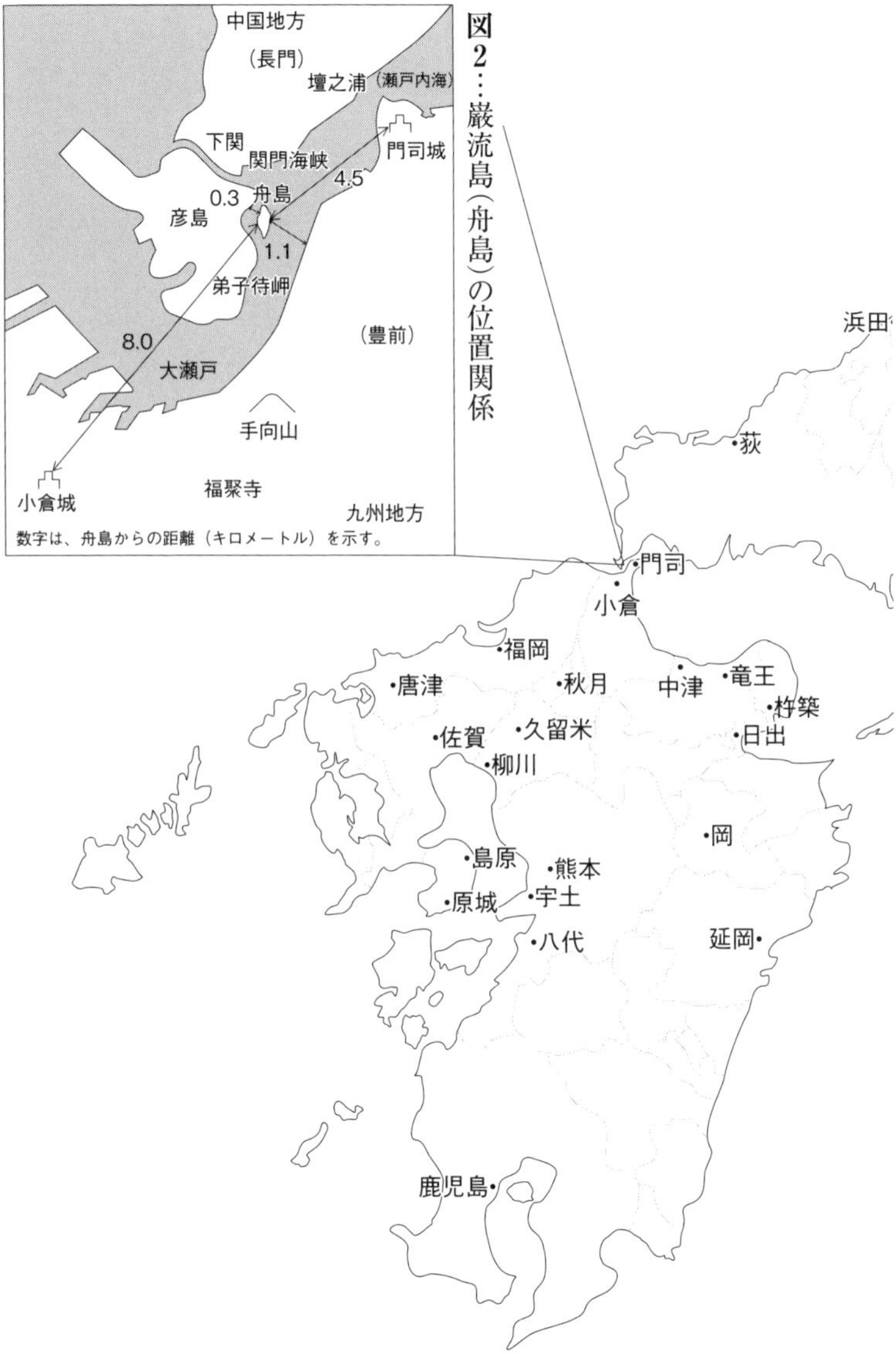

図2…巌流島（舟島）の位置関係

図3…家康と本多・小笠原らの血縁関係図

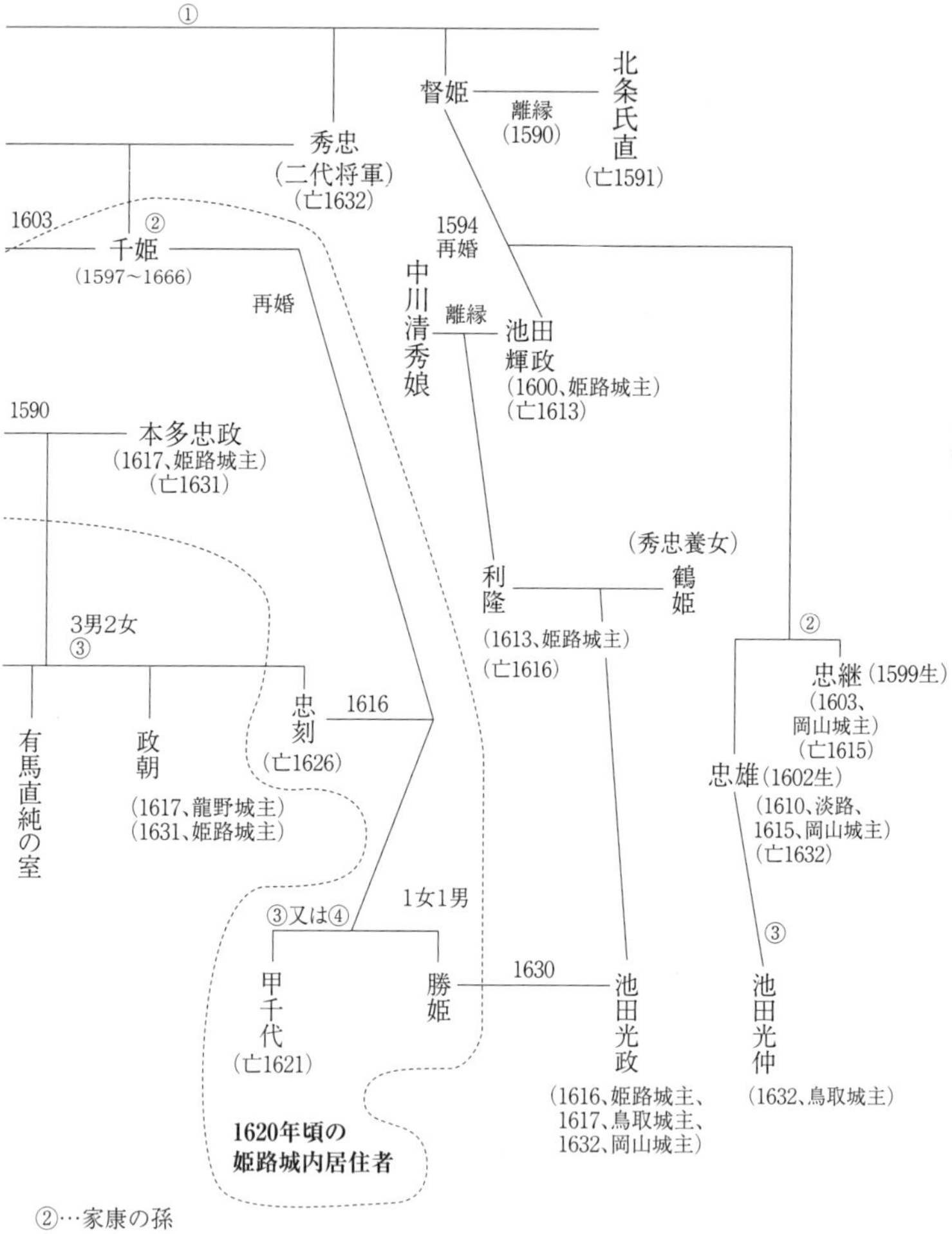

②…家康の孫
④…家康の玄孫《やしゃご》

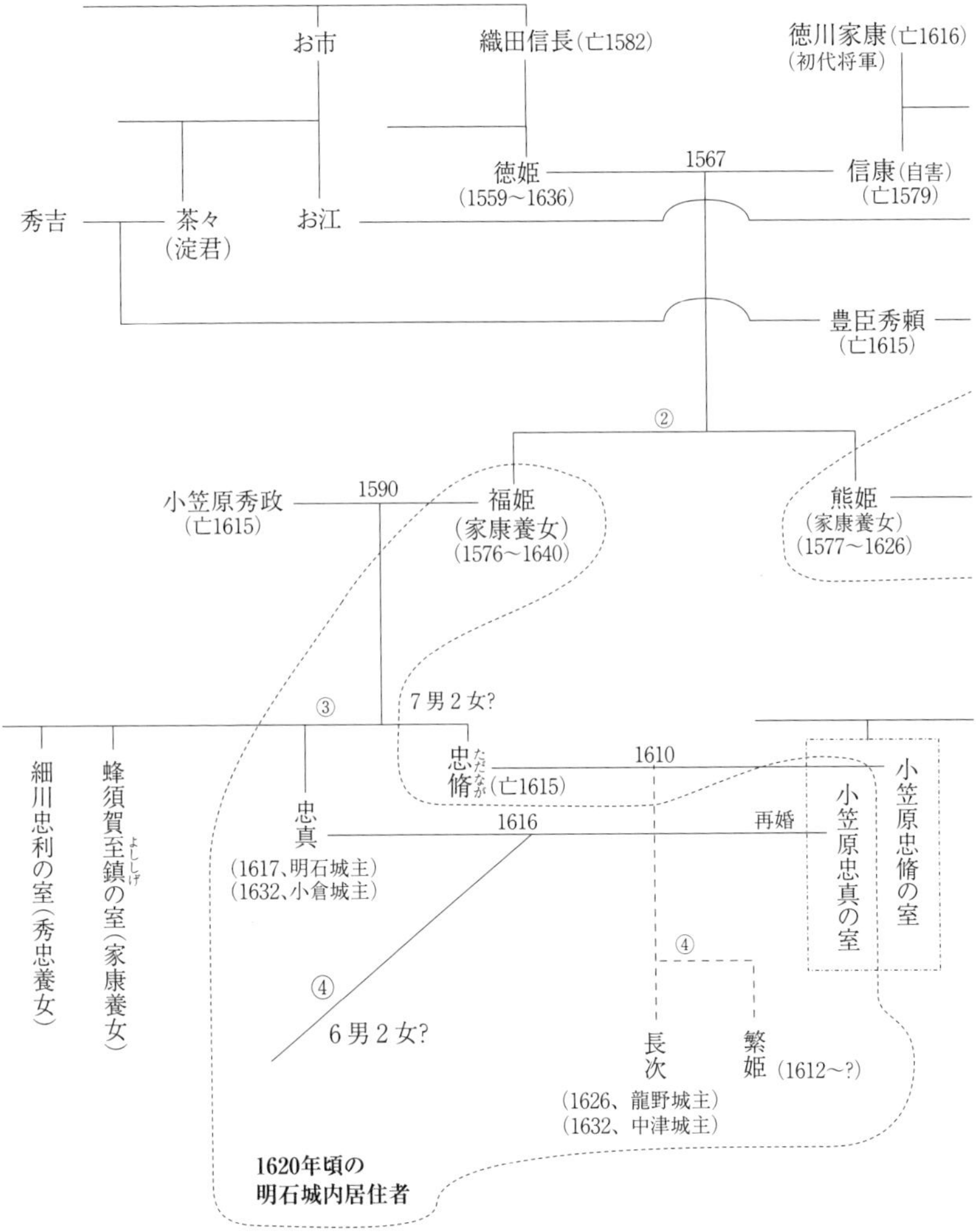

①…家康の子

③…家康の曾孫《ひまご》

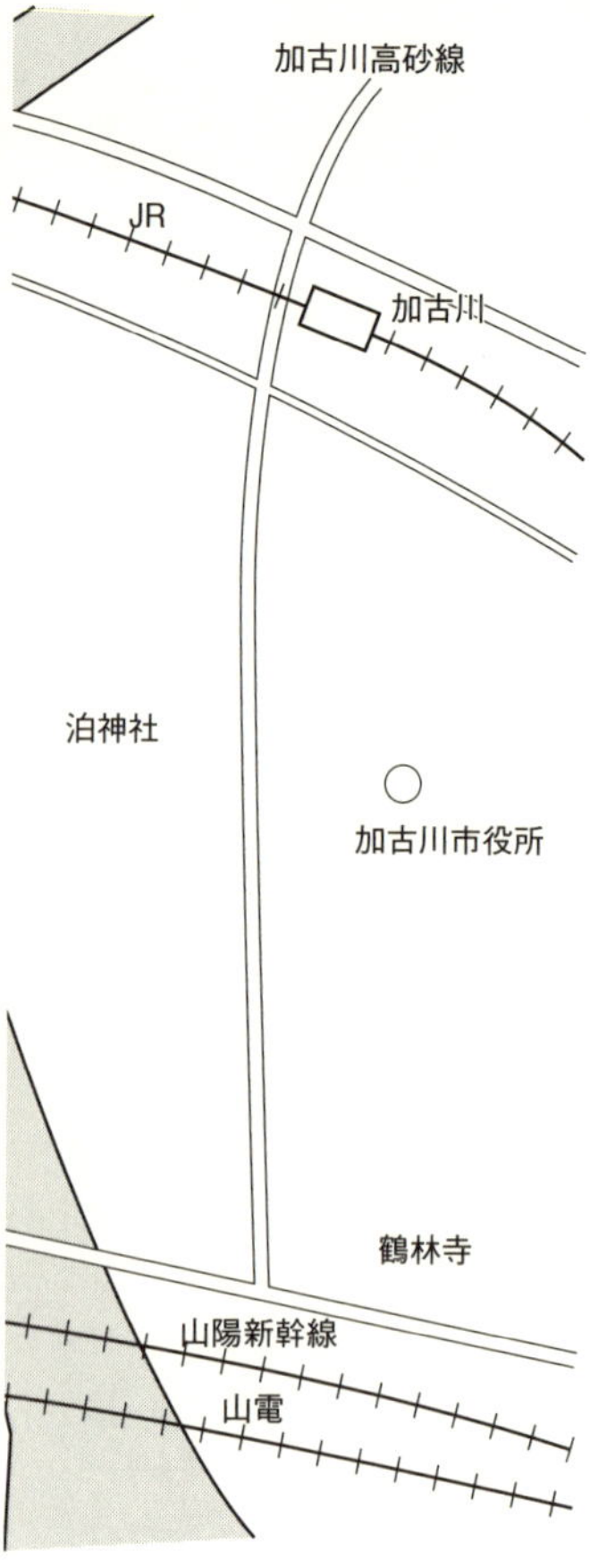

①西光寺内…「宮本武蔵・伊織顕彰会」事務局、五輪之庭、「宮本武蔵・伊織之像『文武両道』」
②米田天神社
③神宮寺
④巨大石碑「宮本武蔵・伊織生誕地」、資料館、石碑「米堕発祥之地」
⑤石碑「田原家之屋敷跡」…広島在住の梅本武氏が建立

図4…武蔵・伊織と高砂、加古川

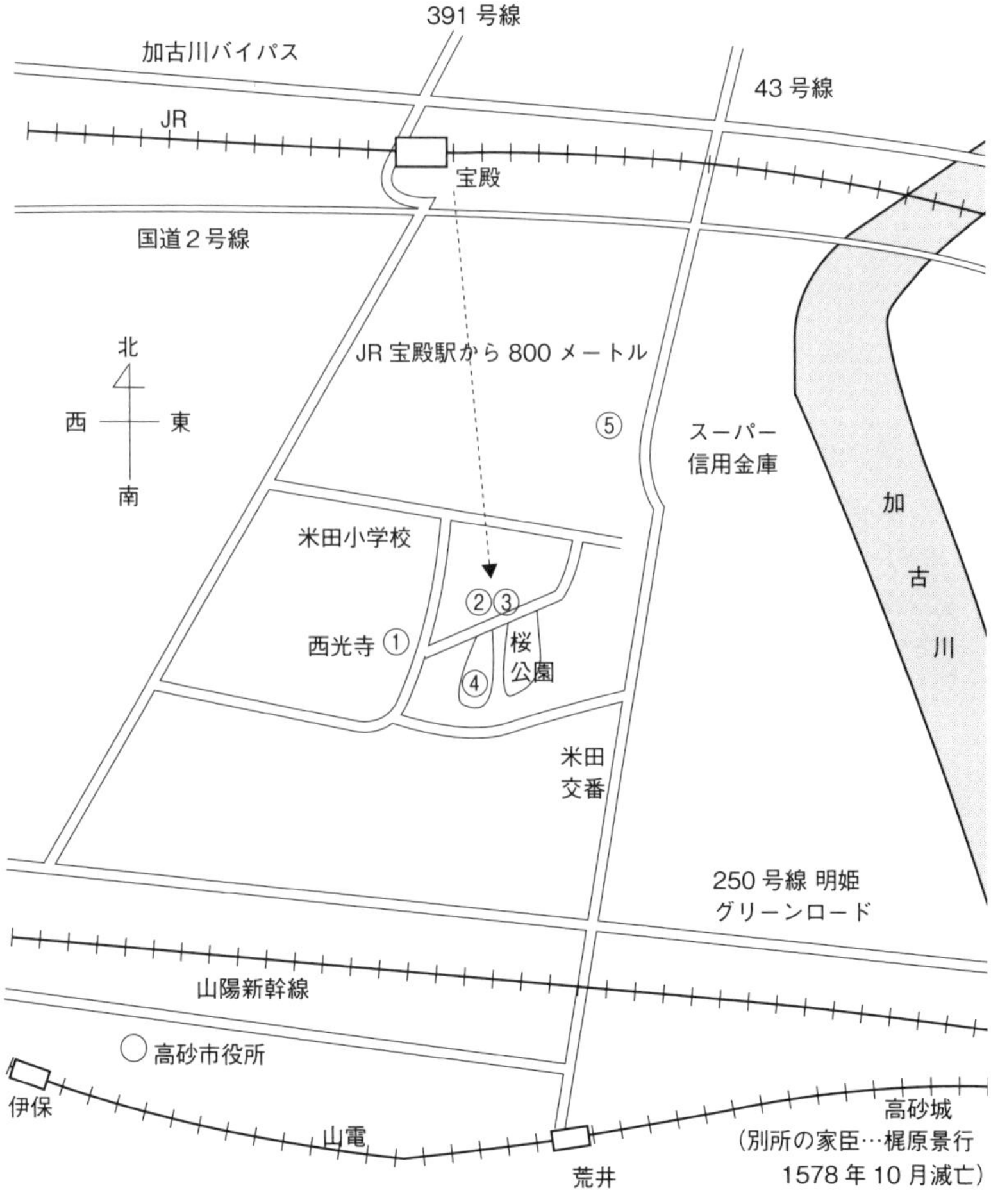

宮本武蔵（1582～1645）の
明石における業績・功績など

イ．明石の町割り（都市計画）

ロ．明石城内・樹木屋敷（大庭園）の築造

ハ．庭園（枯山水）
- ① 本松寺
- ② 円珠院
- ③ 如意寺福聚院（櫨谷）
- ④ 浜光明寺（借景）

ニ．湯たんぽ…将軍家へ献上

・武蔵の明石在住は、1618～1632年。
・1632年、武蔵も小倉へ。

小笠原忠真（1596～1667。号は福聚寺）について

・信長と家康の曾孫、1606年、将軍・秀忠御前にて元服。
・1615年、大阪夏の陣で活躍、官職「右近太夫」を賜る。
但し、実父、実兄が戦死。家康命で、亡実兄の名代として、その子・長次元服までの後見人となり、又その兄嫁と結婚。
・1617年、松本から船上へ。1618年、将軍・秀忠は忠真に対し、姫絡の義父・本多忠政と相談の上、新城築城を命じた。忠政は、城と城下町が一体となった「城市要塞」論の権威・宮本武蔵を忠真に紹介。忠真は武蔵に町割りなどを命じた。
・1619年、明石城築城。1631年、明石城炎上、急ぎ修築。
・1632年、忠真は、九州探題として小倉15万石へ栄転。

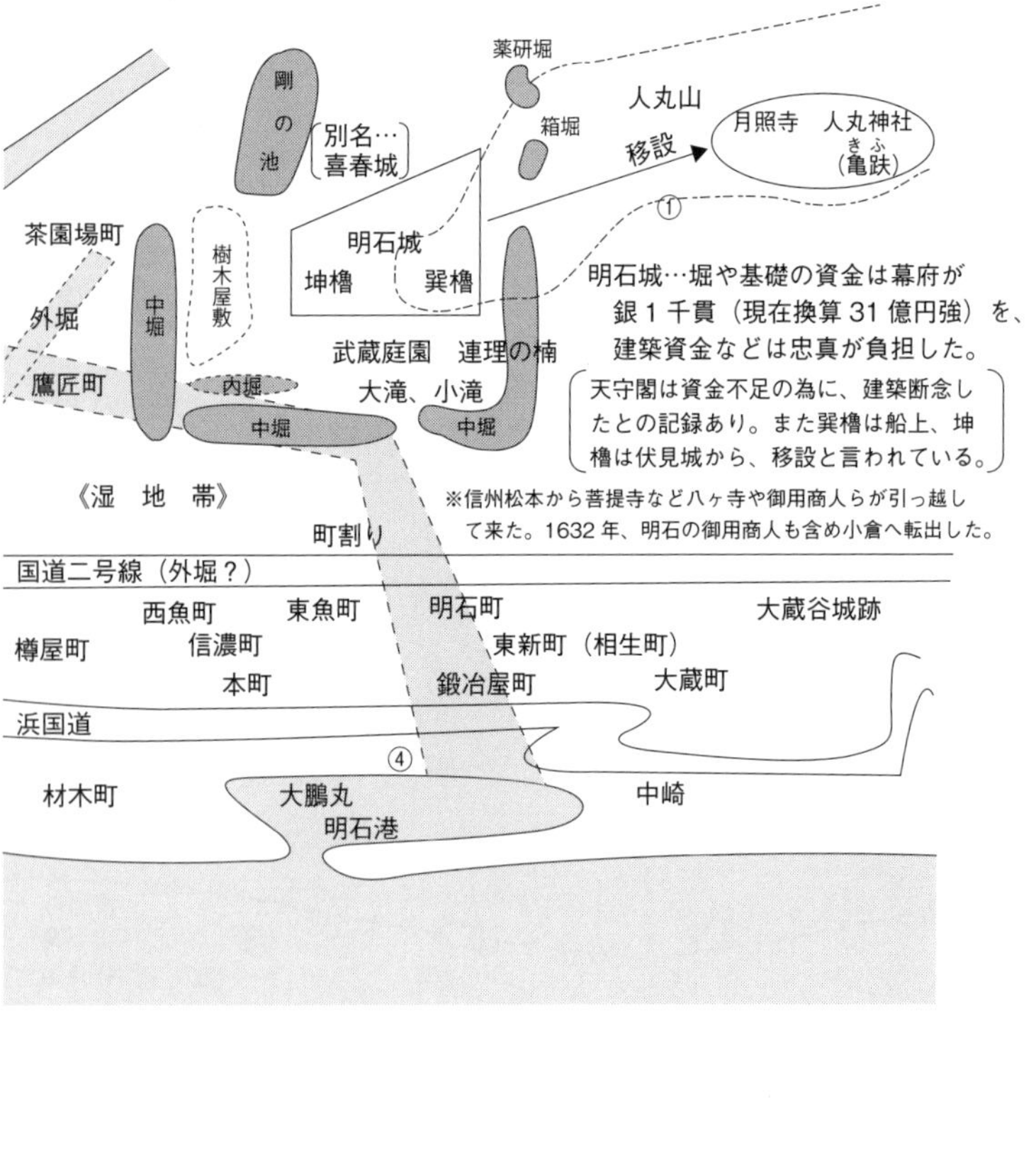

図5…明石での武蔵「城市要塞」論

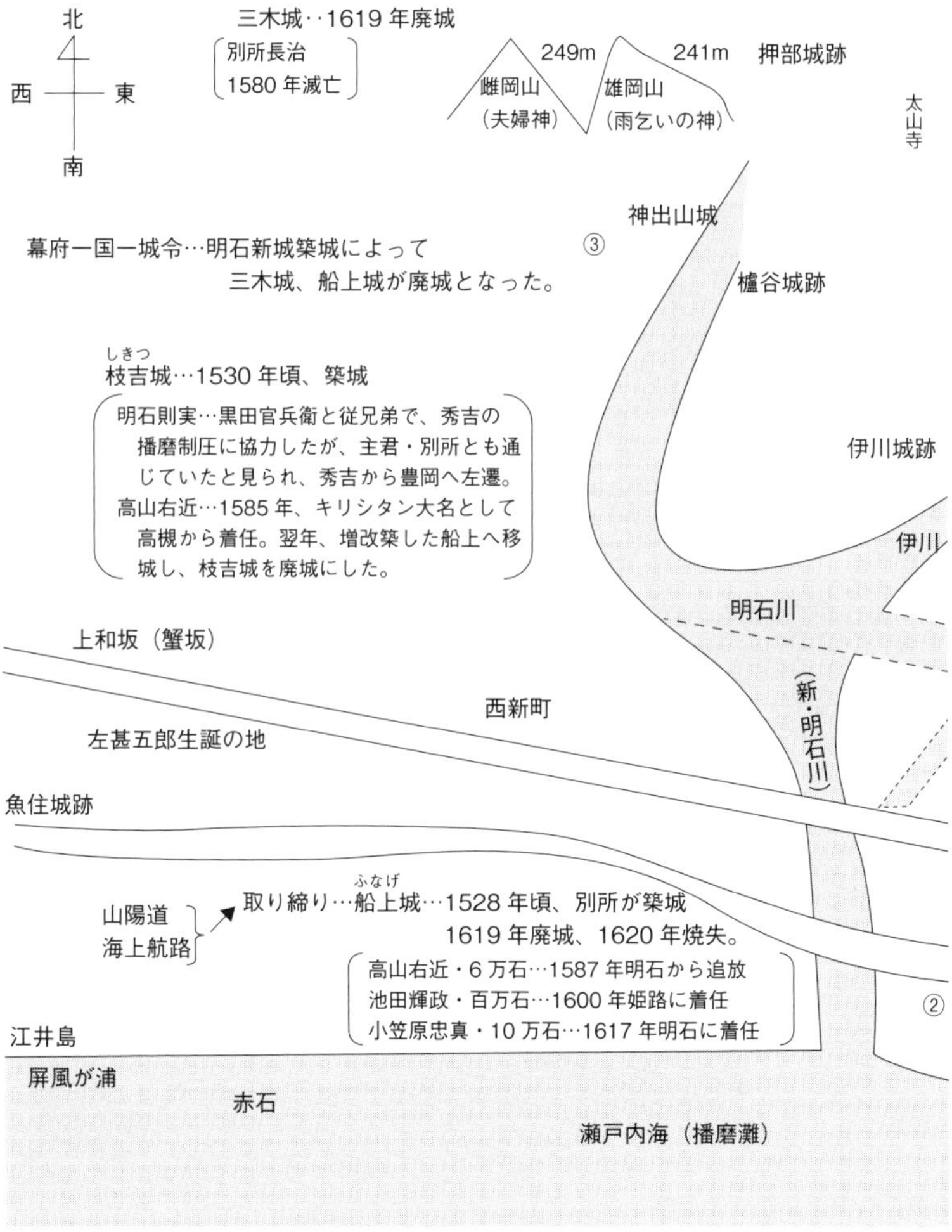

目次

はじめに　3

1．重要な三つの史料について　9

（1）『五輪書』…序文の一部　9

（2）泊神社の「伊織の棟札」　11

（3）「小倉碑文」　14

2．武蔵の著書および武蔵に関する史料などについて　17

3．徳川幕府草創期の主な動きなどについて　20

図1…西日本の都市などの位置図、図2…巌流島（舟島）の位置関係　24
図3…家康と本多・小笠原らの血縁関係図　26
図4…武蔵・伊織と高砂、加古川　28
図5…明石での武蔵「城市要塞」論　30

【本論】

武蔵の誕生と幼年期　36
武蔵の少年、青年期…六〇余度の真剣勝負？　52
武蔵の壮年期（1）…「武士の法」追究への大変貌？　80
武蔵の壮年期（2）…姫路での活躍　125
武蔵の壮年期（3）…明石での活躍　151
武蔵の壮年期（4）…小倉での活躍　224
武蔵の晩年期…熊本での活躍　257
武蔵の没後（1）…武蔵関連内容　310
武蔵の没後（2）…九州の安定化に尽力する小笠原忠真　324

おわりに 336
参考図書 351

武蔵の誕生と幼年期

天正（一五七三〜九二年）の時代に入って、京の都では、戦火がなくなって久しい。

織田信長は、群雄割拠の戦国の世を統一しようと東奔西走、刻苦勉励し、一五七九年には御着城（小寺）を、一五八〇年には三木城（別所）を攻め滅ぼして播磨（＝播州）を統一、また一向一揆を撲滅し、一五八二年には甲斐の武田も殲滅《せんめつ》した。そして今は、越中で上杉、備中で毛利と戦っている。さらに四国制覇にも動き出した。

残る奥州の伊達、九州の大友や島津らも、信長に恭順の意を示しているところから、人々は、信長の全国統一に要する期間も「あと数ヶ月だ」と噂する。

すると、古代中国の故事に詳しい京都五山などの俊才らは、長かった悪しき残忍な戦乱の世が平定され、かつ天上に棲《す》む四霊（麒麟、鳳凰、竜、亀）がこの世に出現すれば、日本にも天上と同様の「泰平の世」が到来する（参考『礼記』『緯書と中国の神秘思想』）、と口を綻《ほころ》ばせながら囃《はや》し立てていた（参考『ドキュメンタリー織田信長』）。

ところが一五八二年（天正一〇年）六月、その信長が、本能寺で、明智光秀や光秀の家老・斎藤利三らによって弑《しい》されてしまったのである。世は政権争いが再燃し、戦いに明け暮れた不幸な時代が、またやってくると憂え長嘆した。

武蔵の誕生

そんな日本を揺るがした大事変の年に、いみじくも信長と同じく天賦の才を持ったと言われる宮本武蔵［幼名は田原弁之助（後述）。一五八二〜一六四五年］が、播磨の国印南郡河南庄米堕村（現・高砂市米田町）に居を構える田原家の次男として生まれた（参照「図1」「図4」および左記「※解説4」など）。

武蔵の祖父は左京太夫貞光、父は家貞、母は清光院妙永日寿、兄は久光（一五七八年〜一六三九年）である。

田原家の先祖とは、六二代村上天皇の第七王子の具平《ともひら》親王（九六四〜一〇〇九年）の系列で、赤松氏（初代は則村で播磨の守護大名、法名は円心。一二七七〜一三五〇年）の出である。その赤松円心の曾孫である四代目・刑部太夫持貞の時、京で運がふるわなかったことから、名門・赤松姓を避けて田原と改姓し、この地へ引っ越してきたのだ。

武蔵の祖父や父は米堕の有力な土豪、地侍であり、しかも一族の多くは、主として元御着城主・小寺氏の家老職で、今は秀吉に与《くみ》する黒田官兵衛に仕えている（前掲「伊織の棟札」）。

兄の久光は、後に摂州有馬郡［現・三田市大原（参考『宮本玄信伝史料集成』）］の小原城主・小原上野守信利の息女・理応院を妻に迎え、五人の子供を儲けている（但し三男は早死にした）。

その四人の子の名は、長男・吉久、次男・貞次（後の宮本伊織）、四男・玄昌（後の小原玄昌）、五男・正久と言う（参考『生国播磨の剣聖　宮本武蔵を行く』など）。

※解説1…武蔵の生国は「播磨」だが、「作州・大原」となった理由

宮本武蔵の生国は、自著『五輪書』では「生国播磨の武士」、武蔵の養子・宮本伊織が建てた「小倉碑文」でも「播州の英産」、吉川英治も参考にした『二天記』でさえ「播州に生

る」と明記されているところから、播磨を武蔵の生国だと疑う余地はない。

だが明治四二年に出版した『宮本武蔵』（宮本武蔵遺蹟顕彰会）が、出版前に生国播磨の候補地＝「印南郡米田」「揖保郡太子（鵤《いかるが》）」「明石」を調べたが、その地元での具体的な史料、伝承、碑などが皆無で、結局、播磨での生まれた地を特定することができなかったのだ。その時、「作州・大原」（旧・美作国吉野郡讃甘庄宮本村、現・岡山県英田郡大原町宮本。参照「図1」）に武蔵の系図などがあると聞き及び、そこで左記＊欄の『姫路城を彩る人たち』などにも示すように、父・無仁が武蔵の生まれる前に死亡しているとか武蔵の本名を玄信ではなく政名としている（但し戒名は玄信）、といった間違いもあるが、系図や墓もあることで生国が一応特定できるとして、「作州・大原」の地を、同書が初めて「武蔵の生国」と明記した。また明治四四年、細川護成氏の題字「武蔵生誕地」の碑がこの地に建立されたことから、武蔵の生国は事実化した。さらに昭和一〇年から連載された新聞小説『宮本武蔵』（吉川英治）によって、この「作州・大原」は武蔵の生国として歴史認定されるに至ったのである。

＊『二天記』…武蔵は赤松の子孫で生国も播州だが、父を新免としたことが問題に⁉

新免武蔵藤原玄信、その先、村上天皇の皇子具平親王の後胤《こういん》、播磨国佐用の城主・赤松二郎判官則村入道円心の末葉なり。故ありて外戚の氏姓宮本に改む。又、兵書等には新免と書せり。天正一二年甲申暦三月播州に生る。幼少の名は弁助と云う。…武蔵の父は新免無二之介信綱と云い、剣術を得、当理流と号す。十手二刀の達人也。…尚、宮本武蔵政名は、いずれの書にも見ず。

＊『図説　宮本武蔵の実像』…『宮本武蔵』（宮本武蔵遺蹟顕彰会）の紹介

武蔵の実像に、最初に最も学術的に迫ったのは、明治四二年（一九〇九年）に宮本武蔵遺蹟顕彰会が編纂して東京金港堂から発行した『宮本武蔵』である。

これは（世間では武蔵像の偽りも多く、しかも）熊本の武蔵の墓が荒廃するのを嘆いた地元有志たちが、宮本武蔵遺蹟顕彰会を発足させるために、まず武蔵の正確な伝記を編纂して世論を喚起しようと考えたことに端を発した。明治四〇年に東京と地元熊本の有志は、当時、京都帝国大学講師の池辺義象に武蔵の編述を委嘱した。彼は旧熊本藩士の出身で、しかも国文学者で（フランスに留学した）法制史家、東京帝国大学古典講習科を卒業、史学にも秀でた学者であった。

この（文武両道に優れた「智仁勇」の武蔵玄信の生涯を描いた）著書については、今日でも定評がある。武蔵の美作《みまさか》出身説を強調するために、播磨の田原（および小倉の宮本）系図を採用していないところに問題点が残されているだけで、他には最近発見された新資料による知見を補うだけでよい。

＊『姫路城を彩る人たち』『BANCUL』…生国を「作州・大原」とした理由

武蔵も自分の生国は播磨だと言っているように、こんなはっきりしたことが、何故、生国が「作州・大原」となったのか、と姫路関係の両書はいう。とはいえ武蔵の生国が、「作州・大原」となった説のほとんどの理由は、次の通りである。

即ち、元禄二年（一六八九年）に書かれた『宮本村古事帳』に宮本というところで構《こう》があり、宮本武仁とその子・武蔵がいたが、その後、中絶し、元和九年（一六二三年）に武蔵の孫が家を継いだとある。これは美作六郡の地誌『東作誌』（一八一五年）にそのまま移されて、信じられてきた。もう一つは平田家の子孫が残していた「平田家系譜」がある。これには、

「平田無仁【武仁、後に無二斎、竹山城家老職】天正八年卒　五三歳　妻宇野新次郎宗貞娘於政　天正一二年三月卒」

とあり、その子に、

「宮本武蔵政名　扶桑第一吉岡および佐々木巌流を撃殺六十余度真剣の勝負し名誉別記に之載す爰《ここ》に略す　正保二年五月一九日熊本城下に卒す　賢正院玄信二天居士」

と記されている。…この「平田家系図」は寛永七年（一六三〇年）に焼けたという記録がある。美作・大原の宮本には、さらに平田家の墓所や武蔵の屋敷跡までもあり、その墓所には武仁夫妻、武蔵の墓が並んである。しかしそれらは、明治三一年頃に建て替えられたものだ、といわれている。

＊『美作誌前編　東作誌』…「宮本村古事帳」

宮本屋敷――宮本武蔵政名の屋敷跡也。三〇間四方あり。石垣は寛永一五年（一六三八年）天草一揆の節、公儀より命ありて取り崩すと云ふ。…武蔵の父無仁【本姓平田、あるいは武仁または無二斎と書く】以来ここに住す。

［尚、宮本武蔵の欄で、「小倉碑文」の全文掲示があり、武蔵を「播州英産」と記す」

＊『播磨鑑』（引用『生国播磨の剣聖　宮本武蔵を行く』）…武蔵の生国は、鵤（太子）

・この山（姫路と高砂の境にある桶居山）にて、古へ宮本武蔵天狗に兵法を学びし（昔、武蔵が天狗から兵法を学んだ）所という。

・宮本武蔵は揖東郡鵤《いかるが》の辺宮本村の産なり。

＊『講座　明石城史』…武蔵の生国（あるいは円明流？）は、明石

『古老茶話』には、「宮本武蔵といふ二刀剣術の元祖は、播磨明石の産にして」とある。

＊『加古川街実記』…吉川英治も米田を訪れた⁉

吉川英治は、『五輪書』を元に播州印南郡米田にも取材に来たらしいが、地元に対応できる人とか証拠がなく、結局、作州説になった。

※解説2…武蔵の生国「作州・大原」説を否定する二つの資料

＊『宮本武蔵―日本人の道』…「作州・大原」説の史料の間違いを指摘

「平田家系譜」の「宮本武蔵政名」の名前は、享保元年（一七一六年）に刊行された『本朝武芸小芸』に初めて出てくる名で、これ以降に有名になったものであるから、「平田家系譜」はこれ以降に作られたか改編を受けたことを示唆《しさ》している。

またその系譜には、「又、無三四ともあり」と、没後一五〇年以上も後の浄瑠璃で有名に

なった名まで記されている。祖父将監の没年が父武仁誕生の二六年も前であり、その父の没年も武蔵誕生の四年も前というおかしな記載でもあるところから、系譜をそのまま信ずることは出来ない。

＊『今から宮本武蔵』…「作州・大原」説の史料の間違いを指摘

作州説の根拠である「平田家系譜」、その原点である『東作誌』の「宮本村古事帳」、平田武仁の墓石、『新免家侍覚書』を調査・検討した結果は、次の通りである。

a.「平田家系譜」は基本的事項で矛盾が多く、史料としての価値もない。従って、作州説の根拠にはならない。

b.「宮本村古事帳」は、「平田家系譜」の原点であるが、改作された偽書で史料としての価値はない。

c.武仁には二つの墓があって、没年は同じで武蔵の生まれる四年前（一五八〇年）となっている。一方、名前は「宮本村古事帳」改作の前後で異なっていて、改作の以前に建立された川上岡の「平田武仁」が正しく、改作後の天王山の「平田無二」は作られた名前で存在しない。

d.「新免家侍覚書」の（平尾？）無二と「平田家系譜」の平田無二【武仁】は同一人物ではない（前述のように平田無二という人物は、実在しない）。

従って「武蔵は作州の生まれではなく、平田無二（武仁）は武蔵の実父でない」ということが明確になった。すなわち通説（武蔵の生国は「作州」）は否定されたのである。

尚、無二とは、「筑前新免系図」に「…則種（竹山城の宗貞の養子・宗貫）の家臣宮本無二之丞（助。妻は宗貞の息女）は、十文字の槍術を鍛錬せり。赤田ヶ城【明石城】に於いて無二之丞一人にて敵七人に出合ひ、十文字の槍を以て勝利を得たり。之に依て則種【宗貫】より新免の氏を許すと云伝ふ」、また「平尾家相伝古書類」には、「平尾太郎右衛門と申す。この時に下町竹山城へ新免伊賀守領分なるに付き、以後、宮本へ浪人つかまつり居り候ゆえ、郷名をもって宮本無二と申候。その子武蔵と申す。この親子ともに望みあるに付き、武蔵姉と衣笠九郎治に妻合わせ、家を継ぎ申し候。その子与右衛門（武蔵の第三養子?）と申す」とあり、即ち宮本無二之助である。

※解説3…「武蔵の生年」の検討について

イ．生年を「一五八四年」とし享年を六二歳とした説…当時の主流の考え

『二天記』などでは、武蔵の生年を天正一二年（一五八四年）としている。武蔵は、生まれた年を明記していないので、そこで前掲の『五輪書』に、「ときは寛永二〇年一〇月上旬、九州肥後の地の岩戸山に上り天を拝して、観音をおがみ、仏前にむかう。生国播磨の武士、新免武蔵守、藤原の玄信。年をかさねて六〇歳」とあることから、この寛永二〇年（一六四三年）から六〇歳を差し引きして武蔵の生年を求めた、と言われている。

ロ・生年を「一五八二年」とし享年を六四歳とした説…三流の史料もあり否定的

・「宮本家系図」（引用『宮本玄信伝史料集成』）には、

「玄信、天正一〇壬午《みずのえのうま》年（一五八二年）生　為新免無二之助一真養子因号新免後改氏宮本以善劔著於世　正保二乙酉（一六四五年）五月一九日於肥後国熊本卒　享年六四法名　兵法天下無双赤松末流武蔵玄信二天居士」

とある。

ところで宮本家の初代は伊織であるが、伊織の生まれは、『二天記』に東北地方生まれと記されている。しかし「宮本家系図」では、『二天記』に記す武蔵と同じく、天皇、親王を祖とし、かつ著名な赤松氏を先祖と主張するとんでもない月とスッポンの内容に、その信《しん》憑《ぴょう》性が疑われたことから、「宮本家系図」などは、当時、三流の史料と見なされた結果、この武蔵の生年も採用されなかった。

・『五輪書』では、一六一二年の「巌流島の決闘」があったと示唆する時を、自ら「三〇歳を過ぎた時」と記していることは、生年一五八二年を匂わしている。

ハ・右記のいずれかが確定できないとする説

『宮本武蔵』（宮本武蔵遺蹟顕彰会）は、「かくて五月一九日に至り、遂に千葉城の宅にて歿せられたり。時に六二歳、或いは六四歳とも云ふ。武蔵年齢の事、詳《つまび》らかならず」、と記す。

※解説4…昭和三六年、武蔵の「生国」と「生年」が確定した

昭和三六年、武蔵の「生国」を解明する歴史的な大発見があった。それは加古川・泊神社（参照「図4」）に失火騒ぎがあり、その修築中に社殿屋根裏から発見されたのが、漢文による宮本伊織の棟札である［その口語文は、前掲「伊織の棟札」参照］。その先祖の内容が「宮本家系図」などにも合致し、しかもそこに記されている「播州印南郡米堕村」（現・高砂市米田町）という地が、武蔵の生まれた播磨の地を特定するものとして、それが「武蔵の生国」と大方の人によって認められ定められた。

それ故に武蔵の生国と生年については、『五輪書』はもとより小倉に蔵されている右記＊欄の「宮本家系図」や『宮本家由緒書』などの記述も「正しい」として、後者は三流の書から一級の史料へと格上げされたわけである。

その後、左記＊欄に記す一九九〇年の細川氏の訂正、さらに一九九三年の「足利義教御判御教書」や一九九七年の『宮本玄信伝』の発見、また「伊織の棟札」の新たな解釈によって、右記のそれらの史料が確かなものだとして、今日では、武蔵の生国は＝「高砂市米田町」、生年は＝「一五八二年（天正一〇年）」、さらに養子の伊織は＝「武蔵の甥」だ、と疑うことなくほとんどの出版物に明記されている。

ところで昭和三六年まで、武蔵の生国は「作州・大原」とされてきたが、それを継続しようとするならば、同地でのそれを決定付ける新たな確たる史料の発見に、右記「※解説

2」の資料、および昭和三六年以降に発見された「伊織の棟札」や左記＊欄に掲げる史料などに対する反論、反証がないと、それは不可能である。

＊『生国播磨の剣聖　宮本武蔵を行く』…細川氏、武蔵生誕は米田だと訂正

平成二年（一九九〇年）、高砂市米田町に、細川護貞氏の題字による「宮本武蔵　伊織　生誕之地」碑が建立された（参照「図4」）。その除幕式で、護貞氏が「作州・大原の生誕碑には、父・細川護成の題字、署名があるが、私はその誤りを正すため、ここ高砂の地で題字を書き署名した」と述べた。

＊『今こそ宮本武蔵』…「足利義教御判御教書」の発見

平成五年（一九九三年）一月、武蔵、伊織ら田原一族が米田に住んでいたことを裏付ける史料「足利義教御判御教書《あしかがよしのりごはんみぎょうしょ》」［永享一二年（一四四〇年）発行］が、岡山県立博物館で発見された。それは、赤松教貞が播磨国米田村を拝領していたことを証する内容で、泊神社の「伊織の棟札」に書された住所が間違いでないことを裏付けた貴重な史料なのである。

＊『宮本玄信伝』（引用『宮本玄信伝史料集成』）…史料発見は平成九年（一九九七年）

宮本玄信、武蔵と称す、二天居士と号す。其先具平親王裔、播磨守赤松則村七世田原家貞【甚兵衛と称す】世々播磨の国印南郡米堕村に居る。二子有り。長を久光、次を玄信、玄信天正一〇年壬午（一五八二年）を以て生る。生れてすでに穎異《えいい》（秀でる）、同族新免一真【無二之助と称す】奇として之を養い子となす。後宮本氏と称す。…生保二年乙酉（一六四五年）五月一九日病で千葉城の邸に没す。年六二（六四？）。

※泊神社の「伊織の棟札」と、その草稿から見る新たな「解釈」

小笠原文庫などに詳しい宇都宮泰長氏は、小倉宮本家が所蔵する「宮本家系図覚書」の中に、棟札の草稿「下書き」があることを発見した。下書きには、泊神社を氏神として奉っている村は一二ヶ村である。一方、奉納されたその棟札には、【　】内の五ヶ村が本文横に小書きされて一七ヶ村となっている（前掲「伊織の棟札」）。

宇都宮氏は、泊神社での儀式で、下書きを見ながら棟札を書いている最中、再建というお目出度い事業によって氏神からの有難いご加護や御利益《ごりやく》を享受せんと一二ヶ村を書いた時点で、漏れた五ヶ村の氏子らから次々と指摘があり、そこで最初から棟札を書き直すことはせず、その該当する村々の行間横に小さく追記して棟札を書き上げたのではないか、といった論を展開する。

そうであれば、神主や一七ヶ村の氏子らは、棟札に記載されている田原家の歴史や所在地、さらには武蔵、伊織の生誕、活躍、またそれぞれの養子縁組などを疑うことなく、皆々が事実として確認し認めた、という順当な解釈が成り立つことになる。

＊『BANCUL』…反論できなくなった地元での生国「作州・大原」？

（この著者が大原へ行った時、大原を見学する）観光客らしき一団、見ているとガイドらしき青年に率いられて、…不意に「姫路の隣の高砂に米田という所があって」と青年の口から。思わず耳をそばだてると、「武蔵はそこで生まれたという説もあるんですが、その説にしても武蔵は作州に養子に来たことになっていますから、若き日の武蔵がここで暮らしたことは大体間違いがないと思いますよ」と。

武蔵生誕の地を主張するこの里でも、武蔵播州説が無視できなくなったのかと思い、（本音とか正しい歴史事実を聞かねばと）声掛けてみたくなったが、……。

＊『加古川街実記』…武蔵の甥が「伊織」と明記

『泊神社御由緒』には、「…承応二年（一六五三年）には、宮本武蔵の甥で養子の宮本伊織が小倉藩筆頭家老に就き、故郷の氏神である当宮の荒廃を嘆き、武蔵の供養の意を込め浄財を寄進し、全社殿一式を再建した。……」とある。

＊『日本史を変えた播磨の力』

武蔵は、類い稀な集中力と大胆さ。自由奔放、かつ緻密な振る舞い。大らかさもある。何よりも多彩な「知」を発信し続けた武蔵は、異説もあるが、まぎれもなく、播磨人である。

＊「明石城・櫓《やぐら》の一般公開」…春・秋の休日などに公開する櫓内での武蔵の説明板

「宮本武蔵は、播州印南郡米堕村【現 高砂市米田町】の赤松一族の田原家の二男として生まれ、同じ赤松一族の美作国吉野郡讃甘村宮本【現 岡山県英田郡大原町宮本】新免家の重臣・平田家（平尾家？）へ養子にいった」

身に生まれつきの能が備わっていた弁之助

さて次男坊の弁之助（武蔵の幼名）は、生まれつき秀でて、また身体も大きかったのだ。そして歩き始めると、近くの神宮寺や米田天神社の境内で、日が暮れるまで、よく遊んだ。

※武蔵の幼名について

『丹治峯均筆記』「元祖新免辨之助像」『宮本武蔵』（宮本武蔵遺蹟顕彰会）などの史料では、武蔵の幼名は弁之助とある。但し前掲『二天記』では、弁助と言い、また武蔵の死後、門下生らがこの幼名を継承したが、それも弁助、弁之助とあり、よって混乱するので、本書は弁之助で統一した。

※武蔵に多くある姓と名について（参考『宮本武蔵事典』『宮本武蔵　研究論文集』など）

・姓については、宮本、新免、源、藤原、竹村、菅原、平尾、平田、月本
・名については、武蔵《むさし》、武蔵《たけぞう》、玄信、武蔵守、政名、正仲、義軽、義経、義貞、無三四、武者之助、武蔵之助
・幼名については、弁助、弁之助、伝
・号については、二天、二天道楽

先ず武蔵の幼名の弁之助（弁助）について、『宮本武蔵事典』には、「武蔵が生まれたおり、父である無二斎（？）は、骨格逞しく将来は非凡な勇士となるように、と心から願い、源義経の忠臣・武蔵坊弁慶にあやかるべく弁之助と名付けた、と『雌雄剣伝』ほかにある」と記されている。

ところで武蔵の本名は玄信で、武蔵とは通称名であるという（前掲『宮本玄信伝』）。これまで、武蔵が本名だとして我々は「剣豪・宮本武蔵」と呼んできた。それは本名ではなく通称名であったわけだ。そうであれば、その武蔵という名は、どうして名付けられたのか、と腕を組む。

話は変わるが、何かの書物で、武蔵とは、弁之助の弁を片仮名に分解すると、「ム」「サ」であり、之は「シ」と読むから「ムサシ＝武蔵」とした、というような記事があったのを思い出した。その時は、「なるほど」と独り合点した。だけど「辨」を今様に崩した字が弁となったものであり、当時はそんな崩した「弁」などの字はなかったはずだ。したがってこの頓智的な発想は、面白いものの、とはいえ時代を無視した全くの的外れな話である。

しかしながら、何ゆえに武蔵に、これほどの姓や名があるのだろうか。少々穿《うが》った見方をすれば、それは保身用として、武蔵が敵などから身を守る為に、次々と姓や名を変えていったのであろうか……。

武蔵の少年、青年期…六〇余度の真剣勝負？

弁之助（武蔵）、作州・新免無二の養子となる

ところで、同じ赤松氏の血を引く作州・大原の宮本村に居住する新免無二（平尾無二または平尾無二之助一真と言い、平田無仁は間違いとするのが定説）から、「男児がいないので体格の良い次男坊の弁之助を養子に迎えたい」との話が田原家にあった。

新免無二（生まれ…一五五四年？）とは、備前・宇喜多秀家に臣下する作州の竹山城三八五〇石（？）・新免家の剣術指南役で、城主・新免宗貫の信任を得ていた（参考『宮本武蔵事典』など）。したがって城主は、城主の姓である「新免」の使用を許可していた。

＊『宮本武蔵　50の新説‼』…武蔵の養子先・平尾家とは

「平尾家系図」には、（赤松家を先祖に持ち当理流十手術の創流者である平尾無二または無二之助は、地名の宮本から宮本無二または宮本無二之助と名乗ってもいたが）「赤田ヶ城【明石城】の戦闘で、十文字槍で敵七人討ち取り、秀吉より感状、新免宗貫より新免賜る」とあり、以降、新免と名乗った。

＊『宮本武蔵―日本人の道』

武蔵に始まる名古屋の円明流の伝承である『円明水哉伝《すいさいでん》』（一七二七年）の中に、「当流の二刀は、無二工夫して遣い出す。無二を西国無双と云。名字は新免と云。…武蔵は無二が一子也」とあり、（広めたのは武蔵だが）無二を二刀の創始者と伝えている。

この無二は、若くして剣法にも長じ当理流十手術（右手に刀、左手に短槍を持つ流派。武蔵の二刀流の基になったとも）の師範でもあった。しかし無二は中国の『孫子』などの兵学知識を得ることに加え、剣術の腕もさらに磨こうと考え、京へ上った。

一五七三年（?）、この無二（二〇歳?）の剣技の腕前を耳にした一五代将軍・足利義昭（在位一五六八〜七三年）は、将軍家・剣術指南役で「洛陽の士」「扶桑第一」と称される吉岡憲法と御前にて三本勝負をするように、と命じた。

当日の御前試合は、無二の健闘もあり二勝一敗で無二が勝利した。将軍は「天晴《あっぱ》れ」と言い「日下《ひのした》無双兵法術者」という名誉の称号を無二に与えた（前掲「小倉碑文」、参考『二天記』）。

こうした一角《ひとかど》の名声によって、無二は多くの剣術者から試合を申し込まれ、はては生命《いのち》すらも狙われてしまう状況となった。

元々、無二は静かに瞑想し剣技の向上に前向きに取り組みながら、理想的な剣法を求めていた。だが周囲が騒々しく、また身の危険もあって、そうした落ち着いた武芸の求道もできなくなり、意を固めて生まれ故郷の作州へと帰ったわけである。

そして浪人・無二は、後刻、乞われて竹山城・新免家の剣術指南役として仕えた。

この作州に住む無二の申し出を受けた弁之助の父・田原家定は、弁之助に物心が付いた頃、「弁之助を一人前の剣術者にして欲しい」と願い、天正の時代、弁之助を無二の養子として作州へ送り出したのである（前掲「伊織の棟札」『宮本家系図』など）。

弁之助を養子にもらった無二は大いに喜び、この頭脳明晰《めいせき》で体格の良い弁之助を一人前の剣術者に育て上げようと、時には必死になって剣術などを教えた。

そうは言っても、その教え方には甘さも妥協もなかった。弁之助は、朝起きると、先ず近くの讃甘《さのも》神社へ走って行っては、心も身も清めた。朝食の後、中国の『孫子』『呉子』などを書写するとともに、無二からその兵学の考えを教わった。

それが終わると、樫《かし》の木刀を両手でしっかり握り、木刀が手から離れないよう、その上から手拭《てぬぐい》で縛り付けた。そして弁之助は、裏庭や神社の欅《けやき》とか多羅葉《たらよう》などの太い幹を、日が暮れるまで、右上、右横、左上、左横からと目一杯に打ち込んだのである。

弁之助が疲れてだらしなく手抜きをすると、無二から怒鳴られた。日が暮れて手拭を解《ほど》いても指先が硬直して伸びないのだ。弁之助は、息を吹きかけ揉み解《ほぐ》しながら徐々に指を一本一本伸ばしていった。これは、毎日のことである。

朝に履《は》いた藁草履《わらぞうり》は、半日で擦《す》り切れて履けなくなった。したがって弁之助は、木刀を持っては裸足で走り回ったことで、掌《てのひら》も足の裏も肉刺《まめ》ができては潰《つぶ》れ皮が分厚くなっていた。また雨が降ると、足元が草や落ち葉などで滑るのだ。しかし訓練を重ねていくと、どんな状況でも対応できる身の動きに速さが弁之助に加わってきた。

時々、理想の剣法を求めている当理流の養父・無二が、合間を見付けては相手をしてくれた。無二も少しばかりは手加減をしてくれたが、無二の木刀が当たれば痛いことに変わりはない。弁之助が堪《こら》えて怯《ひる》めば、よけいに無二の木刀が音を立てて飛んでくる。だから弁之助の身体は、至る所、痣《あざ》だらけであった。そして無二は弁之助に、

「武士たる者は、闘えばあらゆる手を尽して絶対に勝たねばならないのだ。負ければ仕舞いなのだ。死なのだ。だから名人は、生き残っていく為に、打ち勝つ極限の方法を覚知したのだ。それは「振りかざす太刀の下こそ地獄なれ、一歩進め、先は極楽だ！」（参考『今こそ宮本武蔵』）と、よく言ったものよ」

と常々語った。弁之助は、この名人の言葉は「敵が渾身《こんしん》の力で振り下ろしてくる太刀の下は、一瞬にして死なのだ。だがその太刀を力一杯に受け止めては跳《は》ね返し、直ぐさま思い切って敵の懐へ飛び込めば、こちらの思うがままに敵を倒せるのだ」、と理解した。

＊**『宮本武蔵』（宮本武蔵遺蹟顕彰会）…生死の分かれ目を知るといった当時の歌**

振りかざす 太刀の下こそ地獄なれ、ひと足進め 先は極楽。

ところで弁之助は、武士の家で育った。だから播州の米堕も作州の大原も武士としての躾《しつけ》は厳しかったが、食事や身の回りはちゃんとしてくれた。しかし、ここ作州・大原での夕方の弁之助は、風呂に入って体中の汗を流し着替えては義姉・おぎん（?）が作ってくれた夕食を腹一杯食べて布団に横たわると、米堕の母親の顔が浮かんでくる。そして熱いものが目尻から流れた。とはいえ、それも一瞬で、睡魔が襲って来た。

弁之助が一〇歳を過ぎた頃には、両手あるいは左右それぞれの手で木刀を握り、太い木の幹を力の限り自在に打ち込みながら、かつ無二から教えられた当理流の考えなども会得していった。また足腰を鍛える為に、山道や寺の石段を上へ下へと走り込んだのだ。

毎日が、朝鍛夕錬、そんな状況だったから、弁之助は風貌や衣類などに気を使うこともなかった。時々、人が話しかけても、向こう気の強い怪童・弁之助の様相は、一心不乱、若さと馬力でその輝く双眸《そうぼう》は意気天を衝《つ》くが如くであった。

このばかでかく厳《いか》ついヤマアラシのような弁之助の風貌（参考「元祖新免辨之助像」）を見た村人は、弁之助の名からあの有名な武蔵坊弁慶を連想した。

そして弁之助は武蔵坊弁慶の生まれ変わりではないか、と揶揄《やゆ》した。その上、いつしか弁之助と呼ぶのが堅苦しくて億劫《おっくう》になったのか、僧侶ではないから坊を除いた「武蔵」（たまに「無茶強《し》い」）とからかって呼び、弁之助とは誰も呼ばなくなった。

本書も、以降、弁之助を「武蔵」と呼ぶこととした。

武蔵、真剣勝負の始まりと、日々の精進

一三歳の時、武蔵は、思い掛けなく、初めて真剣勝負をした。六〇余回の真剣勝負の始まりである。闘った相手とは、新当流・有馬喜兵衛という兵法者で、武蔵は闘い打ち勝ったのだ。その決闘の場は、平福《ひらふく》の南、宿場外れの佐用河原だと言われている（参考『生国播磨の剣聖　宮本武蔵を行く』）。

次に一六歳の時、但馬国の秋山という強力な兵法者であったが、武蔵はこの兵法者にも打ち勝ったのである（尚、自著『五輪書』には、何故かこの二人しか記していない）。

武蔵は、毎日、人に頼ることもなく鍛錬を重ねた。そして自分の実力が日増しに向上していくのを実感していた。

だが森厳な寺の本堂や神社の本殿の前に来ると何か霊気に打たれ、武蔵の心には粛《しゅく》として張り詰めてくる、自分にはどう仕様《しよう》もないものが感じられた。

だからそこに祀《まつ》られ鎮座する聖なる仏神に、神秘的な通力なるものがある、と武蔵は思った。そんな時、武蔵はいつしか修行僧から聞いた次のような話を思い出した。

「人間と言うものは、元々弱くて不完全なのだ。完全なものとは、それは我々人間を遥かに超越した仏神なのである。それ故に、この世のあらゆる物・森羅万象を司《つかさど》る偉大な仏神は、尊崇され仰ぎ奉《たてまつ》られなければならない。つまり敬神崇仏である」

武蔵は、熟思した。人間とは弱くて不完全な者であるから、その完全な仏神の素晴らしい金剛的な通力に自然と縋《すが》って、結果、いみじくも己の加護や幸運を願い期待するなど、己の欲望を求めてしまい勝ちになる。

そうなると、人が仏神の力「御利益《ごりやく》」に頼れば頼るほどに人は安心し、そこで「己を鍛え己を守り己の将来を切り開いていく日々の努力や研鑽」を怠ってしまうから、事にあたっても一人では何も出来ない、よけいに不完全な駄目な人間になってしまおうか……。武蔵は、そんな努力もしないような「他力本願の世」を、仏神は望んでいないと思った。

さすれば修行僧の真意とは、「仏神は貴《たっと》し、（されど）仏神を頼まず」の意であり、それが仏神と向き合い、祈願することなく一心に敬神崇仏することなのだ、と武蔵は頷《うなず》き心得たのだ。こうして武蔵は、没前に纏めた『独行道』の一節を会得したのである。

こう成長している頃、武蔵は養家で元服し、名を「新免玄信《げんしん》」と改めた。但し、人はさらに堅苦しい玄信とは呼ばず、いつも呼び易い通称名である「武蔵」と呼んだ。

関が原の戦いと、その後の西軍残党狩り

武蔵が元服し新免家の長としての武士の振る舞いを教えられていた時の一六〇〇年、「関が原の戦い」が勃発した。西軍と東軍が関が原で対決したのだ。そして東軍が勝利したことで、負けた西軍に加担した大名らの所領は悉《ことごと》く召し上げられた。

因みに、敗れた西軍が失った石高は、先ず八八大名の計四一六万一、〇八四石がなくなり、次いで削られたのは毛利、上杉、佐竹ら五大名の計二一六万三、一一〇石で、この合計は、九三大名計六三二万四、一九四石にも上った。その召し上げられた分は、東軍の外様五二大名に四二二万石を加増し、徳川直轄地への組み入れは一四五万石、残りは徳川譜代の二八大名（加増や新規）に割り当てられたのだ。

また敗れた西軍の大名で、その総帥・石田三成、大将・小西行長らは京四条河原で首が晒《さら》され、後に自首してきた同・宇喜多秀家は八丈島へ流された。その上、西軍に与《くみ》した名もない武将と言えども、厳しい出自《しゅつじ》調べによる残党狩りで召し捕えられては、次々と処刑されていったのである（参考『考証　宮本武蔵』）。

それ故に、東軍の西軍・残党狩りから逃げ通したものの、職を失した武士（浪人）らは、日本国中で五〇万人も溢れ返っていたと言われている。したがって徳川幕府の初期は、失業などの社会不安で、世は混沌《こんとん》とした。

ところで大坂・豊臣家二二二万石も、摂津、河内、和泉の三ヶ国六五万石に削封されたが（その削封分は、別途、徳川直轄地などに加増）、これまで蓄えた豊かな資金でもって、技量・力量のある浪人どもを城内に集めては勢威を保った。

かような中で家康は、一六一一年（慶長一六年）、京の二条城で豊臣秀頼と会見してその秀頼の成長振りを見定め、併せて豊臣恩顧の外様大名らの動向をも確認した。

この家康との会見を秀頼に説得したのが、加藤清正、浅野長政、福島正則らであり、会見当日、清正らは秀頼への万一の事態に備え、懐刀を忍ばせていたという。

大御所・家康は、二条城で秀頼と会見した翌四月、在京の諸大名に連判状を出させたのである。その内容とは、幕命や法度《はっと》を遵守することに加え、「あるいは御法度に背き、あるいは上意に違《たが》うの輩、おのおの国々に隠し置くべからざること」、さらに「おのおの抱え置くの諸侍以下、もし謀叛、殺害人たるのよし、その届けあるにおいては（密告も含めて？）、互いに相抱えを停止《ちょうじ》すべきこと」として、暗に関が原の戦いの敗戦将士らを任官しないよう確約するものであった。

これは大坂方の浪人や間者らの一掃を狙ったもので、翌一六一二年にも外様の大大名らを加えた諸大名から、同様の趣旨の連判状を出させている。こうした関が原の戦いの敗戦将士らの炙《あぶ》り出しの矛先は、とりわけ武蔵のような仕官を求めている浪人らに、過敏なほど厳しく向けられたのである（参考『宮本武蔵　孤高に生きた剣聖』）。

武蔵ら、九州へ

ところで作州・竹山城の新免家も、西軍・宇喜多勢に加担し関が原へ出陣した。武蔵も養父・無二の属する新免部隊に志願し、そして戦場では「群を抜くその働きは、諸軍士の知るところなり」、と評された（参考『二天記』）。

しかし敗者となり竹山城も炎上し、よって新免家は家臣ともども、一斉に九州へ逃れて行ったのだ。武蔵も無二に付いて九州へと下った（参考『今こそ宮本武蔵』）。

九州へ行った理由は、九州で東軍に味方し勢力を伸ばしている豊前中津一八万石・黒田官兵衛（後の孝高《よしたか》、如水。姫路界隈《かいわい》で実力を付けたことから、一五八七年、秀吉より豊前中津を拝領）を、旧知の間柄だからといっては慕って行ったのである。

元々、播磨の武将らを主力とする黒田官兵衛は、九州で西軍に与《くみ》した豊後・大友義統《よしむね》を破り、また官兵衛の嫡男・長政も関が原の戦いで大活躍したことで、その長政は家康から筑前福岡五二万石を賜ったのだ。

このことによって、大大名となった黒田藩の大幅な陣容拡充の一環として、臣下した新参の新免家も筑前・秋月に領地を貰い受け、また無二も百石を得たのである。

尚、九州で新免などと名乗っても、多分、西軍の一員だと判らないと思うが、しかし後々のことも考え、安全の為に、新免無二は、一応「新目無二、一真、播磨人」と姓を変えて黒田藩の分限帳に記載した（参考『宮本武蔵の歴史像』。他に、新目伊賀…二千石、新目右兵衛…三百石とある。またカムフラージュなのか「神免」とも記す）。

然るに、いつしか自分を通称名（武蔵）で、そう違和感無く名乗るようになっていた武蔵も、新免武蔵あるいは新目武蔵と名乗るとともに、福岡での築城の様子や福岡の町割りの状況などを、具《つぶさ》に見取ったのである（参考『姫路城を彩る人たち』など）。

さらに武蔵は、養父・無二や周囲の人から、剣術で名を成した名立たる人物の名を伺い知ったのだ（名と生没年は、『宮本武蔵事典』などを参考とした）。それは、

塚原卜伝《ぼくでん》高幹…一四八九〜一五七一年、上泉伊勢守信綱…一五〇八〜七七年頃、富田五郎左衛門勢源…一五二〇頃〜？　柳生石舟斎宗厳《むねとし》…一五二九〜一六〇六年、丸目蔵人佐長恵…一五四〇〜一六二九年、伊藤一刀斎景久…一五五〇頃〜一六五三年頃、富田越後守重政…一五六四〜一六二五年、小野次郎右衛門忠明…一五六五〜一六二八年、

柳生但馬守宗矩《むねのり》…一五七一～一六四六年

であった（因みに、これ以降にも聞いた人物を参考に掲げておくと、柳生兵庫助利厳…一五七九～一六五〇年、佐々木小次郎…一五九五頃～一六一二年、荒木又右衛門保和…一五九八頃～一六四三年頃、柳生十兵衛三厳…一六〇七～五〇年である）。

そして武蔵は、剣術の名人とは、どんな技を使ってくるのか、またそうした高度な技を自分は巧く受け止められるのか、などといろいろ想像した。

武蔵、京へ上る

一六〇二年（一六〇四年説もあり…『宮本玄信伝』）、血気にはやる武蔵二一歳は、自分の武技が名立たる人物にも通用するのかどうかを知る為に、剣を手合わせしたくなった。だがその前に、武蔵は武技を究めつつも、身も立てていかねばならないと考え、修練などの場を天下の武芸者らが集まる京と見定め、急ぎ九州から京へと上った。

しかし京での新免、新目姓は、西軍の残党と疑われて囚われの身となるかも知れないので、武家の姓よりも平尾の旧姓で出自《しゅつじ》も判らない神社の入口に在する無難な姓「宮本」を、端《はな》から名乗った。

こうして、世に知られる通称名「宮本武蔵」が誕生した次第である。

武蔵、吉岡道場などとの決闘

（一）

京で武技の腕を磨きながらも剣豪と称する人物が現れるのを待つ為に、武蔵は小さな道場を開いた。だが剣豪といわれる人物が武蔵道場の道場破りに誰一人として現れなかったのだ。そこで武蔵は京の吉岡道場の道場主で「扶桑第一の兵術者」と呼ばれている師範・吉岡清十郎に、「雌雄を決したいのでお手合わせ願いたい」と申し入れた。

武蔵が、吉岡道場を選んだのには理由があった。それは三〇年ほど前、道場主だった吉岡憲法が、将軍・足利義昭の御前試合で、我が養父・無二に負けたにも拘らず、吉岡一族がその後も堂々と道場を営み続け、今に至っても「扶桑第一の兵術者」などと崇められているのだ。武蔵は少し憤慨するとともに、武芸を知らない吉岡一族は、「往生際が悪い」と思ったからである。

そんな過去のことを思い知るわけもなく、また武蔵の力量を軽んじた清十郎は、武蔵の申し入れに応諾した。そして双方は、洛外蓮台野で対決することを決めた。

当日、洛外蓮台野にて対決し雌雄を決するといえども、武蔵が振るった木刀の一撃に触れた清十郎は、一瞬にして倒れて臥《が》し武蔵の眼前で息絶えるが如くとなった。

しかし武蔵は清十郎への一撃の時に手を緩めたことで清十郎は命根を輔弼《ほひつ》したわけである（仮死状態）。すぐさま彼の門下生らは、清十郎を板上に乗せ吉岡道場へと走り去ったのだ。そして薬治温湯によって、清十郎は気を回復したものの、遂には兵術を棄て雉髪《ちはつ》し武士の身を終えたという。

その清十郎の仇を討とうと、弟の道場師範代・吉岡伝七郎が名乗り出てきたのだ。この申し出を受けた武蔵は、洛外（三十三間堂？）にて伝七郎と雌雄を決することにした。

当日、伝七郎は真剣ではなく五尺余の木刀を袖に巻いて来た。武蔵はその機に臨んで素早く彼の木刀を奪い、これで伝七郎を撃ったことで、伝七郎は地に伏し立ちどころに無残な結果に終ったのである。

かように道場の師範と師範代が倒されたことで、道場の門下生らは怨みを大いに抱き、また道場を守る為にも、密謀を企てた。そして清十郎の嫡男・吉岡又七郎（一四歳？）を担ぎ出し、洛外一乗寺下《さが》り松において決闘することを武蔵に申し出た。

武蔵もこの果し合いに応じたので、道場の門下生数百人は、決闘の日に向かって、密議した通り兵仗《へいじょう》（武器）・弓箭《きゅうせん》（弓矢）を準備し、一瞬にして武蔵を撃ち殺そうと態勢を整えたのであった。

しかし武蔵には、日頃から先を知る才能があり、吉岡道場に悪巧みがあることを察していた。その悪巧みを、武蔵は自分の門下生らに語った。

武蔵の門下生は「我らも助太刀しよう」と申し出たが、武蔵は「手助けに及ばない」と言い、さらに続けて、

「いくら悪巧みがあって百を超える人数に囲まれたとしても、これらは烏合の衆である。こんな烏合の衆に負けることなど一切ない。安心するが良い」

と応えた。これを聞いた武蔵の門下生らは、武蔵の威勢の良さに安堵した。この勇勢智謀を身に付けた武蔵は、

「一人を以て万人に敵するは、実に兵家の妙法なり」

と詠じた（前掲「小倉碑文」）。

当日、決闘場へ行く途中、武蔵は八大神社の本殿の前を通った。武蔵は森羅万象を司る聖なる神に、深々と一礼した。そして武蔵は、決闘場の近くの木立に隠れて、又七郎陣営の様子を見た。又七郎の陣営では、武蔵一人が来るであろう方向に向かって、又七郎の前面に、

武器を横に置いた吉岡の門下生らが凹状に五重、六重の構えを敷いていた。

それ故に、これだけの人数と武器を集めれば「勝利間違いなし」と確信に満ちていたから、門下生らは緊張感もなく談笑し、のんびりと決闘時刻が来るのを待っていた。

片や武蔵は、一人で、又七郎だけを討つことに集中していたのだ。

そこで彼らの裏を掻いて、手薄な又七郎の後ろの陣幕から武蔵は突撃し、又七郎が振り向き様に又七郎を一振りで討ち取れるかどうか、を奇想し模擬した。


周囲の状況を見ながら武蔵は、決闘の時刻前に陣幕の後ろへサッと回り込み、陣幕を切り開いて又七郎と対峙した。驚いた年端もいかない又七郎が太刀を抜く前に、武蔵は一振りで又七郎を斬り殺したのだ。

この又七郎の押し殺した一瞬の悲鳴を聞いた門下生らは、予想もしていなかった後ろの陣幕から不意と現われた武蔵に驚愕し、慌てて武器を持って加勢に来た。

だが武蔵は一散に逃げてしまい、不意討ちを食らった門下生らは為す術《すべ》もなく、ここにおいて吉岡家が断絶したわけである（参考『二天記』）。

※「吉岡道場との三度の決闘」…京での傍証記録も無い不思議な決闘⁉

この吉岡道場との三度の決闘については、養子の伊織が建立した武蔵顕彰碑（いわゆる「小倉碑文」）に記されている。だが武蔵本人は何一つ語ることもなく、さらに何事にも聞き耳を立てて筆を走らす京の公家らも、これほどの大事件を知ることがなかったのか、当時、誰一人として彼らの日記や手記に記録されていないのである。

（二）

その後、武蔵は、南都で槍術の達人・奥蔵院とか伊賀で鎖鎌の遣い手・宍戸と闘ったが、圧勝した。

＊『二天記』…一六〇四年までの吉岡以外の決闘実例

イ．南都宝蔵院胤栄の弟子に奥蔵院という日蓮の僧あり。槍術の達人なり。…武蔵は短き棒を持って立ち合い、両度（二度）勝負を為すに僧の利なし。

ロ．伊賀国にて、宍戸という者、鎖鎌の上手なり。…宍戸、鎌を振り出す所を、武蔵短刀（脇差？）を抜き宍戸が胸を打ち貫く。たちどころに斃《たお》れしを、進んで討ち果たす。宍戸が門弟など、抜き連れ各斬りて懸かる。武蔵、直ちに大勢を追い崩せば、四方に遁走す。武蔵、優然として引き去る。

この頃の兵法を、武蔵は、一六〇五年、『兵道鏡』（上巻二十一ヶ条、下巻十四ヶ条。円明流の伝書）として纏めた。

そして武蔵は、二八、九歳まで、六芸に秀でたいろんな剣士と称する者らと身も心も研ぎ澄ましながら、六〇余度も真剣勝負をしたのである。時には熾烈な闘いもあったが、しかし、一度も不覚をとったことがなかったのだ（前掲『五輪書』）。

※『五輪書』にいう「一度も不覚をとったことがない」の解釈

意味深な「表現」である。つまり武蔵は、「一度も負けなかった」「勝利を失わなかった」と言葉を濁しながら歯切れの悪い言い方をしている。然るに真剣勝負とは決着が付くまで、とことんやるから、勝つ「生」か負ける「死」かである。引き分けは、ないのだ。すると、誰しも「六〇余度、全ての真剣勝負に勝ったのだ！」と明確に言うだろうし、その手法などを書にして弟子教育に役立てる筈ではないか。とは言っても、その勝利した武蔵の実例が極めて少ないのも不思議なのである。

ところで後述するが、武蔵は同書で「勝ったのは、自分より弱い者ばかりを相手にしたからだ」と告白している。では実例が少ないのは、強い者とは闘わず逃げ通した件数もあり（?）、そしてその多くの件数もこの六〇余度に入れていたのだろうか……。いやはや、いろんな失礼な有らぬことまでもが脳裏を過《よ》ぎる「表現」である。

それはそうと、昭和七年頃、武蔵非名人説の直木三十五が「武蔵が名人だというなら、どんな名人、達人と闘ったのか、その人物の名を教えて欲しい……」旨を、武蔵名人説を標榜《ひょうぼう》するその会長・菊池寛に質問し、「文芸春秋」やＮＨＫラジオなどで、日本を二分するほどの大論争を巻き起こしたという話があったことを、何故か思い出した。

※武芸の範疇について…参考『宮本武蔵事典』など

武芸とは、武器を持たない時代の手法は、「組む」「投げる」「当てる」「抑える」であったが、武器を持つ時代になってからは、「射る」「乗る」「薙《な》ぐ」「突く」「斬る」「撃つ」といった機能を持つ弓馬術、薙刀、槍、刀剣、さらに鉄砲が加わった芸道が確立されたのである。そしてそれは、兵法（軍学）、諸礼（躾《しつけ》、礼儀作法）、射術（弓術）、馬術、刀術、槍術、砲術（鉄砲）、小具足（逮捕術）、柔術の九つに分類され、取り分け六芸とは、弓、馬、槍、剣、砲、柔を言った。

武蔵が何ゆえにこうも闘ったのかというと、一対一の兵法を究めるには、太刀、槍、鎖鎌《くさりがま》などといったあらゆる武技に打ち勝つ型を知りたかったのである。だがそこから会得した武技とは、基本的に「二刀を手にしては闘えない」ということであった。

一対一の真剣勝負では、武蔵は一刀流⁉

このことを具体的に言うと、兵法を学んだ一流の剣士が大上段から渾身の力で振り下ろしてくる重い太刀（一・〇～一・五kg。例えばプロ野球のバットの一・五倍の重さと見る）を、両手に持った二刀（太刀と脇差）を円極（直角で斜め十字）にしてとか、あるいは片手に持つ太刀あるいは脇差の一刀で受け止められるのか、ということである。武蔵は、いろいろと試した。

即ち両手に持った二刀を円極にして、その重なった十字の箇所で相手の振り下ろしてくる一刀両断の勢いのある太刀を受け止められれば問題ないが、少しでもその十字の箇所から太刀が逸《そ》れると、片手だけではその重い太刀を受け止め切れないのである。

その重い太刀をしっかり受け止められないと、勢いのある太刀の切っ先が自分の身体の何《い》れ《ず》かに当たり致命的な傷を負ってしまうのだ。

それ故に武蔵は、いくら腕力が強いからといっても片手に持つ太刀、脇差だけで一流の剣士の渾身の力で振り下ろしてくる太刀などは、受け止め切れないことを知った（参考『直木三

十五全集 宮本武蔵』)。

だから真剣勝負とは、己の太刀を両手でしっかり握って中段（正眼）に構え、相手の振り下ろしてくる太刀を、必死に受け止め、それを力の限り思い切って撥《は》ね返すとともに、直ぐさま相手を怯ますほどの大声を発し相手を威嚇《いかく》し相手の懐へ飛び込んで先手を取っていくのが、真剣勝負の「コツ」なのである（「一歩進め、先は極楽だ！」）。

武蔵は、養父・無二のいうことがよく判った（だから武蔵が一流の剣士と一対一の試合で、二刀を持って闘ったという実例記録は存在しないわけだ）。

そして立ち合った時の構えは、基本的には「上段、中段、下段、左構え、右構え」の一刀における五種だけであり、中段が「構えの真髄」であるが、そうは言っても状況に応じて「構えあって構えなし」の自在の態勢がベストなのだという（参考『五輪書』）。

したがって武蔵は、刀の重みをはるかに超える木刀を二本所持し、日々、二刀流のことも考え、次のような訓練をしては自らの武技を磨いた。

①練習相手がいない場合…人と見立てた対象物に対し、

イ．木刀一本を両手で持って、打ち込む。
ロ．木刀一本を右手だけで持って、打ち込む。
ハ．木刀一本を左手だけで持って、打ち込む。
ニ．木刀二本を左右の手に持って、それぞれの手に持つ木刀で自在に打ち込む。

②練習相手がいる場合

イ．木刀一本を両手で持って、相手一人と打ち込み受けもする。
ロ．木刀一本を右手だけで持って、相手一人と打ち込み受けもする。
ハ．木刀一本を左手だけで持って、相手一人と打ち込み受けもする。
ニ．木刀二本を左右の手に持って、相手一人とそれぞれの手に持つ木刀で自在に打ち込み受けもする。
ホ．木刀二本を左右の手に持って、複数相手とそれぞれの手に持つ木刀で自在に打ち込み受けもする。

こうして武蔵は、左右の手が利き手となるように握力、腕力を鍛えた。そして基本は、一刀で闘う習練をし、非常事態に備えて二刀で闘う習練も欠かさずにしたのである。

但し、二刀でもって構えて複数の相手と闘ったとしても、囲まれて一斉に攻撃されると勝ち目はない。こんな場合には、走って走り回って、群れから瞬間的に孤立した相手と一対一で闘いやっつけていくとか、群れが一瞬に集まり固まった所を押し切って崩していく状況が次々と作れるならば（参考『五輪書』）、勝ち目も生まれてくる。

よって武蔵は、何事も常々「死ぬ前に、全てを使いきらないと、残念なり」と言うように、最悪の事態を考えながら、刀も身体も、皆、使い切るさまざまな習練を、一途に積んでおくことが極めて大事なことなのだと理解した。

※鎖鎌の宍戸との闘いも、真剣二刀流ではなかった

右記＊欄『二天記』の口．に言う宍戸との鎖鎌対決も、武蔵は最初から二刀で闘ったのではない。武蔵は先ず一刀で闘い、鎖が武蔵の太刀に絡《から》んだことで勝利を確信した宍戸が鎌を振り下ろす段に、武蔵は脇差を右手で抜き、それを宍戸に投げ付け宍戸の胸を打ち貫いたわけである。

※武蔵の二刀流とは、木刀二刀流であり、真剣二刀流は非常事態のみ

武蔵は、稽古では木刀による一刀流、二刀流であったが、真剣では、通常、一刀流であった（非常事態の時は、実例もないが二刀流だった？）。だが『五輪書』には、

・「わが二天一流では、太刀の使い方に奥も初心も無い」

・「一命を捨つる時は道具を残さず役に立てたきものなり。道具を役に立てず腰に収めて死すること本意にあらず」

・「両手で一本の太刀を構えるのは実践的なやり方ではない。刀は片手で持つ武器である。二天一流では太刀を一つだけ持つより二つ持った方が利点である」

と記されていることから、武蔵は両手に刀を持った二刀流の第一人者だと見なされてきた。だから百年以上も後の絵に「二刀を構えた武蔵」の絵もある。だが同書に、

a.「構えは、上段、中段、下段、左構え、右構えの五種しかない」

b.「多数と闘う時には太刀と脇差の両刀を抜いて左右に広く太刀を横に広げて構えるのだ。しかしこうした闘いは（難しく）、よくよく訓練して検討すべきである」

と言っており、また『兵法三十五箇条』にも、「この道は二刀流といい、太刀を二本持つが、左の手に、さして意味はない。太刀を片手でも使えるよう鍛錬するためである」と鍛錬と真剣勝負の違いを述べている。

したがって通常は、右記a.の如く一本の木刀で必死に鍛錬するが、しかし最悪時の真剣勝負への備えの為に、時には同b.の如くに二本の木刀を持って、しっかりと習練して

おく考えが、そもそも「二天一流」なのではなかろうか。

直木三十五も自著『直木三十五全集　宮本武蔵』で、「一流の人を相手に、二刀で試合ができるものではない」と明記する。

もし二刀流が一刀流に勝るというなら、今日でも、剣道の試合に、二刀流の剣士が日本一になっていても不思議ではない。しかしそうした日本一の二刀流の剣士を一人として目にしたことはない。

とはいえ武蔵が、必ず真剣二刀を持って六〇余度も闘い負けなかったというなら、すると二刀流は誰にもできない武蔵だけの兵法となる。そうだとすれば、二刀の兵法は、武蔵も難しいと言っていることから、やはり流通性、普遍性にも欠けるといえようか。

武蔵の壮年期（1）…「武士の法」追究への大変貌？

巌流島の決闘

※本書が読み解くこの決闘は、何か武蔵に衝撃的で屈辱的なことがあったのではないか⁉

ところで武蔵は、この巌流島の決闘で天下の達人・佐々木小次郎を一撃のもとで倒したことなど、本来、武芸者として勝ち誇り、その手口や技、手法などを吹聴し自慢するのが当然であろう。さらには自著の『五輪書』にも、武蔵は歴史的な事実「名誉」として、その一部始終を大胆に記していくものと推断する。

しかし、である。武蔵は、生涯、この巌流島の決闘を、何一つ語っていないのだ。それはどうしてなのか。何一つ語らない武蔵にすれば、その巌流島の決闘とは、

イ．人に語るほどの大した内容ではないから、誇大表現や「はったり」、嘘っぱちなどは語れないのだ

ロ．語るに語れない衝撃的な事由があったから、語ることなどができないのだというういずれかの内容になる。だがこの決闘は、世に言う世紀の一戦なのだ。すると語れない理由とは、右記イ．ではなく同ロ．のように、何か語るに語れない事情などがあったから「語ることができなかった」、と考えた方が自然である。

というのは、あれほどに生命を賭した真剣勝負を、この後、武蔵は一度たりとて、やっていないのだ。つまり何があったのか判らないが、この巌流島の決闘を最後に、武蔵は死するまで真剣を握ることなく、その手には「道場用の木刀とか筆墨」を持ち替えて握っているのである。

その理由の一部を語っているのが、『五輪書』ではないか……。即ち後述もするが、武蔵は、卑怯で兵法知らずの未熟な自分があったことを、次のように吐露した。

「三〇歳をすぎたとき、自分の歩んできた跡をふりかえって、勝ったのは決して兵法をきわめたためではなく、身に生まれつきの能が備わり、それが天の理に叶っていたためか、それとも相手の兵法が不十分だったためではないか」

したがって本書は、そうした卑怯で未熟だった武蔵を記述した後掲『沼田家記』を参考としながら、本決闘が真剣勝負を止めるなど変貌を遂げていく武蔵の重要なターニング・ポイントとなったと見て、以下の如くにストーリー化した。

さて武蔵三一歳は、一六一二年（慶長一七年）初春の頃、養父・新免無二（世間では新目無二。

五九歳？-）から書状を受け取った。無二は九州の豊後杵築《きつき》（参照「図1」）に逗留し、客人として、城内の道場で細川藩の杵築城代・長岡興長（一五八二～一六六一年）に剣術を指南しているのだという。その書状内容は、凡《およ》そ次の通り。

「自分は老体だが、今、細川藩の豊後杵築城代で豊前小倉藩主・細川忠興公の娘婿・長岡興長殿に剣術を指南している。それ故に興長殿も「無二の弟子だ」と憚《はばか》ることなく言うように、自分への評価も高まってきている。

ところで忠興公の剣術指南役に巌流・佐々木小次郎という人物がいる。今、ここ細川藩内で、拙者と小次郎のどちらが強いのか、と言った話が持ち上がっている。そこで城代らは、小次郎を負かす絶好の機会だと断じて譲らないのである。

とはいえ自分も年で真剣勝負をするだけの体力、気力もない。かといって逃げるわけにもいかず、二進《にっち》も三進《さっち》もいかなくて困っている。

そこで興長殿の提言もあり、よって恥を忍んで勝手なことを望むが、自分の一番弟子である玄信（＝武蔵）に、この話を受けてもらうわけにはいくまいか……」

＊『二天記』…小次郎のことや、武蔵が小倉に来た理由

小倉の絶島に於いて勝負を決せしむ。向島と云、また舟島と云、今また岩流島と云、豊前と長門の境。…岩流小次郎と云う剣客あり。越前宇坂の庄、浄教寺村の産地。…同国の住「富田《とだ》勢源」が家人に成りて、幼少より稽古を見覚え、長なるにおよんで勢源が打太刀を勉む。…豊前小倉に至る。太守細川三斎翁忠興公思し召し小次郎を停め置き玉いて、門弟できて指南あり。この時、慶長一七年四月、武蔵都より小倉に来る。二九歳なり。長岡佐渡興長主の第（代？）に到り、興長主は父無二之助の門人なり。その故に因りて（武蔵は）来るなりと。…岩流は佐々木小次郎と云。この時一八歳の由なり。英雄豪傑の人なりとて、武蔵もこれを惜みしとや。

※小次郎の年令について

吉川英治は、右記＊欄の『二天記』にいう小次郎一八歳を、そのまま自著『宮本武蔵』に記載した。しかし後に出版した彼の『随筆　宮本武蔵』では、いくら何ぼでも、「三〇歳以下ではあるまい」と訂正した。また清水豊は『今こそ宮本武蔵』で、小倉の勢力関係から見て「四〇歳前後だと推定した」、と記す。

武蔵は、城代・興長が「小次郎との決着」を強く主張することによって無二の困惑している状況を鑑み、取り急ぎ九州・豊前へ向かった。途中、無二が指定する長門（山口県）下関

の無二・知人宅で、武蔵は、佐々木小次郎のことや豊前小倉での長岡興長の姻戚の道場を紹介する無二の書状を受け取った。

一六一二年四月初め、武蔵が小倉に着き杵築城代・長岡興長の姻戚の道場に身を寄せた。道場では興長からの連絡で、新目無二の一番弟子・宮本武蔵が来ることを知っていた。道場の門下生らは武蔵がどれほどの技量持ちかと噂していた。

そこで武蔵は、到着と同時に道場の門下生らを相手に稽古した。小次郎の門下生も噂を聞き付けて、道場の窓枠から覗いていた。

その武蔵の強さに驚いた双方の門下生らが、よけいに二人の兵法の優劣を知ろうと、その対決を急ぎ藩主・細川忠興に強く申し立てたのだ。

忠興も贔屓《ひいき》の小次郎の「力試し」であり、二人の試合を見たいと欲したが、江戸幕府は城下での一切の刃傷沙汰《にんじょうざた》を固く禁じている。それはこうした町中を賑わせ、闘った後も負けた方が仇討と称し、再度、闘うなどの騒乱事件が繰り返されれば、治安が悪化して幕府への反乱にも発展しかねず、よって刃傷沙汰による騒乱などが発覚すると、お家を取り潰すほどの厳しい「お咎《とが》め」もあるとのことだ。

そうは言っても小倉の城下町を賑わしたこの二人に対し、早く決着を付けさせる必要があると判断した忠興は、そこで公儀隠密や幕府に判らないよう、密かに、

「細川藩・門司城代が所管する長門の目の前にある無人の舟島で（参照「図2」）、四月一三日（新暦五月一三日）午前八時、門司城代・家臣の立会いの下、二人だけで試合をするように」

と双方へ命じた［後掲『沼田家記』『宮本玄信伝』（引用『宮本武蔵と新史料』）］。

＊『**宮本武蔵　50の新説!!**』…**正式な決闘ルール**（参考）

・闘いは、公開性、公平性、公正性があること。
・武士道に基づき正々堂々と行う。
・飛び道具の禁止。
・時刻厳守で決められた決闘場で行う。
・卑劣な行為をすれば立会人によって殺されても仕方がない。
・勝敗が決したら関係役人の指示に従うこと。

ところで、この舟島とは、昔は二島なのであった。だが長門側や豊前側から見ると、その二島が重なって平らな一島に見えていた。殊《こと》に、長門・彦島から見た○・三㎞先の島を長門側では「巌流島」、豊前の方から見た一・一㎞先の島を豊前側では「舟島」と言った。島と島の間は狭く、干潮時には砂洲が二島を陸続きにしていた。

しかしいつしか、この砂洲が盛り上がって一島になり、さらに埋め立てられ、今はその四倍の大きさにもなったという（参考『宮本武蔵　50の新説!!』『今こそ宮本武蔵』）。

※二島（巌流島と舟島）の存在から知る小次郎の流儀名!?

『今こそ宮本武蔵』には、昔の「大日本五道中図（屏風）山陽道」の絵図があり、それを見る限り、二島の存在と、その名が巌流島、舟島とはっきり記されている。

本書は、巌流島が既に存在し、また小次郎の流儀が巌流ということを勘案、すれば後述するように、この巌流島で巌流の奥義「燕《つばめ》返し」を会得した、と理解する。

さて決闘の場としてこの島が選ばれたものの、二人の決闘を豊前小倉では幕府を意識して、細川家の記録（例えば『綿考輯録』）にも残さなかったほどに緘口令《かんこう》を敷いたのである。しかし面前の長門・彦島から、その試合振りが海峡越しに見渡せて有名になったので、人は「巌流島の決闘」と呼ぶようになった（一説には、巌流・小次郎の墓を作ったから、その名を取って巌流島と名付けたというが、では巌流の謂れは？）。

＊『武将感状記』（引用『宮本武蔵と新史料』）

長門・下関（彦島？）の者ども残らず囲みて、（この決闘を）見物す。

尚、小次郎は、若かりし頃、（諸説あるが）長門側の巌流島で一人修行した。長門・彦島と巌流島の距離は短く、この間（海峡）の潮の流れは、時に渦を巻くほどに激しいのである。小次郎は、そんな日には、磯の岩場に立って、岩に激突して巻き上がる波しぶきを、上から下から左から右からと、意のまま思い切り木刀で打ち砕いた。

だが一番難しいのは、上から打ち砕いた空中に漂った水滴の塊を、瞬時に下から切り返して粉々にすることであった。そこで小次郎は、如何に早くその重い木刀を切り上げるかに苦心した。勢いよく振り下ろした重い木刀は、直ぐに切り返せないのだ。だから振り下ろしている最中に切り上げていく強い腕力が無いと、それは無理なのであった。

とはいえ、これができないと、その間は自分の守りも相手への攻撃もできない「隙《すき》」状態となって、相手に打ち込まれる機会を与えてしまうのだ。

そうなれば、即ち「真剣勝負は負け」である。

ところがある時、鍛錬で疲れ果てた小次郎は、岩場に坐ったまま目の前を海燕が勢い良く上下左右、スムーズに急旋回していく姿に、吸い込まれるように凝視した。

そして「これだ！」と悟った小次郎は、細長く楕円にした「8」の字を描くが如くに、両手首を途中で円滑に切り返していくタイミングを考え付き習練を重ねたのである。

こうして小次郎は、巌流島で会得し完成した目にも留まらぬ太刀の切り返しの奥義を「燕返し」、その流儀を「巌流」と名付け、また名を巌流・佐々木小次郎と称した。

＊『宮本武蔵　50の新説!!』…流儀にもならないツバメ返し

ツバメ返しは、まず長刀を上段から相手の頭頂目掛けて振り下す。しかしこれで相手を仕留めるわけでなく、いわば偽技、誘い技である。相手がこれをかわした後、立ち直るスキを与えず間髪を入れず手首を返して切り上げる。相手は、下から股間や腹部、または顎を切り裂かれてしまうのだ。…これは当時の防具である鎧や具足の構造を考えてみる時、この刀法はまったく理に適なっている。なぜなら、鎧、冑、具足は上方や横方向からの攻撃に対しては強くできているが、下からの攻撃に対しては、まったく無防備であるからだ。それ故に、ツバメ返しとは、上からの切り下げ、時間差のない下からの切り上げという、実に単純な上下運動ということになり、神秘性のかけらもない技ということになる（つまり、小次郎が「ツバメ返し」という流儀を大袈裟に打ち立て広言するほどのものではないということ）。

＊『佐々木小次郎（上）』…理解できない「燕返し」

（とある道で……、）自分では、そうしようとは思わなかったのに、瞬間、小次郎の手が太刀の柄にかかった。同時に、きらっと刃がひらめいた。小次郎は刀を抜きざま、右へ大きく振り払った。ちっ、と細い悲鳴がして　するどい切先でかすめられた燕が一羽、くると舞った。その刀を、小次郎は返すといっしょに、左へ払った。また一羽　その切先にかけられた燕が、まっすぐに足元に落ちた。その時は、もう小次郎の刀は鞘《さや》に納まっていた。…「燕が腹を返して飛ぶに似た一手、そなたが白扇をひるがえして舞うのと同じように、美しく、あざやかだろう。おれはこの一手をつばめ返しと呼ぼう」、と。

さて決闘の日、「日本一だ、天下一だ！」と豪語する達人の二人は、御前試合と同じと見なして、絶対に遅れまいと時間通り舟島へ小舟でやって来た（前掲「小倉碑文」）。

小次郎は三尺（九〇㎝。通常は七〇㎝）もの長い刀を手にしていた。武蔵は無二の情報で小次郎の長い刀を知っていた、だから武蔵は、通常の刀で闘っても長い刀・大太刀で構える小次郎には届かず、結局、武蔵に勝ち目が無いことを百も承知していた。

また刀の重みは一kg超もある。それ故に、武蔵が刀を振り下ろした時、その切っ先が小次郎に当らなければ、その重みと勢いで刀が地面まで打ち込むハメになる。そこで直ぐさま両手首を返して刀を切り返し、その切っ先が小次郎に当るまでが、実はこちらの「隙」になっている。つまりこの間は、武蔵が攻撃も受けもできない大太刀の小次郎にやられ放題の「隙」状態となる。これでは真剣勝負は「完敗」である。

そこで武蔵は、刀ではなく木刀を持つことにした。木刀なら長さ、重さは自在に調節できる。武蔵は、木刀を三尺六寸ほど（一一〇cm。または白樫の一二六cm説もあり）の長さで重さも刀の半分以下にすることとした。

そしてこの木刀なら、小次郎の大太刀が自分に届かなくても、こちらの木刀が小次郎の腕をへし折ることも出来るし、さらに脳天をも叩き割れると思った。また武蔵は空振りしても木刀は軽いから直ぐに切り返せるし、よって小次郎に攻撃の機会（チャンス）を与えることもない。そう確信した武蔵は木刀を手にして、小次郎と向き合った。

双方の立ち位置を確認した立会人は、「始め！」と言っては手を大きく振り下ろした。

武蔵は木刀を中段に構えた。小次郎も中段の構えである。小次郎は武蔵の長い木刀を見て、普通に打ち合っても自分の大太刀の先が武蔵に届かないことを、今……、知った。

小次郎は、この届かない差をどう対処し処理するかをいろいろ模索した。だが小次郎には、打ち合って武蔵に勝つ方策が直ぐに見付からなかったのだ。この不利な状況を思い知った小次郎は、つまり自ら果断に切り込むこともできなかったのである。

武蔵とすれば、極力、日輪（太陽）を背にしながら小次郎を誘《さそ》うように動き回り、小次郎に打ち込み易い隙を作っていった。しかし小次郎は、武蔵の木刀が自分に届かない距離を測って動いたのだ。

だからお互い掛け声を発しても、警戒しながら、すり足で前後左右に活発に動き、時には大太刀と木刀がそれぞれの身体に届かない距離の中で、かち合ったり払ったりしたが、それ以上に近寄って打ち込んでくる動きなどは、なかった。

故に隙が有りそうで無いのが、達人の構え、動きなのである。即ち、達人同士の闘いは、お互い安易に打ち込むこともできなかったわけだ。

そうこう繰り返す状況下で一時《いっとき》（二時間）も過ぎただろうか、ぎらぎらと照りつける太陽とその照り返す砂の熱さも加わって、二人は刀などを握りしめた手首や顎《あご》先から脂汗が間断なく雫《しずく》となって滴《したた》り落ち、そして疲労困憊《こんぱい》してきたのだ。

その時である。あたかも魘《うな》されたかのように目を剥《む》いた小次郎は、一気に歩を前へ進め己を奮起せしめる気合とともに、大太刀を振り下ろしてきた。武蔵は少し後退したが、その大太刀の切っ先が武蔵の額《ひたい》に締めた鉢巻の結び目に当たって鉢巻が飛んだのだ（参考『二天記』）。と同時に、武蔵は飛び上がって大上段から木刀を打ち込んだのである。

小次郎は「燕返し」で大太刀を切り上げようとしている時に、武蔵の木刀が頭上から打ち込んでくるのを見て咄嗟《とっさ》に仰《の》け反《ぞ》ったのだ。だが武蔵の長い木刀の先が、小次郎の眉間を襲ったのである。小次郎は、もんどりを打ってそのまま動かなくなった。

精根尽き果てた武蔵は、「長かったが、やっと決着がついた……」と安堵し小次郎を背にして砂浜にへたり込んだのだ。武蔵の目は、何気なく中空をぼんやりと眺めていた。

この一瞬の出来事を床几《しょうぎ》に坐って見ていた立会人らは、「武蔵の鉢巻が飛び武蔵もへたったのと、小次郎が倒れたのを同時と見て、この勝負は相討ちか……」とも察した。そして「どちらが先に立ち上がるのだろうか……」と、目を凝らして見守っていた。すると武蔵の木刀の当たりが少し浅かったのか、小次郎は静かに息を吹き返したのである。

小次郎は最期の力を振り絞ってゆっくりと立ち上がり、よろけながらも手にした大太刀を上段にかざし武蔵にじりじりと迫った。

武蔵は、心地よい爽快な風を額や首筋に感じ、また打ち寄せる波のリズミカルな音に耳を澄ましていた。しかしこの小次郎の動きに、武蔵は気付く気配もなかった。


ここで奇怪なことが起った……。


舟島には、漁師が天候の回復や潮の流れを待つ為に、休憩する古びた小屋があった。

決闘場から少し離れたその小屋には、早朝から頬被《ほおかぶ》りした漁師が数人いて、黙々と網を繕《つくろ》っていた。これを見た事前チェックの立会人は、何ら気にも留めなかった。

やがて二人の決闘が始まると、彼らは小屋の戸板の穴や隙間から固唾《かたず》を飲んでその様子を見ていたのだ。彼らは、漁師に扮した長岡興長の姻戚である道場の門下生であり、師と仰ぐ武蔵が勝利したことを見届けて、一安心した。

しかし、である。即死したと思った小次郎が蘇生し、ゆっくり立ち上がっては武蔵の方へ向かって行くではないか。これに吃驚した門下生らは、「武蔵殿、一大事……」と言うなり、小屋から小次郎目掛けて、脱兎の如く一直線に走った。そして小次郎が大太刀を武蔵に振り下ろす直前に、門下生らは小次郎をめった打ちにして殺してしまったのである。

これは、一面に張り詰めていた静寂を破った一瞬の出来事であった。武蔵と小次郎を凝視していた立会人らは、この予測もしていなかった場景に、唖然《あぜん》とした。


だが、話は、ここで終わらないのだ。


小次郎の門下生らは、舟島の試合が見える沖合いに重なり合うほどに多くの小舟を浮かべて、二人の対決を見物していた。皆は小次郎の勝利を信じ、彦島の「弟子待岬」という場所で勝者・小次郎と落ち合い、連なって小倉へ凱旋《がいせん》する予定でいた。

ところが驚くことに、漁師の格好をした武蔵の弟子どもが事前に舟島へ立ち入って小屋に隠れておったのか、その奴らが武蔵に助太刀するといった「卑怯千万」の武士にあるまじき行為を、小次郎の門下生らは具《つぶさ》に見取っていたのである。

この突然の暴挙醜行《しゅうこう》に対し、小次郎の門下生らは、「島へ事前に上陸しての見物や助太刀は、細川公の命じた試合での約束違反だ、ご法度だ!」と騒ぎ、「小次郎殿の仇を討とう!」と怒声を発し大挙して舟島へ乗り上げてきたのだ。

このあまりの人数に、武蔵は吃驚した。武蔵らは乗ってきた小舟や漁船で島から脱出することもできず、立会人に助けを求めた。武蔵らは、立会人の藩の大きな船で急ぎ門司に渡り、その足で門司城へと駆け込んだのだ。だがその後を小舟で追っ掛けて来た小次郎の門下生らが、門番らに「卑怯な武蔵の引渡し」を強く求めてきたのである。

この巌流島での決闘事実を聞き、また城門の前に陣取り叫び屯《たむろ》った小次郎の門下生らの異様な状況を城内から見ていた門司城代・沼田延元は、この大変な事態を一刻も早く収束せねば……と考え、その彼らに隙が生じるのをじっと待った。

そして小次郎の門下生らが疲れて乱れたその時、延元は武蔵を警護する石井三之丞という馬遣いの一団に鉄砲隊を付けて城門を一気に駆け抜けさせ、細川藩・豊後杵築で長岡興長を指南している武蔵の養父・無二の許へ、武蔵を無事に送り届け（護送し）たのである（左記＊欄『沼田家記』）。

こうして延元は、城下での騒乱罪となる大醜態を未然に防いだのであった。

＊『沼田家記』（引用『宮本武蔵　筆の技』）**…助太刀された武蔵を、延元がさらに助けた⁉**

延元様門司に御座成られ候時、ある年、宮本武蔵玄信、豊前へ罷り越し、二刀兵法の師を仕り候。そのころ、小次郎と申す者、岩流の兵法を遣い、これ師を仕り候。双方の弟子共、兵法の勝劣を申し立て、武蔵、小次郎兵法の仕合を仕り候に相決める。豊前と長門の間ひく嶋（彦島？　舟島では？）に出合う。后に岩流嶋と云う。

双方共に弟子共壹人も参らざる筈に相定む。仕合を仕り候処に、小次郎打殺され候（気絶？）。小次郎方は兼ねての約の如く弟子壹人も参らず候。武蔵方は弟子共数人参り隠れ居り申し候。その後、小次郎蘇生致し候えども、彼の弟子共参り合い、後にも打殺し申し候。この段、小倉（小次郎の弟子ら）へ相聞え、小次郎弟子共一味致し、是非共武蔵を打ち果たし申すと、大勢彼の嶋へ参り申し候。

これに依り、武蔵遁《のが》れ難く、門司（城。一国一城令で一六一七年廃城）に遁れ来す。延元様を偏《ひとえ》に頼り奉り候由、御請合い成られ、即ち城中に召し置かれ候に付、武蔵恙《つつが》なく運を開き申し候（生命が助かった？）。その後、武蔵を豊後へ送り遣わされ候。石井三之丞と申す馬乗りに鉄砲の者共御付成られ、道を警衛致し、別状無く豊後へ送り届ける。武蔵の親無二と申す者に相渡し申し候由に御座候事。

＊『宮本玄信伝』（引用『宮本武蔵と新史料』）…『二天記』を参考にした？

慶長一七年（一六一二年）四月、玄信（武蔵）豊前小倉に来り、細川侯世臣長岡興長【佐渡と称す】を訪れる。興長は父無二の門弟なるを以て厚く玄信を遇す。時に岩流なる者有り、剱道を以て大いに称せられ細川侯・忠興及び（忠利の）弟立孝、その技を信用し留めて臣下をして学はしむ。

玄信之と技を試さんと欲す。興長之を侯（忠興）に請う、侯之を許し舟島に会して試験せしむ、豊前長門海中の一小島にして無人の地なり。

岩流は侯の舟に乗して至る。玄信は興長の舟に乗ることを辞して自ら一小舟に乗して至る。岩流三尺の刀提《さげ》てその技尽くさんと欲しその威凛然たり。玄信木刀を以て一撃して之を斃《たお》す。その迅速なる電光猶遅きが如し（目にも留らぬ早業《はやわざ》）、見る者感ず。岩流遂に死す、玄信甚だ之を惜しむ、岩流佐々木小次郎と称す、年一八。玄信二九（三一歳？）、玄信礼して去って長門下関に往く。

＊『芸術家　宮本武蔵』『宮本武蔵の歴史像』…信憑性高いのが『沼田家記』

『沼田家記』は、細川藩の家老・沼田延元（一五七二〜一六二四年）延之父子についての記録で、寛文一一年（一六七一年）すなわち決闘の六〇年後に（それらの記録を編集し家記として）纏められた史料である。延元は藩主・細川忠興の従兄弟にあたり、細川藩の重臣であって、その記録となれば史料的信頼性は極めて高いであろう。現に同記録の他の記述も史実とすべて一致している。

＊『お伽衆　宮本武蔵』…信憑性が高い『沼田家記』

作為の必要性が考えにくい『沼田家記』あたりが最も史実に近いのではないかと思われる。

…また無二は泊神社の棟札にも伊織が天正年間に死んだと言うが、慶長六年（一六〇一年）正月に、黒田家が豊前中津から筑前へ転封された際の分限帳に、「百石　新目無二」と記されているから、「無二の天正死亡説」は間違いとみる。

＊『細川三代』…信頼できる史料が『沼田家記』

『沼田家記』は、沼田延元の事蹟を子孫が纏めた著作で、その行為を淡々と記しているのである、あくまで多くの事歴の一つとして記された武蔵に関する記事は、信頼できそうである。

※美化された小倉碑文⁉

小倉では『沼田家記』が言うような武蔵の屈辱的な噂もあったから、武蔵の死後、養子・伊織はそんな噂話を払拭するべく、殊更「剣豪」武蔵を強調した格調高い文章を、一六五四年、武蔵顕彰碑として刻石した（「小倉碑文」）、と半ば理解する。

しかし現実は、『沼田家記』にも言う卑怯な武蔵だったのである。であれば「剣豪」武蔵を美化し英雄視する論者らからは、それは武蔵の剣術偉業などを踏みにじるものだと指弾され、本書が嘲罵の的になるかも知れないと予見し覚悟する。

だがこんな屈辱的な決闘があったからこそ、ここから「主君の為、我が身の為」の兵法道に真摯《しんし》に向き合った、いわゆる我らが探求する魅力的で凛とした勇壮な本当の「宮本武蔵」が始まるターニング・ポイントになった、と本書は見た。それ故に本書は、これまでの歴史認識を改めつつ、その一新を声高に主張するものである。

こうした舟島での不祥事を聞く豊後杵築城代・長岡興長は、無用の争いや嫌疑を避ける為に、この不祥事の当事者である無二と武蔵の二人を急ぎ国外追放せねばと考えた。

そこで興長は、無二のような人物（「武芸者」と「お伽衆」）を求めている姻戚で隣国の日出《ひじ》藩主三万石・木下延俊三六歳（妻は忠興の妹）へ二人を紹介する書状を手交した。

そして興長は無二と武蔵の二人に対し、

「延俊公は、現在、江戸城の石垣工事を担当されているが、来年の五月には、京の高台寺で大きな祭事があり、叔母・ねね殿（秀吉の正室。一五四九～一六二四年）のお手伝いをされると聞いております。そこで当方から延俊公に貴殿らを紹介しておきますので、その時期に京・二条の木下邸を訪問して下さい」

といった旨を伝え、細川領から二人を出国させた。

興長から二人を紹介する連絡を受けた延俊は、翌年五月二日、江戸からの帰国途中、京で無二（六〇歳?）とだけ対面した。面談後、延俊は無二を客分として「剣術指南」、および京、中国、九州事情を良く知っていることから「お伽衆《とぎ》」にも任じたのであった。

そして八月一七日、帰国した延俊から内容不明だが、無二紹介に対する「礼状」なのか、長岡興長への書状あり［参考『木下延俊慶長日記（慶長十八年日次記）』］。

尚、数年後、無二は、老来に従って旧知の多い黒田藩・筑前秋月へ帰ったと思慮する。

武蔵の悔恨…巌流島の決闘は武蔵人生の大転機！

一方、九州を離れ養父とも別れた武蔵は、この巌流島の決闘を静かに振り返った。

（一）

武蔵は、これまで敵が何人いようとも、一人で勝つことに専念し「がむしゃらに」闘ってきた。それは、これまで養父から叩き込まれた「武士たる者は、闘えばあらゆる手を尽して何が何でも絶対に勝たねばならないのだ」ということから、「勝つ為の手段をも選ばない」強い思いが、いつしか心の底に宿っていた可能性はある。

すると勝つ為には、強い者を避け弱い者には力任せに闘うといったことも、自分の心に無意識に存在していたのではないか、と思った。だから、

「三〇歳をすぎたとき、自分の歩んできた跡をふりかえって、勝ったのは決して兵法をきわめたためではなく、身に生まれつきの能が備わり、それが天の理に叶っていたためか、それとも相手の兵法が不十分だったためではないか」（前掲『五輪書』）

と、一角《ひとかど》に兵法を会得したと思っている自分の自惚《うぬぼ》れた人を侮った「未熟さ」や、あるいは強い者とは闘わないといった「卑怯さ」を、武蔵は自覚した。

であれば武蔵は、これまで剣術に適した天性の身体でもって勝てる奴ばかりを相手に六〇余度も闘ってきた、と思うと恥ずかしくなった。

当然にそれらは、武技、武芸だと語れるものでもないし、「武士の法」（＝武士道）を求め究めていくものでもない。

それ故に武蔵は、弟子や門下生に対し、武士としての至当な心得などを熱心に教えることもしなかったし、状況判断を正しく分析し丹精込めて指導することもなかった。

つまり弟子らは、武蔵の動きや仕草などをしっかり見て、そうした心得や判断のコツを盗み取るべきだ、と武蔵はそう理解していたが、それは間違いだったのではないか。

だから今回、武士の心得とか「武士の法」にあるまじき「人への依存」とも言える恥ずかしい卑怯な事態が、あの巌流島で武蔵の身に起ったわけである。それは、

イ．自分の明確な指示徹底がないから、門下生らは細川公の命に反して島へ上陸した

ロ．状況認識もなかったから、息を吹き返した小次郎の動きを自分は見抜けなかった

ハ．門下生らの助太刀によって小次郎をやっつけてくれ、お陰で自分は生命拾いした

ニ．舟島から脱出することもできないので、立会人に自分らの身柄保護を切願した

ホ．自分は、門司城から鉄砲隊などに守られ養父・無二の許へ安全に護送された

等々、門下生への指南に、また自分への厳格さも極めて甘く、よって何事にも武蔵は手緩《てぬる》いと感じた。そうなると、人はこれらを「卑怯で狡賢《ずるがしこ》い武蔵」と見るから、武蔵は、大いに

罵《ののし》られ批判を受けると危惧し、大いに悔やんだ。

このような無様《ぶざま》で「形無し」の悔恨の念が吹き上がってきた武蔵は、三〇歳を過ぎて初めて己の兵法の「未熟さ」「卑怯さ」を確《しか》と知った次第である。

（二）

では武蔵は、何ゆえにこうなったのかと、その原因を追求した。

それは、人に頼る気もないが、しかし何が何でも勝とうとする邪な心《よこしま》「邪心」が自身に存在している限り、知らず知らずの内に、人に頼る甘さ、手緩さといった厳しさのない自立しない「未熟さ」などが、自然と心の中に醸成されていたのではないか……。

つまり厳しさのない「邪心」が存在した兵法とは、正しい教えとか規範、心得だとは言い難く、逆にそれは重大な過ちを犯した「悪しき兵法」になっていると予覚した。

であればそんな剣術を教える者の程度が、「今の世で、（自分も小次郎も吉岡清十郎らも含めて、邪心のない）兵法の道をしっかりと弁えた武士はいない」と言い当てる。

そしてこれら達人と称する人の道場での指南は、正しい兵法を教えているのではなく、型ばかりに拘《こだわ》った亜流の「武芸、諸芸をうり物にしたてている」（参考『五輪書』）と指摘しつつ、真理を追究しない邪心が凝り固まった日本兵法の悪しき広まりを考えただけでも、武蔵は何故か身震いし危機感を募らせていくのであった。

ならば「邪心」のない兵法とはどういうものか、と突き詰めていくと、武蔵は「兵法は、至極して（極めれば極めるほどに）勝つにはあらず」という考えに収斂《しゅうれん》していくのではないか、と思うに至った。

そうであれば、人への依存心といった浅ましい自立心のない「邪心」などを振り払う剣理を、武蔵は何としても見出さなければならないと思い付いたわけである。

そこで武蔵は、この「剣理」などについてを考えてみた。

例えば闘うということは、人の何倍もの鍛錬を重ねた自分の蓄積した力の発揮であり、その結果は「何が何でも勝たねば！」ということではなく、言わずもがなの「自然体でもって自ずと勝つ」のが、道理なのである（いわゆる「平常心」）。

ところが、その勝つということを、何の努力もせず、人の手助け「助太刀」や仏神の霊力「加護」などに安易に頼って安心してしまえば、本来、自分の為すべき日々の研鑽や鍛錬、修行を怠ってしまうことになる。

つまり、元々弱くて不完全な人間が他に依存して努力しなくなれば、さらにまた他に頼るといった邪心、邪念の多い、よけいに不完全な駄目な人間に相なって、取り返しのつかない依存心の強い人間になる。

故に武蔵は、他に頼って楽して努力もしない人間失格のようになっていくことを恐れ、そうならないように鍛練しなければ、と肝に銘じた。

では朝鍛夕錬の努力をすれば、邪念などが払拭できるのか、である。

しかしながら人間は劣弱で、かつ不純な心根を所持した不完全体であるからにして、かような邪念の払拭などは不可能ではないか……、と武蔵は繰り返し玩味《がんみ》した。

そうであれば、邪念のないものが、この世にあるのかを考えた。その時、いつしかの修行僧の話を思い出した。完全なものとは、それは我々人間そのものを超越した、天上天下、森羅万象を司って分掌する神聖な仏神であり、しかも仏神は完全なるが故に、そこには邪心、邪念などが存在しないのだ、と武蔵は思い知る。

今、武蔵は、邪心、邪念のない「無の心」を求めている。つまりその無心なる境地を求めんとするならば、貴い仏神の完全さという領域に一歩でも近付いていかねばならないのではないか……。

だったら「天を拝し、観音をおがみ、仏前にむかう」（前掲『五輪書』）といった畏敬尊崇の念を堅持し、その上で今以上の難行苦行を我に与えてもらい、しかもそれらに耐え忍んで己の限界を超え、百折不撓の精神力を得て己の心に邪心が入り込む余地のないよう磨かれていくならば、仏神の完全なる領域に近付いていくことができようか。

そうなると、「兵法は、至極して勝つにはあらず」を知る「無の心」が得られるのだ……、と納得していく武蔵は、仏神の前で手を合わせ勇躍発奮するのであった。

（三）

そう論を展開していくと、そのような「武士の法」とか武士の心得というものは、「主君の為、我が身の為」（参考『五輪書』）に、自然と、しかも邪念のない真の道「剣理」が前もって追究され理解され会得されていなければならない、と思い巡らせた。

だがそれには、即ち「おのずから、武士の法の実の道に入り、うたがひなき心になす事」（参考『五輪書』）を理とすることであって、つまり皆々を教導しながら疑いなき邪念のない「無の心」に為していくことが肝要なのだ、と武蔵は弁えた。

そして皆々をそうした疑いのない「無の心」にして剣理を求めさせていくやり方とは、それを秘伝や奥義とせず誰にでも判るような教義にしておくことが望ましい、と武蔵は思念した。とはいえ、そのような疑いのない邪念のない剣理が判るには、

・「千里の道も一足ずつ歩み」
・「今日は昨日の我に勝ち」
・その上、「千日の稽古を鍛とし、万日の稽古を錬とする」（参考『五輪書』）

よう努力を重ね全身で会得していく日々の修練が正に大事であり、その一心不乱の努力を、しっかりと皆々に言い聞かせ導いていく基本に忠実なやり方、世の習いとなる教義の確立（兵法書の作成）が、まして必要にして不可欠なのだ、と武蔵は開眼し得心した。

（四）

ここまで剣理などを知る論を探究しながら、武蔵は、ふと武士の家庭で育った子供の時に受けた教えなどを思い起した。

それは「そもそも武士という者は、「主君の為、我が身の為」に、正々堂々と一点の曇りもなく働き生きていかねばならない」、と耳に「たこ」ができるほどに武蔵は言い聞かされ、子供心にそれらを頭に焼き付けてきたわけだ。

そして武蔵は、「生まれつき備わった能」に「日下無双兵法術者」の称号も鼻に掛けず片田舎で理想的な剣法を求める養父・無二の、厳しくも理に適った的確な実践指導を得たことで、メキメキと剣術の腕前を上げた。

さらに兵術や勝つ為の「武士の法」といった本質論なども、武蔵が元服する頃まで、武士の礼節を重んずる養父からいろいろと教わったのである。

※間違っている武蔵のイメージ「孤高の剣客」

ところで論者らの誰もが言うよう、武蔵は孤独同然で育ち、さらに放浪生活が長いといった野《や》で育った孤高の剣客なのだ、と型嵌《かたは》めている。すると「主君の為」に生命を賭して働くといった「武士の法」などは、武蔵にとっては判りようのない話である。

では判りようのないそんな空理空論ばかりを集めた話なら、世の範となる「武士の法」を具体的に説諭するあの名著『五輪書』は生まれ出てこないのだ。だから論者らの型嵌め的な論は、間違っていると考える。

さらに例証を挙げれば、武蔵の播州の生家や作州の養家を見てみると、武蔵の実兄・久光は小原城主の息女を妻にするほどの家格があり、また養父・新免無二（＝無二之助一真）も当理流十手術の師範剣術師で、しかも将軍・足利義昭から「日下無双兵法術者」の称号を与えられたほどの名高い剣術者なのだ。その上、取り分けて名門・赤松（源氏）とか新免（藤原氏）を誇りとする武蔵は、ならば武士として、かなり恵まれた武家のそれぞれの家庭で、先祖を敬い、かつ忠義を重んずる「武士の生き方」を高潔に教え育てられてきたのではないか……。そんな気がしてならないのである。

そう考えを次々巡らせていくと、論者らが言う「野で育った孤高の剣客」などといった野性的な武蔵論は、やはり、いい加減で勝手な妄評と見なされようか。

だが養父・無二の教育は、やゝもすると「勝つ為に手段を選ばない」善なるやり方なのだ、との教えや習練もあって、然るにそれが、時には卑怯なやり方と見られかねない間違った「武士の法」にもなっている、と武蔵は慮った。

つまり「勝つ為に手段を選ばない」という教えは、ある面では邪念も潜《ひそ》んだ考えであるから、間違い、過ちを誘発しかねず、結果、武蔵は、武芸者、兵法論者を汚《けが》すような人には言えない衝撃的、屈辱的な悔恨と挫折感を、あの巌流島で味わったわけだ。

そうした「勝つ為に手段を選ばない」といった心底にある卑怯な邪念の存在に気付いた武蔵は、ならば、猛修行を重ね「無の心」になる正真な兵法の道「剣理」を求めていかなければ……と、三〇歳を過ぎて、大死一番、今、やっと気付き思い知ったのだ。

そしてその求める「道」とは、普遍で正しい道理であり、二つとなきものである。

それ故に、世の流派がそれぞれ別々の異なった奥義などを唱えているのは、普遍なる「道」とは無縁な邪道や術を衒《てら》って世人を惑わしているだけではないか（参考『宮本武蔵―日本人の道』）、と武蔵は疑念を抱くのであった。

さような疑念を強く抱いた武蔵は、邪念なき兵法の「道」を究めようと、そこで真剣勝負からでは得られない「心（心・意）を磨き目（観・見）を研ぐ」為に武者修行に出るとともに、その目的を達する為にも死と隣り合わせの真剣勝負を止めた次第である。

＊『随筆　宮本武蔵』…『宮本武蔵』（吉川英治）が巌流島で完結した理由は、ネタ切れ⁉

信用できる武蔵の記録というものは、これ又いくらもないのだ。一小冊子の半分だけでもあれば大したものだが、そんなにはとてもない。ではどのくらいというと、およそ要約して、この活字の一段組みで六、七〇行ぐらいに尽きている。その程度が宮本武蔵の史実だと云ってよい。

…武蔵の逸事《いつじ》として残っている話から推していくと、武蔵はその生涯の殆んどを旅に送り、その足跡は、関東地方は勿論、出羽、奥州にまで亘っているが、京以北に於いては、何の文献もまだ掘り出されていない。

…僕が、武蔵の史実としては、要約して約七〇行程度の事しか残っていないと嘆じたのは、決して誇張ではなくて、それ以上、武蔵の新事実を発見しようとするには、考古学者以上の根気を持って、そういう彼の足跡や大名の未開文献から発掘するほか手段がないからである。

※間違った『宮本武蔵』（吉川英治）の罪過

吉川小説『宮本武蔵』は、「巌流島の決闘」で武蔵が小次郎を一撃で倒し、立会人や検使に一礼、そして小舟に乗って島を離れつつ、さらに次の達人を求めていくクライマックスで、その吉川小説が完結するのだ。誰の目にも映る光景は、日本一を目指す飽くなき野望を叶えんとする「剣豪」武蔵のこれからの雄々しき姿ではなかろうか。

だがそこには、武蔵自ら『五輪書』で告白する「自分の未熟さ、卑怯さ」を思い知って真剣勝負を止めていく気配や様相など、微塵も欠片もない。即ち、吉川小説で、武蔵が暗に「勝った、勝った！」と喜んでいるような様子や状況から、そんな不覚をとった未熟さなどが現れてくる衝撃的な「何か」は、一切見受けられないのである。

言い換えれば、吉川小説のストーリーで武蔵が変貌を遂げていく何かが見付からないなら、吉川小説のストーリーは真正な武蔵像を捉えていない、と断じられよう。

であれば、吉川小説のストーリーは、武蔵自身が言う『五輪書』の考えとは全く違ったありもしない事実と異なった「虚構の筋書き」を勝手に展開し人々を扇動している……、とその大きな根本的な過ちを、本書は指摘するものである。

大坂夏の陣

徳川家康は、幕府が永く安泰していくには、豊臣家の存在が邪魔であり、よって如何にしてこの豊臣家を表舞台から引きずり落すことができるか、が喫緊の課題であった。こうした中で豊臣恩顧の浅野長政や加藤清正が一六一一年に、池田輝政や長政の嫡男・浅野幸長が一六一三年にと、相次いで死去した。

そのようなこともあって家康は、一六一四年、方広寺の鐘銘「国家安康　君臣豊楽《ぶらく》」を問題にしながら、その解決の為に、豊臣家に対して、

①秀頼が江戸へ参勤するか（臣下の礼）
②淀殿を江戸へ上げるか（人質）
③国替えをするか（大坂から大和、伊勢方面へ）

の三箇条の要求を押し付けた。しかし豊臣家がこれらを悉《ことごと》く拒否したことから、家康は、一六一四年一〇月一九日、大坂冬の陣を勃発させた。だが大坂城へ波状攻撃を繰り返しても、籠城《ろうじょう》した豊臣家はびくともしなかったのだ。この要因を家康は、

・幾重にも掘り巡らされ侵攻を阻んでいる中堀や内堀などの要害に、大坂城がしっかり守られている
・追われているキリシタン宣教師や信者ら武将に加えて、数多《あまた》の浪人どもを全国から集め養うにあまりある豊富な資金が、まだまだ城内に蓄えられている

と分析した。そこで家康が企図した内容とは、豊臣家の神社仏閣への寄進を増やすこと（継続的で大規模な造営も含めた先…相国寺、南禅寺、醍醐寺、方広寺、東寺、豊国神社、石清水八幡宮、京都北野天満宮、熱田神宮、出雲大社、生国魂神社など）、および大坂城の中堀、内堀を埋め立てることであった。

そうした家康の策謀を取り入れた内容を徳川・豊臣の両者が講和したことによって、その結果、不利となった豊臣家は、最終局面となる大坂夏の陣を迎えたのである。

武蔵、徳川方・水野軍に志願

さて武蔵は、一対一などの個々の闘いを「小の兵法」、軍を指揮して戦うのを「大の兵法」と称して「武士の法」を取り纏めていた。

その「小の兵法」の論については、大体、出来上がってきたと考える。けだし「大の兵法」の論については、例えば天王山の麓《ふもと》で「山崎の合戦」を検証し、それぞれの軍の戦い方（戦略・戦術論）などを頭の中で模擬したものの、机上のそれらは、果たして実戦に応用できるのかと玩味するに、いやはや如何ともし難いのであった。

とは言っても、早急に戦略・戦術論の奥義を悟得し「大の兵法」を完成させねば、と思い巡らせている時に、家康がこの四月にも豊臣を攻め滅ぼすと言った噂を耳にした。

武蔵にすれば、これは軍を指揮して戦い、そして戦略・戦術論の奥義を究める絶好の機会ではないか、と思った。そこでどちらに志願するかを決める為に、攻める徳川方と守る豊臣方の情勢を次のように分析した。

「徳川方一五万人は、それぞれ親藩や外様大名など職業軍人を核とした軍団を形成し、大坂城を包囲する如くに布陣しよう。一方、豊臣方一〇万人ほど（五万五千人とも）は、豊臣家に忠節を尽す武将や金で雇われた浪人を主体とした軍団を形成しつつ、包囲する徳川方と数少ない堀や城塀などを挟んで対峙しよう」

武蔵は、「大の兵法」を実践するならば、追い詰められ籠城し防戦一方の豊臣方よりも、四方から攻めまくる徳川方の方が適している、と判断した。

それ故に武蔵は、徳川方の最前線で活躍する勢いのある水野勝成（一五六四〜一六五一年）が率いる軍三万人に志願した。そして武蔵は、先ず戦功を挙げて勝成に認められた時に、軍を采配する「大の兵法」の論理を進言し軍を指揮させてもらおうと考えた。

特にこの水野家は、家康の母「於大《おだい》の方」の実家で、家康と勝成は従兄弟同士であったから、今後も徳川方の中核として活躍していく、と武蔵は大いに期待した。

この水野軍への志願が認められた武蔵三四歳は、水野勝成の嫡男・勝重の陣に組み入れられた（参考『細川三代』など）。そして戦いは、一六一五年四月二九日に始まった。

武蔵は皆にはっきりと判るように、「釈迦者仏法之為知者、我者兵法之為知者」と書いた旗指物を背に掲げて先陣を切ったのである。

橋を挟んでの激しい攻防戦で、武蔵は橋の上で大きな木刀を振り回し、向うから攻めかかってくる多くの敵の雑兵らを右や左へと薙《な》ぎ倒していったのだ。この勇壮な活躍を見た味方の水野の軍兵らは、口を揃えて「見事なり！」と武蔵を褒め称えた。

こうして敵軍を追い返した水野軍は、意気揚々とこの橋を渡り敵の陣地へ雪崩《なだ》れ込んで行ったのだ。その後を本多忠政勢が、この橋を渡って敵陣に乱入したのである。

戦いは、豊臣方・真田幸村の形勢逆転を企てる反撃もあったが、結局、五月七日、裸同然となった大坂城は炎上するとともに、豊臣家は滅亡した。しかし、戦いは熾烈で、戦死者は両軍合わせて約二万人にも上ったという。

＊『宮本武蔵―日本人の道』

イ．武蔵が水野軍にいたと証する史料（参考『広島県史』など）**の存在**

当時、三河刈谷城主で大坂夏の陣では徳川方大和口方面軍（約三万人、本多忠政の部隊らは、ここに組み入れられていたという）の総大将であった水野日向守勝成の出陣名簿の「大坂御陣之御供」の中に「宮本武蔵」の名があることが、水野家の家老であった中山家文書の中で見つかった。これと同じ出陣名簿の写本と思われる「大坂御陣御人数附覚」が、やはり水野家の家老であった小場家文書の中にもあることが最近判った。

この史料には、夏の陣の水野軍の陣容が、騎馬二三〇騎、総勢三千二百人であったが、騎馬武者の名簿の末尾『作州様附』一〇人の内の四番目に「宮本武蔵」の名が記されている。「作州様」とは、勝成の嫡男・勝重（勝俊）のことである。この「作州様附」の項のみ「牢人（＝浪人）にて出陣」と注記された者が二名いるが、武蔵にこのような注記がないのは、すでに著名な武芸者であったからであろう。水野勝成は、父・水野忠重が徳川家康の生母の弟になる由緒ある譜代の家であり、…武蔵は騎馬武者で、恐らくその嫡男の警護役として配されていたとすれば、相当の信頼を得ていたことになる。

ロ．『黄耈《こうこう》雑録』（一七五一〜六四年。引用『名古屋市史』）とは、尾張藩の書物奉行であった松平君山が藩士の見聞録を纏めたもので、その中に次のような一つ書きがある。

「宮本武蔵は兵法の達人なり。…一八歳にて吉岡清十郎と仕合し名を発し、二〇余にて岩石（小次郎）と仕合、名を発す。大坂（夏の陣）の時、水野日向守が手に付き、三間ほどの志《し》ないの指物に、「釈迦者仏法之為知者、我者兵法之為知者」（釈迦は仏法の知者たり、我は兵法の知者たり）と書かれる。よき覚えはなし（話）、何方にて有られん橋の上にて、大木刀を持ち、雑人を橋の左右へなぎ伏せられる様子、見事なりしと、人々誉められる。…この時、石川に掛かる小さな橋を水野軍が最初に渡り、次いで本多忠政軍（勢）が進攻した」

この大坂夏の陣で、武蔵の主君・水野勝成は、後藤又兵衛を討ち取り、あの真田幸村の猛攻を食い止めては家康や家康本陣を警護したという。

その上、八丈島へ流された宇喜田秀家の元家臣で突撃隊の明石全登勢を打ち崩すなど大いなる戦功もあったから、勝成は三河刈谷三万石から三〇万石ほどの大名領地が与えられるものと心待ちした。

しかし家康からは、大和郡山六万石（参照「図1」）を命じられたのだ。あまりの戦功評の低さに驚いた勝成は、家康のこの軽い処遇に立腹した。

だが家康には、かような処遇をした理由があったのだ。それは勝成が、家臣の安全を願う家康の思いとか命に反して、生命を粗末にするといった二度も軍の先頭に立って得手勝手に戦ったことが、家康の機嫌を損ねたからである。二代将軍・秀忠は、この立腹する勝成を宥《なだ》めるとともに後に配慮することを約したという。

※秀忠の勝成への配慮

秀忠は、一六一九年、広島城の無断修築の罪で、安芸と備後の二ヶ国四九万八千石の藩主・福島正則を改易（所領没収）した。これに伴い水野勝成には、福山一〇万石を与えた。

勇将・勝成は西国大名らを牽制しその勢いなどを抑え込む為に、一〇万石にしては破格の巨城・福山城を築くとともに、城下町をも整備拡充したという。

こうして戦いが終われば、浪人の身で活躍した者にとっては、重要な仕官の話に話題が集中する。だから武蔵も、粉骨砕身、（軍兵を率いた軍を指揮することは叶わなかったが）水野の軍兵らが賞賛するほどの活躍をしてきたわけだ。

しかし水野勝成の戦功に対する家康の論功行賞は、予想に反して大和郡山となったが、それは命にも従わなかった勝成が家康の逆鱗《げきりん》に触れたからだ、との噂を耳にした。

そうであれば、武蔵にすると、家康に睨《にら》まれた水野家への仕官では自分の力量などが発揮できない、将来性もない、と判断し水野家での仕官を端《はな》から諦めたのであった。

ところが勝成の重臣から、「大の兵法」を研究し城の攻防にも詳しい武蔵に対し、「急がねばならない大和郡山の城や城下町の復旧、復興に、水野家の客分となって力を貸して頂けないか……」といった緊切な話が持ちかけられた。

この話で、自分の実力や才覚が社会的にも認められたと確信した武蔵は、差し当って急ぐ予定もなかったので、復旧、復興話に興味を示し、その申し出を受けたのである。

武蔵、大和郡山城の縄張などを行う

水野勝成が家康から貰った豊臣方（元・豊臣秀長）の拠城・大和郡山に入城したのは、大坂夏の陣も終った二ヶ月後の一六一五年七月であった。早々に大和郡山へ着任した理由は、徳川方の猛攻で大変な惨害を被った城や城下町の復旧、復興を急いだからである。

水野家の客分となった武蔵は、勝成に帯同し、攻め難い大和郡山城の再建（縄張）やその城を守る城下町の再開発（町割り）にも携わった（参考『宮本武蔵　孤高に生きた剣聖』）。

武蔵、養子・造酒之助と姫路へ

またこの大和郡山滞在中に、武蔵は水野藩の武者奉行・中川志摩之助六百石から、「三男・三木之助（＝造酒之助《みきのすけ》。あるいは忠兵衛ともいう…『宮本武蔵　研究論文集』）に、武士としての嗜《たしな》みや武技をしっかり教えてやって欲しい」旨の、たっての願いがあった。この再三に亘って懇願する志摩之助の思いを断り切れなかった武蔵は、その三木之助を養子にした（参考『宮本武蔵　孤高に生きた剣聖』『考証　宮本武蔵』）。

一六一七年七月中旬、明け暮れ大変世話になっている中川志摩之助から、同じ親藩である本多家の話を聞いた。その内容とは、次の通り。

「昨年、姫路藩主の池田利隆公三三歳が死去し、その嫡男・光政公一一歳が藩主となりましたが、若輩であったことから、やはりこの度、鳥取へ転封され、その後任には、本多忠政公が抜擢《ばってき》され、西国の政務や軍事を司り西国大名らの動きを制するといった大役「西国探題」職を拝命されたとのことです」

武蔵は熟思した……。

「徳川としては、この大坂夏の陣で、目の敵《かたき》であった豊臣家を討ち滅ぼしたことから、徳川幕府の敵はこの日本にいなくなり平和が訪れたと考える（これを「元和偃武《げんなえんぶ》」という）。とはいえ豊臣家を滅ぼしたのは、その実、秀吉の下で育てられた、いわゆる「豊臣恩顧」といわれた西国外様大名なのだ。よって幕府の不安とは、こうした西国大名らが徳川幕藩体制などに不満を持って結託し、そして徳川に叛旗を翻《ひるがえ》す可能性だってある。

そうすると今後、国内で戦いが起る可能性の高い地域は、奥州や畿内ではなく安芸、長門、肥後、薩摩などの中国や九州地方を舞台にした西国ではないか……」

※「豊臣恩顧」の大名らについて…『今こそ宮本武蔵』など

豊臣恩顧の旧臣やその二世らとは、福島正則、蜂須賀家政、細川忠興、佐竹義宣、加藤忠広、黒田忠之、島津家久、前田利常、浅野長晟、蒲生忠郷、池田光政らが挙げられる。

かような考えから、武蔵は専断した。

［幕府は「元和偃武」を定着させる為に、西国大名らの動きを牽制し、彼らに騒動などが起れば全力で武力鎮圧することになる。この幕府の命を受けて鎮圧の軍事戦略を展開していくのが、幕府西の最前線にある牙城「姫路」である。すればその姫路が果たす役割には、自分の「大の兵法」が必要ではないか！」

大和郡山で城郭の再建や町並みの復興に一区切りがついたこともあって、武蔵は水野家の客分を辞した。そして「大の兵法」を実践する最後の機会が姫路だと武蔵は考え、時を置かず養子の三木之助を連れ、生まれ故郷に近い地縁の深い姫路へと急いだ。

武蔵の壮年期（2）…姫路での活躍

姫路城を築いた池田輝政

姫路城とは、姫山四五ｍの山頂に天守台が一五ｍ、その上に五層六重の大天守三一ｍを建ち上げた、高さ約九二ｍを誇る誠に大威容の城であり、池田輝政（一五六四〜一六一三年）が「西国探題」の権威の象徴として、一六〇九年、築城完成した。

この姫路城は姫山という丘を利用した平山城で、その築城の設計図といわれる縄張とは、螺旋《らせん》式縄張と言われ、それは天守閣などへ行かせないように幾重もの抵抗線となる複雑巧妙な敵を惑わす「迷路や間道」を数多く取り入れた攻め難い形態なのである。

そして天守閣は、大天守と三つの小天守を結んだ連立式で、さらに千鳥破風《はふ》、唐破風を巧妙に組み合わせ、また防火対策としては木地を外に出さないよう白漆喰総塗籠《しろしっくいそうぬりこめ》の外壁とし、今も白鷺城と言われるように、その優美で気品の備わった輝く姿を見せている。

ところで話を少し遡《さかのぼ》ると、池田家とは、織田信長の三人目の乳母となった養徳院から始まった、と言われている。その孫・輝政は、三一歳の時、病弱の中川清秀・娘を離縁した上で、北条氏直と離縁し出戻っていた家康の息女・督姫（一五六五〜一六一五年）を、一五九四年、秀吉の媒酌で妻に迎えた（参考『姫路城を彩る人たち』。参照「図3」）。

その後、輝政は関が原の戦いで戦功を挙げ姫路を貰い受けた。この時、家康は輝政に対し、大坂の豊臣秀頼に内応する西国大名らを牽制、かつ西国への守りを固める必要から、秀吉が築いた豊臣家の旗印的な存在である三層の姫路城を取り壊し、前述するが如くの西国と大坂を遮蔽する見事な他を圧する巨大な姫路新城を築くよう命じた。

尚、家康は、同時に、江戸の防波堤となる名古屋城（一六一二年完成）、その名古屋の防波堤となる彦根城（一六〇七年頃完成）などを次々築城しては、豊臣家の包囲と徳川幕藩体制の確立、拡充を急いだのであった。

輝政の石高は、姫路五二万石（検地後は六二万石）であったが、輝政と督姫との間に生まれた忠継（一五九九〜一六一五年）と忠雄（一六〇二〜三二年）が、それぞれ藩主に任じられた備前岡山三二万石および淡路島六万石を含めると、実質百万石にもなったわけである。その忠継と忠雄は幼かったので、二人は姫路の両親の許で暮らした。

因みに姫路の領地とは、姫路、加東、加西、神東、神西、加古、印南、飾東、飾西、揖東、揖西、多可、佐用、宍粟、赤穂、明石、三木である。

この百万石の高禄によって、輝政は築城に要する巨額の資金を賄《まかな》い、さらには延べ三〜四千万人もの人夫を各地から駆り出した（参考『姫路城を彩る人たち』。一説には五千万人とも）、といわれている。

＊『姫路城を彩る人たち』…よそ者採用への諫言

（池田輝政は質素倹約をモットーとし、また後藤又兵衛など有能な浪人も多数召し抱えたことは有名である）。

この輝政の「人好き」に苦言を呈したのが、主席家老の伊木忠繁だった。自分に死期が迫ると、輝政を枕元へ呼んで、「殿は人好きの大名で優れた武士を集めるのに躍起となっておられるが、わが姫路藩には代々譜代（古参）の家臣が大勢おります。いざとなれば、殿のために命を捨てて働く家来たちが多数いるではありませぬか。どうして高い金を出してよそ者を雇わなければならないのか。どうか人集めに血道を上げないで下さい」と諭した。これを聞いて輝政もさすがにその後は人集めを慎んだという。

しかしながら、一六一三年、この智勇兼備の初代藩主・輝政五〇歳が逝去した。また二代目藩主となった嫡男・利隆（一五八四～一六一六年。輝政と先妻の中川清秀・娘との間に生まれた子。妻は二代将軍秀忠の養女・鶴姫）も、三年後に死去したのである。

その前年の一六一五年には、督姫五一歳、岡山の忠継一七歳も世を去るなど（岡山の後任は弟の忠雄。淡路島は徳島蜂須賀藩へ移譲）、池田家にとっては、次々とやるせない不運が重なったのだ。一説によると、前妻の子と後妻の子を取り巻く者らの権力争いによる毒殺事件があったとも。

姫路では、利隆の嫡男・光政（一六〇六～八二年。一六三〇年、本多忠刻と千姫の間に生まれた勝姫を妻にする）が三代目藩主となったものの、未だ一一歳と若かったので、幕府としては牙城「姫路」を守るには心許《こころもと》なく、よってその一年後の一六一七年、光政を鳥取三二万石へ転封《てんぽう》した（後の一六三二年、岡山の池田忠雄が死去した時、その嫡男・光仲が三歳の為に鳥取へ、鳥取の光政二七歳は岡山三二万石へと転封された）。

本多忠政、姫路へ

幕府は、その姫路の後任に、一六一七年七月一四日、武闘派で、しかも筋金入りの本多忠政を充てた。だが領地については、既に岡山と淡路が切り離されており、また姫路城も完成しているところから、幕府は広大な姫路領をも解体し姫路の石高を大幅に削減したのである。その領地と石高は、姫路、飾東、飾西、印南、加古、加東、多可、揖東、揖西に縮小して一五万石となった。

但し、忠政の嫡男・忠刻《ただとき》の妻が千姫であるところから、その千姫の化粧田として、一〇万石が別途加算された。

しかしこれを合算しても本多の石高は、池田五二万石の半分弱で大きく見劣りする為、そこでこの姫路を支え補強する必要から、明石一〇万石には、この忠政の娘婿・小笠原忠真を、龍野六万石には、忠政の弟の家督を引き継いだ忠政の二男・政朝を入れた次第である。これによって本多家関係としての石高は、合わせて四一万石となった。

忠政は、八月、姫路に入城した。尚、この時点での徳川幕府の西国への最前線基地は岡山だが、岡山藩主・池田忠雄が一六歳と若かったので、やはり戦略的な牙城は、この姫路であり「西国探題」としての重要な役割を担《にな》っていることに変わりはない。したがって西国の面従腹背《ふくはい》する大名らの動向などについて、忠政は幕府と情報交換を常に密にしておく必要があったわけである。

またこの城には、家康の孫、曾孫らが多数居住した特殊な城でもあった（参照「図3」）。

因みに、千姫の為に忠政が築いた西の丸とは、鷺山の丘を利用した城郭であり、昔、赤松円心が築いた姫路城の跡地である（参考『姫路城を彩る人たち』）。

※本多忠政（一五七五〜一六三一年）について

父は本多忠勝（一五四八〜一六一〇年）で「家康に過ぎたる者」と言われ、しかも「徳川四天王」の一将と称せられた著名な武将なのだ。

この忠勝の嫡男・忠政は、織田信長と徳川家康の孫娘・熊姫《ゆうひめ》（自害した家康の嫡男・信康と信長の息女・徳姫の間に生まれた二女。千姫とは従姉妹の間柄）を家康養女として妻に迎えた（その子供は、三男二女）。忠政が四一歳の時、大坂夏の陣で戦功もあり、また武闘派として名高い泣く子も黙るといわれている徳川方のエースは、一六一七年七月、伊勢桑名五万石から姫路一五万石へ命ぜられ、その八月、肝煎《きもい》りで姫路へ着任した。

そしてこの忠政の嫡男で、いわゆる家康の曾孫・忠刻（一五九六〜一六二六年）は、家康の孫娘で秀忠の長女・千姫（一五九七〜一六六六年。信長の姪・お江と秀忠の間に生まれた子。元・豊臣秀頼の妻）を、一六一六年九月一一日、妻に迎えた。この千姫には、姫路での化粧田として、神東、神西、加西の一〇万石が与えられるとともに、忠刻の間に授かった子供は、一女一男（勝姫、甲千代…早死に）であった。

また忠政の二男で千葉大多喜藩主・本多政朝（一六〇〇〜三八年。家康の曾孫）も同時期、播州龍野へ入城しては、姫路城に出入りもした。

他に二人の息女もいるが、姉は、九州島原四万石藩主・有馬晴信が嫡男・直純の妻となり、妹は、信州松本八万石藩主・小笠原秀政が嫡男・忠脩《ただなが》の妻（従兄妹同士）となったが、その忠脩が大坂夏の陣で戦死したことから、忠脩の弟・忠真と再婚した。この忠真は、忠政が姫路に入城した直後、播州明石へ入ったのである。

武蔵、姫路に道場を開く

この本多忠政の姫路入城よりも先に、武蔵三六歳は、養子・三木之助と一緒に姫路へやって来ていた。途中、米堕の生家にも立ち寄り、兄・田原久光らと歓談もした。

尚、姫路は西国を取り締まる徳川幕府最前線の牙城であるところから、城下の警備も厳重を極めており、城下を出入りする者の出自調べなどは何処よりも厳しいものがあった。ところで大坂夏の陣で、水野軍の配下であったのが本多部隊である。水野軍の武蔵は、遠目ながらも威勢の良い本多忠政を見知っていた。

そんな関係や縁故だけで姫路城へ入れるはずがないと思う武蔵としては、自分の兵法「大の兵法」を実践し得る唯一の場が姫路だ、と認識もしていた。とはいえ本多忠政に会って「大の兵法」を提言することができなければ、どうしようもない。

本多家への確たる紹介状もない武蔵としては、いかにして本多忠政と接触するかを、あれこれと考えた。

そこで武蔵は、親藩で譜代大名・本多忠政が姫路城へ入城すると思われる通り道に、武蔵道場を開いたのである。そして誰の目にも判るように、道場の前には、看板を掲げ幟《のぼり》も立てた。その幟や看板に記された文字が凄かったのだ。

それは「日本第一剣術之達人　宮本武蔵」と。

伊勢桑名から徳川の威厳を示す格式ある行列を従え堂々と姫路へやって来た忠政は、度肝《どぎも》を抜くこの幟や看板を目にした。元々、武術に励み武闘派だと自負する忠政としては、姫路にも何と「日本一」を名乗る武芸者がいるものだ、と驚きつつも感心した。

＊『尾参宝鑑』（引用『宮本武蔵のすべて』）…『尾参宝鑑』は明治三〇年に編纂されたという
本多忠政の姫路入国の際、城下に「日本第一剣術之達人　宮本武蔵」という看板を掲げた道場があった。

本多忠政が姫路に入城して程なく、同じ親藩で大和郡山藩主・水野勝成のお祝いを持った勝成の重臣が使者として姫路へやって来た。

本多忠政は、水野の重臣に向かって礼を述べるとともに、「姫路という田舎町でも、「日本一を名乗る宮本武蔵」という武芸者がいる」ということを面白おかしく語った。水野の重臣は、宮本武蔵の名を聞き、驚きながら膝《ひざ》を打った。そして徐《おもむろ》に、

「先の大坂夏の陣で水野軍が活躍し得たのは、武蔵ら仕官を願う浪人隊が一生懸命働いてくれたお陰でもあり、中でも奇抜な旗指物を背にした武蔵は、群を抜く武芸者

でありました。また勝成公が手掛けた大和郡山城の修築やその城下の町造りにも、客分として仕えた武蔵は偉才を発揮してくれました」

と言った。すると忠政は、

「では何故、宮本武蔵を水野藩で仕官させなかったのか……」

と問い質《ただ》した。水野の重臣は、

「静かな大和郡山では、これから戦いもないだろうし、よって武芸者らを雇《やと》うのではなく助言などを頂戴する客分として、武蔵を遇してきました。だが御家の姫路へのご栄転が話題になりました頃、武蔵は客分を辞して旅に出たのです」

と述べた。さらに水野の重臣が付け加えて言うことには、

「水野藩の武者奉行に中川志摩之助という者がおりますが、その三男をこの武蔵の

養子にして鍛えて欲しいと託した話は聞いております。しかしその後、武蔵はその三男を連れて何処へ流れて行ったのか知る由もありませんでしたが、この姫路へやって来て道場を開いているということですか。勝成公も、いずれは然《しか》るべき大名に武蔵を推薦せねば、と仰っておられましたが……」

と言い放しつつ、話はすぐさま幕府、豊臣の残党、西国の監視などへ転じていった。

忠政としては、あの水野勝成の目に留った武芸者・宮本武蔵が、この忠政に仕えたいと願ってか、早々にこの姫路へ越して来ていることに、何か親近感を持った次第である。

忠政、武蔵の技量調査を命ず…武蔵の（木刀）二刀流、初披露⁉

徳川で武闘派と一目置かれている忠政は、ならばと、その武蔵の「日本一」とかいう実力を見てみたいと心が動いた。そこで武蔵の剣術技量などを知る為に、本多藩の指南役となった東軍流の使い手・三宅軍兵衛に武蔵の力量調査を命じた。

この三宅軍兵衛とは、本多忠政の弟・忠朝（千葉・大多喜藩主）の家臣で、忠朝の子・入道丸の傅役《もりやく》である。忠朝が大坂夏の陣で戦死した後、入道丸が元服するまでの間、忠政の二男・政朝が大多喜藩を継いだが、政朝が一六一七年に播州・龍野藩主となった関係で、入道丸は軍兵衛とともに伯父・忠政の姫路へやってきたわけだ。

その軍兵衛の実力とは、東軍流を創始した川崎鑰之助《かぎのすけ》に剣を学び、達人として知られ、戦場でもたびたび殊勲を挙げている剣客なのであった。

軍兵衛は、宮本武蔵の高名をしばしば聞かされ、一度、立ち合いたいと思っていた。それが運良く主君の命があって、仲間四人と武蔵道場を尋ね試合を申し入れたのである。

武蔵の門弟に軍兵衛らは一四畳の座敷へ通されたが、武蔵は一向に現れない。長い時間待たされた後、武蔵は長短二本の木刀を下げて不意と出てきた。

武蔵は、「いざ!」と発した後、「ご一同ご一緒でも構わない」と言う。憤然とした軍兵衛は、木刀を上段に構えた。武蔵は戸口のそばまで下がって二本の木刀を円極（十字）に組む。軍兵衛が拝み打ちに木刀を振り下ろすと、武蔵は二本の木刀で分けて払い、再び円極に戻る。何度か繰り返しているうちに、武蔵は壁際まで追い詰められた。

勝利を確信した軍兵衛は、「得たり」と中段から必殺の突きを入れた。武蔵は「無理なり」

と言うなり左の小木刀でそれを撥ね退け、右の木刀で軍兵衛の頬《ほほ》を突いた。軍兵衛は、自分の踏み込む勢いで頬に傷を受けたのだ。武蔵は落ち着いて、「血を拭き給え」と軍兵衛に薬と布を渡したのである。

軍兵衛は、後に、「生涯で恐ろしいと思ったことが二度ある。一度は、大坂夏の陣で、両軍が槍を揃え対峙して、しーんと静まり返った時。もう一度は、武蔵が二本の木刀を下げて突然に現れた時だった」と門弟に語っている。

この試合の後、軍兵衛と仲間たちは武蔵に教えを乞い、門人になったという（参考『姫路城を彩る人たち』）。

軍兵衛は、武蔵の敵ではなかった。そして軍兵衛が城へ戻って、武蔵は（即ち「日本第一剣術之達人」だということが）大言壮語でなかったことを、忠政に報告した［参考『尾参宝鑑』（引用『宮本武蔵のすべて』）。但し史料は、軍兵衛を軍太夫と記している］。

本多忠政、武蔵を取り立てる

そうした武蔵との手合わせの内容を軍兵衛から聞いた忠政は、「だったら予が相手して、その剣技のほどを確かめる……」と言い、後日、姫路城内で武蔵と立ち合った。
しかしながら武蔵と立ち合った忠政は、左右前後しきりに動き回って打ち込もうとすると、その目先には「先《せん》」と発しての武蔵の木刀があり、結局、武蔵に「隙」もなく打ち込むこともできなかったのだ。そして疲れた忠政は敗を認めるとともに、改めて正確無比な木刀捌《ぼくとうさば》きを身に付けた武蔵の日本一と称する技量を知った次第である。

また武蔵は、「大の兵法」にいう築城論にも触れた。その内容は、天然の要害を活用した「城の縄張（築城設計）と町割り（城下町造り…即ち、都市計画）」を一体的、機能的に組み合わせれば、難攻不落の要塞が完成する、と論じた（本書は、これを「城市要塞」論という）。
その上で大坂や大和郡山の敗北した具体例として、要害が少なかった点を武蔵が指摘するにつれ、忠政は水野勝成が見込んだという武蔵の奥深い斬新な才覚を覚知した。

さらに忠政は、宿命的な出会い「宿縁」を感じた。それは武蔵の先祖・赤松円心が築いた姫路城の広大な跡地の上に池田輝政が築いたこの姫路城で、今、夢か幻か……、その円心の末裔《まつえい》・武蔵と、膝を突き合わせ話し込んでいる不思議さであった。

よって忠政は、武蔵を先ず客分として遇し、現在手掛け始めた千姫の住居御殿・三の丸および化粧櫓・西の丸の縄張に関しても、武蔵と積極的に意見交換をした。

ところで忠政は、「西国探題」と言われても、初めてやって来た播州や、さらに見知らぬ西国の事情など、皆目判らないのだ。忠政にとっては、そうした地域や不穏な動向などを一刻も早く知る為にも、播州、作州、安芸、長門はもとより、九州の豊前、豊後、筑前などといった西国の地を知る武蔵の知識と武芸に通じた技量・才覚を活用したいと考え、そこで「本多藩に奉職するように……」、と武蔵に仕官することを勧めた。

武蔵は、「己れは一介の武芸者で終ることなく、やがては天下の政《まつりごと》に参画し、いざ軍役となれば一軍を統率して、合戦の采配を振るう器である」と己れ自身に言い聞かせてきた（参考『宮本武蔵事典』）。それが忠政の「仕官要請」によって実現できると思い、内心喜んだのである。だが軍の采配には、忠政は否定的であった。

こうした話の中で、武蔵の心の中で頭をもたげてくるものがあった。それは、武蔵が姫路で道場を開いたことで判った心境の変化である。

即ち武蔵は、これまで自分の腕前や流儀などが世間に広まって有名になった。しかしその割には、「小の兵法」「大の兵法」といった求道となる剣理の法体系を築くとなると、道場に居ながらの限られた修行だけでは充実した内容になっていない、とその不如意なるものの認識が増長していた（実際には、兵法道の真髄を会得したのは五〇歳頃だ、と前掲『五輪書』は言う）。

＊『五輪書』…武蔵、求道への大いなる高まり

自分は若い時から兵法の道に専心し、剣術一通りのことにも手を染め、身を鍛錬し、さまざまな心の修行を積み重ね、また他の流派の人々をも尋ね見たところ、あるい（それ？）は口先だけで言いくるめたり、あるいは小手先で細かい技巧を凝らし、人目には良いように見せているが、（結局、）一つも真実の心のあるものはない。

したがって理想的な武芸論を究めるとしても、さらなる実践の展開や技の向上が求められるし、尚のこと軍を率いる心構えについても、その裏付けには、これまでの幾多の合戦などの戦略・戦術論の検証も喫緊《きっきん》の課題ではないか、と思うようになってきていた。

だが武蔵は、当初、本多藩で軍を指揮させてもらい、実戦における軍を率いる心構えや戦略・戦術論の骨格をここ姫路で仕上げた後、世に出て求道なる剣理を追究し、その上で、正しい普遍的な兵法論を確立していこう、といった甘い思いもあった。

しかし本多藩では軍の采配も叶わず、かと言ってこの忠政の要請を受け入れ任官しても城詰となって剣術指南ばかりに縛られてしまうと、天下の情勢が判らなくなる。

そうなれば、正真な「小の兵法」に「大の兵法」を組み込んだ兵法論も確立できなくなってしまう、とその焦りや不安を武蔵は一気に募らせてきた。

かような自分の胸中や心境を、武蔵は、やんわりと忠政に申し述べて忠政の仕官要請を丁重に断ったのである。そして武者修行に出て「小の兵法」を究めながら、過去の合戦も検証しつつ、かつ「大の兵法」を展開させてくれる大名を探そうと思い巡らせた。

忠政は、そうした武蔵の釈明を仕方なく聞き入れたが、武蔵を引き留める為に、武蔵が姫路に居る間は本多藩の客分として遇するので、合間には家臣らの剣術指南を頼んだ。

＊「尾参宝鑑」（引用『宮本武蔵のすべて』）

そこで忠政は、早速武蔵を召し抱えようとしたのである。しかし武蔵には臣事の意志がなかったので、特に二百石を与えて藩士の指南を委嘱した。

＊『宮本武蔵—日本人の道』

武蔵が二百石で委嘱されたかどうかは確かめられないが、藩の公認の下、姫路藩で武蔵の流派が広まったことは事実である。姫路（の道場）で武蔵の剣術を学んだ者としては、本多藩士で後に江戸で武蔵流を教える石川左京や、同じく武蔵流を称する青木与右衛門休心らがいる。また姫路近郊の龍野の円光寺にも道場があり、武蔵は多田祐甫以下を指南した。

武蔵に特命の要請…武者修行を兼ねた諜報活動「隠密」

だが不安定な西国への幕府最前線基地である姫路の重要な役割を思い知る忠政としては、非凡な武蔵の技量や才覚を何としても活用せねばと思案した。その時、忠政は、少し前だが、幕府・老中（＝年寄）の話を小耳に挟んだことを思い出した。それは、

「全国の大名らに不穏な動きが無いかどうかを、柳生但馬守宗矩を頭にして柳生新陰流の者を通じて調べさせている。そのやり方とは、それぞれの大名の剣術指南に、

幕府は柳生一門を推奨する。大名が柳生一門を受け入れてくれれば、これで大名らの不穏な動きなどは牽制できるし捕捉もできる。だが受け入れてくれない場合は、公儀隠密として名高い柳生兵庫助や武技に秀でた旗本らを密かに差し向けたのだ。

しかし公儀隠密や旗本らが巧妙に動いたとしても、実際には警戒されて、当該藩の関所を通過することも、またその城内に入ることも、それは大変であり、よって大名らの正確な情報を収集することは、ほとんど不可能に近い……」


という大きな悩みであった（参考…左記＊欄『随筆　宮本武蔵』）。

すると武蔵ならば、兵法に明るく武者修行に励みながら仕官を志しているのだ。取り分け野心のある大名らは、剣豪・宮本武蔵を仕官させようと必至に機嫌取りをするだろうから、城内へ易々入り込め、しかも正確な大名の内部情報などを収集し得るのではないか、と忠政は慮った。そこで忠政は、

「貴殿が姫路を地盤に諸国を行脚し武者修行しつつ、しかし「元和偃武」の定着に反するような不穏な噂や動き、結託などがあれば、一刻も早く、予に報せて欲しい」

と諜報活動「隠密」の受任を武蔵に要請した。さらに忠政は、

「貴殿にそうした特命の「隠密」を引き受けてもらうには、その情報の連絡窓口を、貴殿が我が子同然に可愛がり武蔵道場で修業させている養子・三木之助一四歳とし、かつその漏洩を防ぐ為にも、予の後継となる嫡男・忠刻の小姓に任官させたい」

と付け加えて提案した。

武蔵は、「小の兵法」（一対一などの個々の闘い）や「大の兵法」（軍を率いる将の采配）における勝利の奥義を見出そうと諸国を行脚し、そして自らの兵法論を究めていくとしても、しかし一方では養子・三木之助を抱えた生活の安定をも望んでいた。

そうであるならば、そうした兵法論の追究を、一時的に棚上げしてでも仕官し家禄を得ねば……、との思い・責任感が心の片隅にあることも事実なのであった。

然るに、この忠政の要請と提案のセット案を受け入れれば、「元和偃武」という大義の下で自分はその定着化に貢献しながら、併せ諸国行脚ができるし養子の三木之助も仕官が叶う

といった一挙両得であり、武蔵にとっては、この上もない忠政の計らいだと恐悦《きょうえつ》した。とはいえ武蔵は、一抹の不安にも駆られた。それは、

「親藩・本多家が、同じ親藩・水野家の武者奉行の子だとは言え、よそ者・三木之助を小姓に登用すれば、代々から本多家に仕えている古参重臣らの風当たりも強く、また主君の寝首を掻《か》くとか、本多家に加え千姫の機密情報も他に漏らすなどの理由から、その登用に猛反対し本多家が大混乱するのではないか……」

と案じた。だが忠政は、武蔵の不安を察知し当意即妙に、

「案ずるには及ばない。幕府安泰に資する西国探題の使命の重大さを、忠刻とその妻・千姫さらには重臣らにもしっかり話しておくので、気にせずに活躍し、幕府に対する不平とか不満を持つ大名らの内幕情報を正しく提供して欲しい」

と語った。この言葉を聞いて安堵した武蔵は、忠政の提案は三木之助を通した武蔵への「隠し扶持」の話であり、また三木之助の将来をも察し、〈その上、いつの日にか軍を指揮させて

くれるかも知れない一縷《いちる》の望みもあって、）二つ返事で、この忠政の要請「武蔵の隠密受任」と提案「三木之助の小姓登用」のセット案を受け入れたのである。

尚、三木之助は、数年後、出世して小姓頭となり、その禄高は、何と、七百石になったという（参考『姫路城史』）。

こうしたこともあって、武者修行する浪人の身形《みなり》でありながらも、その実、資力があったのが、この武蔵だったのだ。そのことを匂わせているのが、天下の名刀を四本も所持していたし（左記＊欄『宮本武蔵事典』）、またお金（金、銀、小粒）にも困らなかったのである（左記＊欄『真説　宮本武蔵』）。だから武蔵の武者修行中の浪人生活とは、

・訪問者があれば接遇し
・才能ある者には目を掛け
・旅立つ者には餞別を与える（参考『直木三十五全集　宮本武蔵』）

などと、そこいらの浪人とは大違いなのだ、と大方の識者らが一貫して見ているところで

ある。よって武蔵にそんな資力があったのは、それは武蔵が客分として時の藩主に取り立てられ、しかも「隠密」として養子を通じ「隠し扶持」を得ていたからであった。

＊『随筆　宮本武蔵』…幕府も柳生宗矩を窓口に柳生一門を隠密に使う

伊藤一刀斎、丸目蔵人、柳生兵庫、小野典膳、諸岡一羽その他、多くの剣客たちでも、等しく武者修行はしたろうが、各々、意図するところがあり、純粋な剣道修行であったかどうかは疑わしい。柳生兵庫などは別だが、その殆んどが流浪の牢人であったから、先ず良き主を探して、仕官に就くという目的が誰にも一応はあったであろうと思われる。武蔵にも勿論、彼の理想も註文もあったが、その気持ちがあった事には変わりがない。…柳生家と将軍家との如く、あるいは他の藩主とその臣下の剣道家といったような、密接な関係のある者で、主命として廻国に出た者も、決して少なくない。柳生旅日記で聞こえている十兵衛三厳《みつとし》は、寛永三年（一六二六年）一〇月、二〇歳の時、家光の御前を退いて即座に髻《もとどり》を斬り、狂を装って旅へ立ち去ったまま、一一年間――三一歳まで諸国を巡って帰らなかったということである。

…十兵衛が出奔の脚色した柳生旅日記は、元より作為であるが、将軍家の命を受けて、隠密として廻国に出たのだという説は、かなり真実そうに彼の伝や剣書にも書いてある。

…隠密という特務によって動いた者としては、むしろ柳生兵庫利厳などの方が、その疑いが濃厚ではあるまいか。兵庫利厳は但馬守宗矩の父、石舟斎の孫にあたっている。十兵衛とは従兄弟である。二五歳の時（一六〇三年）、肥後の加藤家から懇望されて、禄五千石で抱えられて行ったという人物である。その折、祖父の石舟斎が、加藤清正に、「兵庫儀は、殊の外、短慮者でござれば、いかような落ち度があろうとも、死罪三度までは、お許しありたい」と、頼んで約束したという。

だが、任地へ赴いてから、幾年も経たず、兵庫は加藤家を去っている。そして九年間、そのまま廻国を続けて、後に名古屋の徳川家に落ち着き、尾張柳生の祖となっている。時勢が時勢だし、祖父の条件だの、清正の寛度などもあるのに、軽々に任地を去って、廻国していたなど、ただの我儘《わがまま》とも考えられない。すでにその頃、柳生石舟斎は子の宗矩を率いて、家康にも会い、将来の約言も得ていたから、少し穿《うが》ちすぎるが、兵庫が肥後藩を往来したのも、何か裏面的な理由がそこにあったと考えられない事もない（それが加藤家の、お家騒動の発覚、さらには謀叛の噂による改易へと繋がっていったのであろうか?）。

＊『宮本武蔵事典』…天下の名刀の所持は、明石で本阿弥らとの交流結果?

武蔵は取り分けて刀剣には関心が深く、いまも武蔵ゆかりの刀としては、「了戒」「伯耆《ほうき》安綱」「上総介《かずさのすけ》兼重」「相州正宗」などが知られている。

①「了戒」は、死を目前にした武蔵が、門人で世話になった沢村友好（細川藩家老・沢村大学の養子）に形見として贈ったといわれるもの。この刀には、「持する人、万事を謹むべし、戒め破らば、横死せん、家内を浄め、納めおかば、一家一族の守り神とならん」とのいわれがあったとか。武蔵もこの了戒によって、勝運を展《ひら》いてきたの

かも知れない。

②「伯耆安綱」の刀については、『二天記』に、「このとき帯せし刀三尺余、大原真守の作、今、沢村家に伝わりけり」（大原真守一本作伯耆安綱）とあり、やはり沢村友好に贈られたようである。

③「上総介兼重」は、晩年の武蔵が帯びていた差し料で、高弟（一番弟子）の寺尾求馬助信行に『兵法三十五箇条』とともに贈られたといわれている。

④「相州正宗」については、武蔵がこれを所持したことから、「武蔵正宗」と称された。八代将軍・徳川吉宗が蒐集《しゅうしゅう》し、江戸開城のおりに一五代将軍・徳川慶喜が山岡鉄舟に与え、その後、鉄舟はこれを岩倉具視《ともみ》に献上したという。

＊『真説　宮本武蔵』（司馬遼太郎）

武蔵は無名のままの放浪をつづけている。どうして食っていたか。当時の武者修行の常例として、たいていは寺にとまったであろう。また田舎の兵法好きの地侍、豪農などを訪ねては草鞋《わらじ》銭にありついていたのか、不思議と武蔵は金にこまらなかった。『丹治峯均筆記』に、「武蔵一生福力あり、金銀乏しからず」と特記している。かれの工面上手はすでに晩年には有名であった。名を成したのちは、自宅の天井の椽《たるき》（屋根を受けている横木）にいくつも金銀を入れた木綿のフクロをかけておき、入用のことがあると、

「何番のフクロをおろせ」

矢筈竹《やはずだけ》を差し伸ばしておろさせた。この几帳面すぎるほどの理財観念からみると、一方

で削《そ》ぎ竹の上へとびおりるような野獣そのままの精神をもっていても、武蔵は無頼《ぶらい》破滅型の男ではなかった。もっとも、吝嗇《りんしょく》ではない。後年、内弟子などが暇を申し出て他国へ出る時、かならず、「用意あるか」と尋ねた。用意とは金銀のことである。「なければ、つかわそう。どこへ行っても、金銀がなければ落ち着き難いものじゃ。それ何番のフクロをおろせ」と。

武蔵の壮年期（3）…明石での活躍

小笠原忠真、明石へ

一六一七年七月二八日、幕府は、信州・松本八万石の小笠原忠真二二歳に播州明石郡明石郷（即ち、明石）・船上《ふなげ》一〇万石への転封を命じた。八月末、家康の曾孫で、姫路・本多忠政の娘婿でもある忠真は、西国への前線拠点・姫路の後衛として、陸路、海路ともに取り締まるべく重要な役務のあるこの船上に入城した。

※小笠原忠真［一五九六年二月二八日（＝新暦三月二六日）**〜一六六七年一〇月一八日**（＝新暦一二月三日）**］とは**

小笠原家は、清和源氏の出で源義光六世の孫・長清が甲州・小笠原に住んだので、これを姓とし、古伝の弓馬礼法の故実を以って頼朝に仕えた。信長の時、信州松本に住し、その後、徳川に仕えた。

忠真の父は、小笠原信濃守秀政（一五六九〜一六一五年）といい、母は、信長と家康の孫娘・福姫（自害させられた家康の嫡男・信康と信長の息女・徳姫との間に生まれた長女。千姫とは従姉妹の間柄）で、家康養女として嫁いできた。子供は七人恵まれた。一六〇六年、嫡男・忠脩《ただなが》と次男・忠真は、二代将軍・秀忠御前にて元服し、秀忠から「忠」を賜り忠真は幼名・春松丸から「忠政」と名を改めた。母の福姫と本多忠政の妻・熊姫は姉妹である。その本多忠政の息女が、一六一〇年、この秀政の嫡男・忠脩に嫁いできたのである。つまり家康から見れば、自分の曾孫同士（二人は従姉妹同士）が夫婦になったわけだ。

しかしながら大坂夏の陣で、大野治長らに敗れた秀政と忠脩が共に戦死した。また勇壮で名を馳せた「忠政」も大怪我をしたが、その戦功が認められ官職「右近太夫」を賜った。しかし当主を失ったことから、家康は、信濃守忠脩の家督である信州松本を、嫡男・長次《ながつぐ》一歳が元服するまで、「忠政」を信濃守の名代として継がせ、尚かつ後に幕府は忠脩の未亡人・円照院をこの「忠政」の妻にするように命じた（一六一六年一一月再婚。参照「図3」）。

ところで「忠政」は、義父・本多忠政と同名である為、一六四四年、「忠真」と改名（参考『福岡県史』）、よって混同する為、本書は冒頭より「忠政」とはせず、忠真と呼ぶことにした。また一六六四年、忠真は家督を三男・忠雄一八歳に譲った。

※船上城について

戦国時代の明石とは、三木・別所の支配地である。その別所に味方し明石を治めていた豪族は、枝吉《しきつ》城にて黒田官兵衛と従兄妹関係にある明石則実であった。別所は、明石での山陽道、播磨灘を行き来する人物や船舶を取り締まる為に、一五二八年頃、明石川の西の地・林に砦的な船上城を築いた。しかし別所長治が織田軍（秀吉）に敗れ滅亡した時、則実は秀吉に味方したものの、陰で別所に食糧を送っていた疑惑から、秀吉は則実を豊岡へ、その枝吉にはキリシタン大名・高山右近を入城させた。

だが枝吉城が手狭だったのか、右近は、枝吉城を潰しその資材で船上を増改築した。また右近は宝蔵寺などをキリストの教会とし信者増強を図ったが、秀吉のキリシタン禁制で改宗しなかったことから追放され明石は秀吉の直轄地となった。そして関が原の戦い後、徳川の親藩・池田輝政が姫路に入った時、明石、三木などが姫路領に繰り入れられ、しかも岡山、淡路も支配したことから、池田は実質百万石となった。

一六一七年、池田が鳥取へ転封されたことに伴って、姫路から明石と三木の領地が切り離され、三木を支配下にした明石の居城が船上城となったわけである。

尚、この船上城は、一六一九年正月、炎上したという（参考『明石文化史年表』）。

＊『明石市史資料（近世編）』…小笠原忠真、明石一〇万石知行の内訳

一、四万八千三百八十七石余は、　明石郡

一、三万七千四百五石余は、　　　三木郡
一、一万千三百八十五石余は、　　賀東（加東）郡之内
一、二千八百二十一石余は、　　賀古（加古）郡之内

したがってこの忠真夫婦とは共に信長と家康の曾孫であり、当時としては他に例を見ない日本一「毛並み（血筋）の良い」夫婦であって、その二人が忠脩の遺児、繁姫六歳と将来の当主と見なされている長次三歳（一六一五～六六年。幼名は幸松丸）を伴い、見ず知らずの地・明石へやって来たわけである。

ところで姫路の岳父・本多忠政は、そんな若い二人を気遣ってもいたが痺《しび》れを切らし、半年後の翌年二月になって明石を訪れると、忠真も即座に姫路を訪れたのであった。

＊**『小笠原忠真一代覚書　乾坤《けんこん》』**

本多美濃守様（忠政）は、右近様（忠真）明石へ御入部なされ候明くる二月、御見舞いなされ候、これは御舅入《しゅうとい》りの御心持なり。松本にて右近様の御祝言御座候以後、初めて明石へ御見舞いなされ候。右近様は、その時まで、未だ姫路へ御越しなさらず候。その後、姫路へ美濃守様への御見舞い遊ばされ候。

即ち忠政は、明石で自分の娘（忠真の妻）や孫に逢い、また姫路を訪れた忠真は、叔母の熊姫（忠真の妻の実母）、忠政の嫡男で忠真の従姉妹に当たる忠刻（忠真の妻の実兄）や、忠刻の妻・千姫（忠真とは従姉妹違い）にも挨拶した（参照「図3」）。

明石新城の築城

然るに、幕府の思惑とは、西国大名らへの監視を強化することであり、それには播州地方の守備固めが第一と考えた。そこで姫路を中核として、その姫路を支援する明石と龍野には、それぞれ親藩で、かつ絆も強い親子関係の大名を配した。

その中核・姫路は池田輝政が立派な姫路城を築いていたが、明石には砦的な船上城（旧名…林城）しかなかったので、そこで一六一八年、一国一城令に基づき「三木、船上を廃城にした上で明石に新城を築け」、と二代将軍・秀忠（一五七九～一六三二年）から命が下ったのである（龍野も同旨）。

秀忠の将軍命とは、姫路の岳父・本多忠政が姫路城の西の丸、三の丸の築城に着手しているものの、若い娘婿・忠真を教育する為なのか、「本多美濃守（忠政）と小笠原右近太夫（忠真）二人で新城を見立てて、その最適地を予《あらかじ》め将軍に報告せよ」（左記＊欄『小笠原忠真一代覚書　乾坤』）というものであった。

そこで二人は、この明石新城を築く三つの候補地「和坂」「人丸山」「塩屋」を見立てながらも、凡《およ》そ人丸山の裾野に築城することが望ましいと考えた。

その理由は、西から姫路が攻め破られた時、それを食い止めるのが明石の役目なのである。忠政は宮本武蔵が言う要塞論を思い出し、そうであれば和坂は西側に天然の要害となるものがあまりなく、また摂播二州の境・塩屋も要害となる川や池もないし城下町を築く平坦地も少なく、さらに塩屋を通ることなく明石の北の太山寺方面経由で摂津などへ行かれると、牽制、監視、防御することもできない、というような内容であった。

こうして新城の候補には、人丸山の西裾野だけが残った。但し、そこには人丸神社と月照寺がある。またその前を斜めに横切る明石川は、時々氾濫《はんらん》し、住居や田畑に不向きな湿地帯が入り江（後の明石港）まで続き、よって村の存在もない（後掲『講座　明石城史』）。それ故にこの湿地帯は、城や城下町を築くには大きな障害となる。

とはいえ、北の方に伊川や「剛の池」が、また西から攻められても明石川が格好の要害として活用できるし、さらに陸路（山陽道＝現・浜国道など）あるいは海路（播磨灘）で明石近辺を通過する大名らを、目の前で牽制、監視し得る大きな利点もある。

かように人丸山の利害などを検討している中で、伊川が合流する明石川を途中で堰《せ》き止め、その堰き止めた川筋を水路とか運河（後に区切って外堀、中堀、内堀とする）として活用し、海上から石材、木材などを運搬船で城内へ搬入する。そして堰き止められた上流は、真っ直ぐ播磨灘へ流す変流工事をする、との案が出た（参照「図5」）。

こうすることで明石川の氾濫が無くなれば、湿地の土質は改良され地盤も固くなって町造りが可能となる、と確かな意見が付け加えられた。皆、膝を叩きこの案に納得した。

＊『明石郷土史』…明石川・本流の変流工事

当時の明石川は、城の山の南を東へ（斜めに）流れ中崎に至り海に入りしものにして、両馬川口がその跡なりしと云ふ。これを築城とともに今の流域に変流工事をなし内堀を作りたるものなりと。

このような観点から、人丸山の西裾野が、築城する最適候補地として絞られたのである。この周辺の要害状況や築城を見取り図にして、江戸の将軍御前にて使者が説明した。

将軍・秀忠もこの案を了承されたので、幕府は、基本的に、本丸、二の丸、三の丸の石垣および土居堀（内堀・中堀？）の土木工事を行う費用として、銀千貫（現在換算は三一億円程…『明石城の歴史』）を幕府の奉行らに持たせ、明石を支援しにやって来たのである。

尚、この幕府直営（＝国営）の土木工事には、支払いが即金だからか、多くの業者が入札に参加してきた。

したがってこれ以外の明石川を堰き止め、その川筋を運河として活用する造成工事（後の外堀、中堀、内堀？）に天守台などの石垣工事や門塀、城郭、武家屋敷などの建築工事の費用は、明石藩・小笠原忠真が資金を分担し供出することとなった。

しかし後に、多額の費用が忠真の借財となったことから、明石西部を見渡す天守閣の建造費用が捻出できず、結局、忠真は天守閣の築造を諦めざるを得なかった次第である。

そこで財政負担を軽減する為に、築城用資材は、解体した三木城、船上城、高砂城などから持ち込ませた（参考『史話　明石城』）。尚、現存する坤櫓《ひつじさるやぐら》は伏見城から、巽櫓は船上城から移築したという［参考『明石城の歴史』。ところでこの二つの櫓は、明治三四年、昭和二三年に大修理された（参考『兵庫県十八藩史』。さらに平成七年の阪神淡路大震災でも被害を受けたことから、この時も大修理された）］。

これで播州には、姫路、龍野、赤穂、明石の四つの城だけとなったわけである。

＊『明石郷土史』…喜春城の名付けは六代目・松平信之（在位、一六五九〜七九年）

明石城は、当初、「鶴の城」と名付けたが、松平信之の時に「喜春城」と改めた。

一六一九年、御殿が完成したことから、忠真は新城への引越しを祝って、家臣や町民らと五夜にわたって「夏の踊り」を催した（左記＊欄『小笠原忠真一代覚書　乾坤』）。

＊『小笠原忠真一代覚書　乾坤』

公方様（将軍・秀忠）より明石に新城仰せ付けられ候間、本多美濃守、小笠原右近太夫（忠真）両人にて新城の場所見立て、言上仕る旨上意にて、美濃守殿姫路より明石へ両度御越し、右近様御相談方々御見立てなされ候。

内々、場所三ヶ所之れ有り候、一ヶ所は古城（船上城）より弐拾丁余り之れある浜辺に塩屋と申す在所有り。此の所のとりゐ（砦?）には浜辺半丁斗《ばか》りの入り江あり、是をとり□か。扨《さ》て又、一ヶ所は古城より拾丁余りの所、西に蟹坂《かにがさか》（旧・加爾坂、現・和坂）と申して高きかげ（崖?）有り。此の所か。又一ヶ所は古城より拾町余り丑寅の方に昔より人丸の山有り。此の山は西の方へ長き山、西のはずれに人丸の社檀あり、西の山はずれ戌亥の方に鴻の池（現・剛の池）と申す大淵有り。是を城の要害に用いる可《べ》きかと。

此の三ヶ所の内と思し召し、再三御相談なされ、とかく人丸山然る可しと御相談なされ、木図、絵図仰せ付けられ、江戸え遣わされ、公方様の御披見に入れなされ候。右の使者には、美濃守殿家来・長坂茶利助、右の絵図を持参仕り候、右近様より御使者は参り申さず候。右の図、公方様、上覧に備え候処、一覧尤もに思し召しなさるとの上意なり。

その年一〇月末（元和四年、一六一八年であろう）に、新城に奉行として都筑弥左衛門、村上三郎右衛門殿、此の両人、明石へ御越し候。御代官殿、建部與十郎殿、銀子千貫目（『講座明石城史』…現在の換算額では約一二億五千万円。『明石城の歴史』では、それは三一億円ほどと記す）御持参、新城御普請なされ候、諸事入目の銀なり。與十郎殿御手前にて置きなさる所、之れ無き故、右の銀、右近様御預かりなされ候。

その冬、京、大坂より町人数多《あまた》下り、石垣、堀を入札、請取り仕り、明くる年正月初め（一六一九年）より御城普請（主として土木工事）に取り懸かり、其の年の八月中に首尾仕り候。

右三人の奉行衆と頓（?）にて明石をお立ちなされ候。右の御城普請の内に御家作の御仕度之れ有り。御城要害出来仕り候。その暮れに大方首尾仕り候。歳の内に御移徙なされ候。

公方様よりは、御本丸、二、三の丸迄の石垣、土居堀迄の御普請にて、其の外は仰せ付けられず候、矢蔵、門塀、尤も家作なども右近様より御普請なされ候故、夥《おびただ》しき御物入にて、夫れ故、御借銀も少し宛て、出来申し候。御本丸御作事（建築工事）、四方の隅の三階矢倉、東北南三方は押し並べて一重の多聞を作り、西の方には御天主の台（『史話　明石城』…その面積は約一五二坪だ、と）之れ有り候に付き、多聞は出来申さず、塀にて之れ有り。御天主は終《つい》に立ち申さず候。

…古城（船上城）より新城へ移りなされ候、明くる夏七月、家中の者どもに踊りを踊らせて幸松様（長次）、平十郎様（忠真の嫡男・長安）の御目に掛け候得と、家老どもに仰せ付けられ候によって、大甘半左衛門、小笠原隼人、二木勘右衛門、小笠原主水、春日淡路、この五人へ家中の侍どもを五つに割り、一組宛て五人の家老を付け踊り申し候。五夜の踊り也。惣町中へも仰せ付けられて、町中よりも五組に組み合わせ、五夜踊り申し候。それを御覧なされ候て後、右近様、幸松様よりも踊りを御廻しなさるべく候。

「城市要塞」論の武蔵、明石へ

ところで忠政は、忠真が築城や町造りに大変苦労するであろうと思い、「大の兵法」で論を展開する「城の攻防」における「難攻不落な城郭のあり方」「城を守護する町のあり方」に通じた宮本武蔵を、早速、姫路から連れて来て、そして忠真に紹介した。

忠真は、播磨灘、新・明石川、伊川、剛の池、人丸山といった天然の要害に取り囲まれた城と城下町が機能的に織り成す一大要塞（いわゆる「城市要塞」）を構築しておけば、敵の侵攻を未然に食い止められるという考えを、忠政の秘蔵的な客分・武蔵から聞いた。

それは大坂、大和郡山が敗れた教訓も取り入れ、敵が西方から攻めて来ても、

イ．川や海などの天然の要害でもって敵の進撃を食い止め、また直ぐに敵を城下町へ入り込ませないようにする水際での秘的な仕掛け（＝罠《わな》）

ロ．城下町は、通常、往来自由だが、敵が攻め込んで来たとしても、堀や家屋などによって道が行き止まりになるとか迷路化、はたまたあらぬ方へ遠ざけて行くといった、敵

を城へ行かせない、城を絶対に守る町中での秘的な仕掛け
ハ．その敵が城内へ攻め込んで来たとしても、本丸や天守閣へ行かせないよう郭《くるわ》を構成する門、石垣、城塀、櫓等の配置を螺旋《らせん》化するなどして迷路化や行き止まりにしては敵を惑わせ、さらに溜り場を随所に作って敵を一網打尽に討ち取るなど敵の勢いを完全に殺《そ》いでしまう秘的な仕掛け
ニ．因みに敵が、万一、東方の山陽道から攻めて来ることも考え、それには城と人丸山の接する高台（海抜約一五ｍ）に堀を造り（後の薬研堀《やけんぼり》や箱堀）、その時には城下町の東側に向かって堀を決壊させるなど、敵の侵攻を食い止める秘的な仕掛け

を講じることで、明石を確実に固守するという初めて聞く「城市要塞」論である。

片や信州松本から小笠原家の菩提寺など開善寺、大隆寺、宗玄寺、峰高寺、安楽寺、本立寺、法性寺、光久寺の計八寺および御用商人・信濃屋などが、大挙、引っ越して来たし、また月照寺などの移設もあるところから、忠真としてはそうした社寺などの建物を巧く配置した防御にも強い町を、急ぎ造る必要もあった。

そこで忠真は単に城と町を造るだけではなく、天然の要害に複数の堀を組み合わせ、かつ数十もの神社・仏閣をも城郭の一部と見て形成する武蔵が言う大規模な「城市要塞」といった最高機密なる新しい城や町を一刻も早く造らねばならない、と決意した。

忠真は、早速、幕府の作事奉行・小堀遠州らの協力も得てその論に基づいた城の縄張をする一方、武蔵三七歳に対しても、

イ．（均等な碁盤割りで行き止まりとか迷路化の仕掛けもある）明石の城下町に相応しい町割り（＝都市計画）

ロ．さらに城内に樹木屋敷の築造［茶屋、宿泊施設、滝など山水のある大庭園。周りを囲っているから別名・山里郭《くるわ》（＝曲輪）という。現在の陸上競技場付近］

を立派に仕上げるように、と命じた（左記＊欄『今こそ宮本武蔵』など）。

尚、樹木屋敷とは、表向きは、藩主が憩い、あるいは接待に供する樹木が生い茂った屋敷と庭園である（これは接待用で武蔵がいう剣禅一如なる「枯山水」庭園ではない）。

だが襲撃などの緊急時には、藩主らがここから西北に接する中堀、外堀、新・明石川、伊川を活用して城外へ脱出できるよう抜け口などを密かに仕組んでいる所なのである。

こうして湿地帯であまり居住に適さなかった新・明石川東部の明石は、

イ．人丸神社、月照寺を東へ移転させた人丸山の西南裾野を中心に、内堀、中堀、外堀の人工の要害や神社・仏閣などに守られた明石城、武家屋敷などを築いたこと

ロ．天然の要害に囲まれ、また数多くの堀や神社・仏閣を配した城下町は、山陽道も数ヶ所ほど突き当たって折れ曲がるようにし、その街道と交差する町中の道も含め、それに接する家並みも裏行き一六間と均等に区画された町並みとしたこと

加えて忠真の善政によって、政治、経済の中核としての城を天然の要害が取り囲んだ近世の城下町（難攻不落の大規模な「城市要塞」）へと、一気に様相を調え発展していくのであった。

＊『今こそ宮本武蔵』…武蔵、城下の町割を命ぜられる

明石城築城から約五〇年後に記された『赤石（明石）市中記』によると、「元和四年（一六

一八年）、小笠原右近太夫様（忠真）御家士、宮本武蔵と云ふ人、町割す。町並み、裏行き、一六間、……」と。また『明石市史』によると、「…築城に併行して城下町の町割り、すなわち都市計画は、丁度その時期、明石に来ていた宮本武蔵玄信の設計によった。この時にできた明石の町は、東本町、西本町、信濃町（中町。現・明石郵便局辺り？）、西魚町、東魚町、細工町、鍛冶屋町、明石町、東樽屋町、西樽屋町の一〇ヶ町で、町並みも裏行は二九ｍ（一六間）の規定であった。

武蔵が、どのような町割をしたかについては、武蔵が設計した城下町が誕生して約二〇年後の明石城下の絵図から推測できる。その絵図を見て、城下町の都市計画について詳しい大阪大学の矢守一彦教授は、次のように述べている。

「この明石の城下町は、近世の城下町としては最も完成された形」だと言い、「それが最もよく表れているのが、外濠の位置である。内濠の外側に侍屋敷がまとめて配置され、侍屋敷のすぐ外側を囲うようにして外濠が巡らされている。そして、いわゆる町家は、外濠のさらに外側に、完全に分割されて置かれている。一見、何でもないように見えるが、この形が当時としては最も新しい城下町の都市計画だったのである」

武蔵は、大坂夏の陣に参加して、敵味方の区別もつきかねる程の乱戦の中、死力を尽くして戦った経験がある。大坂の城下町は外濠の内側に武家と町人が混在していた為、大坂の陣の時には大混乱したのである。その時の貴重な経験も活かしているのである。もちろん、大坂の陣の経験だけでなく、それ以外の諸国の城下町を見ている武蔵は、自分なりに理想的な町割りをしたのであった。

＊『講座　明石城史』

『姫路城史』（橋本政次）には、本多忠政は、明石の町割りを「忠刻の召し抱えていた宮本武蔵にさせた」とある。武蔵は、生涯、仕官しておらず、このころも客分として姫路に居たものと思われる。武蔵の生誕地である米堕村は、姫路藩領であり、本多家との接点はこの辺りにあったと思われ、小笠原忠政（忠真）の明石築城に際して、武蔵の兵法家としての腕を見込んで協力を頼んだものと考えられる。

…明石藩内の事柄を記録した『金波斜陽』によると、「明石町造は小笠原右近太夫忠政公（忠真）時代、元和年中開発也。宮本武蔵と云士町割有之と云、町並裏行一六間也」とあり、町割りは宮本武蔵が行い、町屋の奥行きは一六間であったことが定説になっている。同様のことは、享保年間（一七一六〜三五年）に成立した地誌『明石記』（長野升太夫恒巨）にも、「宮本武蔵と云士町割有之と云」とあり、宝暦一二年（一七六二年）の地誌『播磨鑑』（平野庸脩）にも「明石町造は小笠原右近太夫忠政之御代元和年中開発也　宮本武蔵と云士町割有之と云」とある。

そのころの明石は、明石川の流れが定まらず、東への流れもあって、城下町になる辺りは広大な湿原であったと言われ、大変な工事だったたと想像できる。

武蔵がどんな町割りをしたのか、資料もなく判らないが、地誌などからみると、町並みは裏行き一六間（約二九m）に定めている。城下町の規模は、東西が一二七間（約二・三㎞）、丁数は二二丁余りであった。明石城が築城されてから二〇年余りのちに描かれた「明石城絵図」(『講座　明石城史』に添付)が残されており、宮本武蔵が町割りをした形を見ることができる。

…明石に濃厚に残る武蔵の足跡として、作庭伝承があちこちにあり、善楽寺円珠院(明石市大観町)に枯山水の一部、本松寺(明石市上の丸)、如意寺福聚院(神戸市西区櫨谷町)にも立派な庭が残り、いずれも武蔵が造ったと伝えている。また浜光明寺(明石市鍛冶屋町)は、「松林、明石海峡、淡路島」の借景が美しいので、庭を造らず本堂の配置を考えたという。武蔵が町割りをしたということから、このような話が数多く残されていったものと思われる。

＊『小笠原忠真一代覚書　乾坤』…武蔵、明石城内に樹木屋敷の作庭を命ぜられる

明石御城、三の丸、西側の岸に付け、北の方へ長く細き捨て曲輪《くるわ》有り。家居なく草原にて御座候処を新しく御樹木屋敷なされ御遊山所になされ候。これに様々の築山、茶屋、御座敷、御風呂屋、御鞠の掛かり、様々結構なる御事なり。この御樹木、御茶屋、築山、植木、泉水、滝、諸事の物数寄、宮本武蔵に仰せ付けられ候。一年の御普請にて首尾仕り候。御家中知行取りの侍共、人足を出し御普請仕り候。これは夥しき事にて御座候。築山の石共、阿波、讃岐、小豆島まで、大船を遣わし石を取り申し候。大坂、堺にても植木を尋ね買い揃え船にて取り申し候。その時代には、右近様、江戸へ遊ばされ候事は御座無く候故、御心に御苦労はなしと存じ奉り候えば、その分は右近様、御徳と存じ奉り候。

＊『明石城』…活性化する明石の状況

忠真は、元和五年（一六一九年）一〇月三日に、町中の地子（税金）を免除する触れを出しました。領内の社寺もこの時には、少なからず城下へ移され、明石港（錦江）の掘削も同じ頃から始まりました。槌《つち》音、鑿《のみ》音がかまびすしく響いて、新しい家作りの仕事はこれから城下全般に起こりましたし、焼きものの名人、戸田織部助による御庭焼も始まりました（中谷山）。忠真の時代は、とにかく城下全体に新興の気分がみなぎり、はつらつとした雰囲気があふれていました。

＊『小笠原忠真一代覚書　乾坤』…明石の治安が行き届いている証拠（参考）

明石にて、三木郡の内、むし山と申す所へ鹿狩りに歳々、秋または春も御慰み御覧遊ばれ、出入り二〇日ばかり宛て御逗留なされ候。家老は御供に参らず候。御咄衆、詰衆の外に鉄砲を良く撃ち申す侍、三人も召し連れられ候事も御座候。

…明石より二里ばかり西へ二見と申す在所、浜辺なり。この所にて大網引かせられ、御慰み遊ばされ候。二〇日も前より仰せ付けられ候て御出で遊ばされ候。海上に一里半ばかり四方に網を相渡し所々に小船、二艘も三艘も浮かべ、そろそろと二見の前へ引き詰め申し候、大きなる事に御座候。殿様、御船に召し磯辺へ御出でなされ寄せたる網の内の多き魚を御覧になされ御用ほど（食べる分だけ）御取りなされ、残りは漁人へ下され候。さて、着きて右の浜辺に仮屋をお建てなされ、御料理仰せ付けられ、御供の者どもへ下され、終日、御遊山なされ候。

＊『史話　明石城』…明石港の完成

忠真は、元和七年（一六二一年）三月、築港工事をはじめた。陸地を掘ってその砂を積み上げて堤防とした。すなわち中崎遊園である。港は、西は材木町から東は相生町浜通りの東端、中崎公会堂の前まで長さ東西九丁（約一㎞）に及んだ。港は、西方は一般商業港で東方は藩船のつなぎ場になっていた。数年を経て竣工した。現在の明石港である。当時は当津湊「堀川または内川（参考『講座　明石城史』）」と呼ばれ、船上村から渡海十余艘を新湊に移動させた。次第に賑わって「西国筋の宝の舟入り」と称された。しかし明石は荒磯で港口が砂で埋まる為、毎年三月三日の大潮から三日間、町民も侍も裸になって、ジョレン（鋤簾）で砂をかき上げた。忠真も港まで出て床几《しょうぎ》に腰掛けて監督した。渡海船は後に百六十余艘に増え、上は大坂、紀州方面へ、下は岡山方面まで、客荷を輸送した。

武蔵の活躍

武蔵は姫路・本多忠政の客分で、その武蔵の養子も忠刻の小姓に登用されていることから、明石に来た武蔵を小笠原忠真は、身内と見て取り立て、しかも最高機密の内の「明石城下町の町割り」「城内の樹木屋敷の築造」を命じたのであった。当然のことながら、武蔵は、厳重警戒の築城中の明石城にも、自由に出入りした。

町割りについては、伊川が合流する明石川の変流工事を行ったことで氾濫もなくなり、その下流域であった地域の湿地土質が改良されたのである。

そして城を如何にして守るかを考えながら、信州松本から引っ越して来た菩提寺など八寺の建立や移転、明石川の西地域などに散在する旧来からある神社・仏閣などの町中への移設、さらに明石へ来た松本の御用商人、あるいは船上などの周りで商いをしている商人や鍛冶などの職人らを入居させる区画を具体的に線引きした。

その区画は均等で、逃げ易く迷路化になり易いよう裏行き一六間の、ゆとりのある均整の取れた町並みとして、武蔵は町造りの工事を進めたのであった。

こうして武蔵は、神社・仏閣の移転や建立についての要望を伺う中で、取り分け高僧らの卓話にも耳を傾け高尚な禅知識などを会得していったのである。そこから剣も禅も目指す方向は「無」とか「無の心」であり、即ち「剣禅一如」なる考えが確立した。

また小笠原家には、文武両道の一環として、古くからの小笠原軍学に武田信玄の甲州軍学も研究されており、武蔵は小笠原家の家臣らから、それらの秘伝も聞き及んでの論「大の兵法」構築の参考とした。

さらに明石には武芸や諸芸に通じた一枝一能に秀でた人たちが、忠真の人柄に惹かれて、あるいは城内の装飾や内装関係者らも含め、引きも切らずに訪れて来たのだ。

武蔵が明石で、かような人たちと積極的に接し各種知識（武芸や諸芸など）を聞知したのであった。

因みに武蔵が明石で知悉《ちしつ》し会得したという文化的な素養や知徳の数々を掲げてみると、次の通り（参考『小笠原忠真一代覚書　乾坤』など）。

・禅宗の高僧などからの「無」とか「無の心」なる考え。
・神社仏閣建築における棟梁の考えとか皆々を指揮する組織的な方策。
・小笠原軍学や甲州軍学についての秘伝の知識。
・柳生五郎兵衛による柳生新陰流の流儀の見聞。
・焼き物の名人、戸田織部助による御庭焼きの会得（明石焼き、朝霧焼きなど）。
・本阿弥、これは光雲の親も参る（一〇世本阿弥光室。刀剣の手入れや鑑定などを専門とする。尚、本阿弥光悦は分家である）。

・碁所の本因坊、弟子と一番打ち申し候。碁打道碩、三悦門人、因碩、利斎、これは一人二人連れにて度々に参る。
・今春《こんぱる》七郎（重勝。能の今春流）、親子連れにて参り候、御座敷にて橋弁慶のきりを親子にて仕り候。
・越前の舞、幸若参り候（幸若舞）、御座敷にて夜を鹿を一番舞い申し候つるを一人召し連れ参り候。その後、又、幸若楽次郎参り候、これも舞い申し候。
・猿楽日吉と申し寺本理右衛門、京なら八が罷り来候。
・小寺検橋、両度参り申し候、平家を度々語り申し候（琵琶法師）。
・俳諧師（松永）貞徳参り候、御前にて御所望なされ発句仕り候。
・天下一中、次の上手、藤重参り候、これは出し物を良く見申し候、古兵部様（小笠原秀政）の御時より文林の御茶入れ御座候（陶芸や茶道？）。
・研屋（刃物や鏡などを研ぐ研師）は本屋道長に参拾人扶持下され候、それ故、おいおい明石へ罷り下り御逗留仕り、御咄申し上げ候。
・刀剣匠の本屋八郎兵衛を召し寄せ、将軍家光の世継ぎ誕生の御祝儀として、葵の御紋入りの国後の御刀、国光の御脇差を造らせ候。
・画師の長谷川等仁、明石へ下り御新城の御屋敷の絵を書き申し候、その子等順も出入り仕り候（長谷川等伯を祖とする画派）。
・蒔絵屋清水宗寿が、さのみ能面、女面、古き能面などの面打ちを仕り申し候。
・御鞠に下条三郎兵衛、鮎川源太、小鼓打ちの役者・岡本忠左衛門が相手した。また京の家柄・飛鳥井殿も正装でお越しになられ候。
・医師の山崎寿磨などを御数寄屋に召し置かれ、茶を下され候。

＊『小笠原忠真一代覚書　乾坤』…柳生新陰流の稽古

右近様（忠真）、明石へ御座なされ候御時、柳生但馬守殿（宗矩、将軍家指南役）に兵法少し御稽古なされたく思し召し候間、弟子御越し請くべしと仰せられ候得ば、家（柳生家）にて甥に柳生五郎兵衛と申す牢人、南都に罷り在り候、明石へ遣わし申すべく申され候。柳生五郎兵衛並びに弟子一人打太刀の為に召し連れ、明石へ参り候。

＊『小笠原忠真一代覚書　乾坤』…明石へ来た多くの芸能人たち

右近様、明石へ御入部遊ばされ候て以後御見舞い参り候者共として…（右記に記す一枝一能に秀でた著名な芸能人ら多くが明石を訪れた）。

武蔵は、明石に集まってきた碩学《せきがく》の高僧や一芸に秀でた人らと次々接する機会を得たことから、天賦の才を発揮して、幅広く、かつ高度な知識や奥義などを会得し、書画、彫刻は勿《もち》論《ろん》のこと、「万理一空」なる兵法の極意までも確立していく一助となった。

※武蔵が言う「我に師なし」の真意…明石で芸術などの大成⁉

さまざまな知識人や一芸に卓抜した芸人、職人などが、忠真を慕って次々と明石へ押し寄せて来たことが、『小笠原忠真一代覚書　乾坤』によって知り得た次第である。武蔵は、これら達人らの本物の芸や技に接しながら、それらを習い会得し、かつその奥義をも悟得していったと考える。また武蔵は、明石城下の町割りを実施したことで、大規模な社寺の配置換えや商人屋敷などの建設、さらに信州松本から移ってきた小笠原家所縁《ゆかり》の開善寺（臨済宗）など八寺の建立もあり、よって多くの親交を重ねた高僧らから難解な仏教（特に禅）思想を習得した（剣禅一如なる考えの仕上げ）。

併せて、その建立に携わった棟梁と弟子の無駄のない組織的で機能的な建築動作などを解析した武蔵は、そうしたやり方「手法」を、軍を指揮する大将と士卒の関係に見立てて、『五輪書』における「大の兵法」として論を展開したのである。

すると、武蔵にとって、諸芸の真髄などを会得し兵法の道を見極め、そして文化人、文芸人として大成していく切っ掛けとなった地とは、ここ明石なのであった。

したがって前掲の『五輪書』に言う「自分には師はない」（＝「我に師なし」）とは、数え切れない一技一能に秀でた著名人らの教えを次々と受け、それらを自分なりに工夫、研究して一つの形にしたからだと理解されようし、その得られ加工された智徳合一の内容を、同書の「空《くう》の巻」で次のように明記する。

「兵法の道においても、武士として道を行うのに、武士の方（武士の法？）を知らないことは空ではなくて、いろいろと迷いがあって、それを解決できないのを空といっているが、これは真の意味の空ではないのである。

武士は兵法の道を確かに習得し、そのほかの武芸も身につけ、武士の行う道（「武士の法」）を明らかにしてよく心得、心迷うところも無く、常に怠らず、心意二つの心を磨き、観見二つの目を研ぎ澄まし、少しも曇りがなく、迷いの雲の晴れたる状態こそ、真の空であると知るべきである。

…まっすぐな精神を根本とし、真実の心を道として、兵法を広く行い、正しく明らかに、大局を判断できるようにして、空を道とし、道を空と見るべきである。空の心には善があって悪は無い。知恵があり、道理があり、道があって、はじめて心は空である」

つまり武蔵は、一芸は諸芸に通ずるものであり、しかもそれらは兵法の道を究めるのと同じなのだ、と認識した。だから、全てにわたって共通するのは、即ち、心の眼を磨き観察力を高め、そして何事においても「迷い」（邪念）を無くすことであって（＝「無の心」）、そうなれば、全てが自ずと兵法の極意と同じ「空」の境地に達していくのだ（＝「万理一空」）、それが道理に適った武士の徳道たる「武士の法」なのだ、と悟り帰結していったと察するところである。

それ故に武蔵の諸芸（芸能や芸術）を、後掲する『随筆　宮本武蔵』で、吉川英治がそれらを指して「武蔵の余技」と言うのは、大変な間違いを犯していると言えよう。

＊『宮本武蔵―日本人の道』…道を究めることは、即ち「武士の法」の会得

武蔵は諸芸の道を広く見渡し分析し、結果、兵法の道、さらに「武士の法」を説こうとした。その兵法の道を説くにあたって、『五輪書』では「我兵法を学ばんと思う人は、道をおこなふ法あり」として次の九箇条を掲げている。

第一に、よこしまになき事をおもふ所（邪念、邪心を持たないこと）
第二に、道の鍛錬する所（二天一流の道を厳しく修行すること）
第三に、諸芸にさはる所（広く諸芸に触れること）
第四に、諸職の道を知る事（さまざまな職能の道を知ること）
第五に、物毎の損得をわきまゆる事（物事の利害得失を弁えること）
第六に、諸事目利《めきき》を仕覚ゆる事（物事の真実を見分ける力を養うこと）
第七に、目に見えぬ所をさとってしる事（表面よりも本質を悟ること）
第八に、わずかなる事にも気を付くる事（何事にも注意を怠らないこと）
第九に、役にたたぬ事をせざる事（役に立たないことをしないこと）

…この九箇条に示された教えは、兵法のみならず、日本の芸道や職人の道など全てに通ずる学び方であると言えるだろう。近世初頭、上級武士の周辺において諸芸諸職の交流が

盛んだった時代に、諸芸を嗜《たしな》み、画に達し、諸職の一流の者にも出会っていた武蔵にして初めて、諸道を通貫する道の追求の仕方を的確に言い得たと言えるであろう。武蔵は、このように「道をおこなふ法」を示してから、「兵法の道」を追求する心意気を述べるのだ。それは、…気を絶えず兵法に置いて鍛錬に努めれば、技において人に勝つのみならず、見ることにおいても、立居振る舞いにおいても、心においても全て人に負けないはずである。

…そして大将としては、優れた人材を持つことに勝ち、それぞれの個性が発揮される適所に配し、自身も正しく行い、国を治め民を富ませること全てに勝つのである。世の範となるやり方を行って、ここに人ありと名を挙げることこそ武士たる者の道である（武士の法？）。ここには実戦に勝つことを基としながら、まさに全てにおいて行い勝たんとする武士の精神が端的にあらわれているのである。

武蔵は、ここ明石で多くの秀でた仏僧、芸能人、職人らと直《じか》に接し薫陶《くんとう》を得たことで、その潜在的な才気が幅広く開花し、兵法家は無論のこと、美術や能楽、連歌などの多芸に通じた文化人、文芸人としても形成され大成していったのだ。

そして武蔵の考える「武士の法」とは、兵法によって善なる武士を育てることであり、その治める天下には邪剣のない「世の為、人の為」の「泰平の世」が到来する、と展望した。

こうしたことを思い巡らせながら、明石藩の忠真の命に応じていく武蔵は、自然を活かし城と町を融合させた大規模な「城市要塞」を築き、その上、城内に数寄屋造りの樹木屋敷という大庭園を築造するといった城の攻防における「大の兵法」を展開しつつ、また多くの職人らに対しても適切な工事の指導、指揮をしていったわけである。

忠真は、武蔵が本多忠政の客分ではあったが、林右衛門太郎といった人物の登用も含め明石藩の重要事に次々と関わる彼の偉才や実力を、はっきりと認識し評価した。

＊『明石市史資料（近世編）』…宮本武蔵、明石にて忠真への願い事

寛永年中、明石にて、忠真公へ宮本武蔵願いに依りて林右衛門太郎と申す御小姓を召し抱えられ候。この者は太鼓をよく打ち候に付き、御意に入り相務め候。

明石城および城下町の完成

忠真は、幕府の命もあって明石城を完成させる為に、江戸参勤もせず明石を離れなかったのだ。そして突貫工事によって、一六一九年には新城本丸御殿へ引っ越した。
だが内装も含めた築城関係に、月照寺・人丸神社の移築、城下町造りや山陽道、港湾整備などの明石近世化への全事業がほゞ完了したのは、一六二二年であった。

忠真、江戸への参勤と日光山への参詣

さて忠真は、この明石および明石新城を拝領した御礼を将軍家に申し上げる初めての参勤を、明石に来て五年も過ぎた一六二二年一〇月とした。そこで忠真は、将軍家への献上品の一つに、極めて珍しい「湯たんぽ」を挙げ、その製作を宮本武蔵に命じた。

三五〜六人のお供を従え「江戸へ百四拾壱里余」（参考『明石城』…明石藩船旗印の文言）の道中を経て江戸に着いた忠真は、早速参上し、二代将軍・秀忠や次期将軍と目せられている家光（一六〇四〜五一年）に謁見《えっけん》し、明石藩、明石新城の拝領などの御礼を申し上げた。そして忠真は、明石の名産や武蔵が製作した「湯たんぽ」を献上した。

＊『小笠原忠真一代覚書　乾坤』…将軍家への武蔵の献上品

明石にて、湯婆たんぽ一つ御上げなされ候、この形かつうら仕立て様、宮本武蔵に仰せ付けられ、巧み出し申し候、…これを冬、公方様へ御献上なされ候。

また忠真は、老中や譜代大名らとも慌《あわただ》しく幕府内の情報を交換し親交を深めた。

そして一六二三年三月、忠真二八歳は江戸での御暇をとられ、前年に家康七回忌法要が営まれた日光山東照宮（一六一七年落成。江戸から北へ約一五〇㎞）へ、御参りされる予定を組んだのである（また一六三六年にも参詣した記録あり）。

武蔵、忠政および忠真一行を側面から警護

この忠真が参勤する時、姫路の本多忠政も、同じく一〇月、姫路を貰い受けた御礼を将軍に申し上げるべく江戸へ参勤した。この忠政の客分・武蔵は、武技に秀でた道場の弟子ら十

数名を引き連れ、先行しながら忠政一行を警護し江戸へ行ったのだ。

そして忠政は、忠真が日光山東照宮へ参詣《さんけい》するという話を聞き、殊《こと》のほか物騒な道中を警護する為に、武蔵四二歳へ「忠真一行を見守るように」と命じた。

それ故に武蔵は、誰もが想見しているような道中での「道場破り」「剣士らとの試合」といった勝手な振る舞いをすることもなかったし、また日光街道（片道四日。江戸―岩槻―古河―宇都宮―日光）では、その山中で襲ってくる山賊、追剥《おいはぎ》、夜盗などに対しても、「道すがら御用心……」と身を挺し忠真一行を警護していった由である。

※武蔵の逸話について…参考『二天記』など

武蔵は、四六時中、忠政や忠真一行の先回りをし安全を確認するなどの警護に徹していたと考える。だから、先々、足を伸ばして見回る武蔵や武蔵の弟子らの姿を見て、江戸や奥羽の後世の人たちは、武蔵の人気にあやかって、例えば、江戸で柳生新陰流の門弟二人（大瀬戸と辻風）をやっつけたとか、千葉へ思索に行った話、さらには奥州や出羽にも遠出し、武蔵が伊織からドジョウを貰い一夜泊めてもらったことから後に伊織を養子にした話もあるなど、実《まこと》しやかな逸話もある。

日光山東照宮へ参詣した忠真一行は、中仙道経由で明石へ帰る途中、京に立ち寄り、女御様（御水尾天皇の中宮和子妃。秀忠の息女）、および岡崎様（信長の息女・徳姫で、家康嫡男・故岡崎三郎信康の妻。忠真夫婦の祖母六五歳）にも、忠真は御機嫌伺いをされたのであった（参考『小笠原忠真一代覚書　乾坤』）。

武蔵と無双権之助の闘い

この頃、明石の武蔵の家へ太刀を腰に差した六尺（約一・八m）豊かな大男が、弟子八人を引き連れて訪れてきた。大きな朱の丸の紋を付けた羽二重《はぶたえ》の羽織を着て、その背中には、「兵法天下一　日本開山　無双権之助」と金文字で刺繍《ししゅう》してある。

その仰々しい出で立ちに、武蔵の門弟らは驚き構えたのだ。この門弟らを制した武蔵は、楊枝《ようじ》を削りながら、権之助たちを家へ迎え入れた。権之助は、武蔵に「この度、九州筋へ志しているが、ここに住まわれていると知ってお尋ねした。ぜひ、一太刀教えていただきたい」、と立ち合いを申し入れてきたのである。

武蔵が断ると、権之助は「関八州を申すに及ばず、これまで手合わせをして、我に勝った者はいない。お手前の流儀を見せて欲しい」といった。武蔵は「我の兵法は、打ち込まれるのを受け止めるものである」と言っては、削っていた楊枝の木片を取って立ち上がった。

勢い込んだ権之助は、木刀で隙間もなく武蔵に打ち込んだのだ。武蔵はちょいちょいと楊枝の木片で軽くあしらった。すると苛《いら》立った権之助がこれを横殴りに払うと、武蔵の羽織を掠《かす》めたのである。「当たった!」と権之助が大喜びすると、武蔵は「そんな当たりは、何の役にも立たない」と言いざまに素早く打ち込むと、権之助は手も足も出ず、そして眉間を打たれて倒れたのだ。権之助は自分の非を認めて武蔵の弟子になったという〔参考『海上物語』(引用『姫路城を彩る人たち』)。『二天記』では江戸での話〕。

尚、武蔵に敗れた香取神刀流・夢双権之助は、筑後国の宝満山に祈って夢想を得て神道夢想流を創流(四尺二寸一分の長さの杖を使う流派)、そしてその後、筑前・黒田家に召し抱えられたという(参考『講座　明石城史』。書では夢想権之助とある)。

また武蔵は、この明石で武蔵の流儀「円明流」を編み出したともいわれている(参考『講座　明石城史』)。

武蔵、二人を養子にする

ところで武蔵は、姫路・本多家に小姓として任官させている養子・三木之助に続いて、兄や姉の要望もあり、二人の養子を新たに迎えた。二人は、姫路の武蔵道場で修業を積んでは、明石に交互に来て、城下町の営繕関係などにも精を出して手伝っている。

その養子の一人は、播州・米堕に住む武蔵の実兄・田原久光の次男・貞次（後の伊織。一六一二〜七八年）で、実兄からは、「三木之助のように武士で身を立てる為の嗜《たしな》みや武技をしっかり教えてやって欲しい」と要請された。

もう一人の養子は、武蔵が幼い時、作州へ養子に行った先の養家の姉の子で、平尾与右衛門［別名は宮本九郎三郎で、生没年は不詳…『宮本武蔵のすべて』。そうではなく三木之助の弟だと主張…『宮本武蔵　研究論文集』］と言い、姉からは、「父・新免無二のような正義感の強い武技に長じた武芸者に育てて欲しい」との要望があったわけである。この与右衛門は、武蔵の初期の流名「円明流」を継いで、後に尾張藩に仕えてその流名を広めたとも言われている（参考『宮本武蔵　孤高に生きた剣聖』）。

忠真の名君たる所以《ゆえん》…家督を長次に譲ろうとしたが幕府は認めず

一六二四年、一〇歳になった忠真の甥・長次が元服した。長次は小笠原家本家を継承し、官職・信濃守を名乗ったのである。分家の忠真は長次の後見人としての信濃守名代であったから、その後見役を果したので、幕府に「名代を返上し明石藩を忠真から元服した長次へ移譲したい」と申し出たのだ。だが幕府は忠真の才などを考えてか、この移譲を認めなかった。

しかしながら、一六二六年、姫路の亡・本多忠刻（享年三一歳）の後を継ぐ忠刻の弟・政朝が龍野から姫路へ入ったことによって、幕府は、その龍野藩の後任に小笠原信濃守長次を命じ、また明石藩については、信濃守名代というこれまでの肩書きを消した小笠原右近太夫忠真に与える、と改めて命じた次第である。

武蔵、「隠密」の受任

忠真は、先の物騒な下野《しもつけ》・日光街道での武蔵の陰ながらの働き振りや、また天然の要害に囲まれた城と町の大規模な難攻不落の明石「城市要塞」造り、城内の樹木屋敷造り、さらには諸芸にも偉才を発揮するその武蔵の多能な才覚、知慮などに感歎した。

かような中で、前述もしたが、一六二六年、姫路の本多忠刻が死去したのだ。これに伴い武蔵の養子・三木之助二三歳も殉死した。二人の墓は書写山円教寺にある。

＊『宮本武蔵―日本人の道』…円教寺の墓誌

寺の墓誌に、「宮本三木之助（略）、伊勢の生れで武蔵の養子、当時二三」とある。

武蔵にとっては、姫路での「隠密情報」の秘的連絡窓口・三木之助が亡くなったことから、武蔵と忠政のパイプは途切れてしまったわけである。

そこで岳父・忠政の強い要請もあり、忠真は天下の武芸者・武蔵四五歳に、

「明石の客分となり、姫路と同じように西国大名など不穏な動きを未然に聞き付ける諜報活動を特務とした「隠密」となって、「泰平の世」を強く願う幕府の一員である我が親藩・小笠原家の為に力を尽されたい……」

と要請した。さらに忠真は付け加えて、

「姫路と同様に、貴殿の極秘情報を扱う連絡窓口には、明石城下町の営繕関係などにも甲斐甲斐しく精を出して手伝っている貴殿の養子・伊織一五歳を宛がうこととし、その極秘情報の漏洩を防ぐ為に、伊織を予の小姓に任官させる」

と提案した。だが武蔵は、

「小笠原家が、得体の知れないよそ者・伊織を小姓に登用すれば、主君の寝首を掻くとか親藩・小笠原家の情報が他に筒抜けになる、と代々から仕える古参の重臣らが騒ぎ立て、この登用に猛反対し、結局、小笠原家が大混乱するのではないか……」

などと案じたのである。忠真は武蔵のこの不安を察して、

「心配無用。姫路の西国探題・忠政公からの要請だ、と家老らに強く言っておく」

と笑みを含んで言った。この忠真の話に安堵した武蔵は、忠真からの「世の為、人の為」に資するという「武蔵の隠密受任」要請と「伊織の小姓任官」提案のセット案に対し、姫路とのこれまでの約を解消した上で、その約を取り交わした時と同様に快諾した。尚、武蔵への「隠し扶持」については、伊織を通して支給されることとなった。

＊『宮本玄信伝』（引用『宮本玄信伝史料集成』）…間違いもある伊織について

寛永三年（一六二六年）、玄信（武蔵）播磨明石に至る（?）。小笠原侯（忠真）重遇し扶禄を賜はんとす。玄信、年老いたるを以て辞して仕えず。曰く臣が男貞次なる者あり。臣が如き啻《し》に小枝芸を志す者に非ず。将に成ること有りん者なり。請うて之れをして仕へしむ。貞次、伊織と称す。時に歳一五　乃《すなわち》之れに七千石（?　事実は、二〇歳で家老、二一歳で二千五百石、二七歳で兼侍大将四千石）を賜ふ、宮本氏に改む。貞次は玄信の兄田原久光二子なり。玄信、貞次の家に在り。

＊『宮本三家系図』（引用『宮本玄信伝史料集成』）…伊織の出生、任官、昇進など

慶長壬子一七年（一六一二年）一〇月廿一日、播州印南郡米堕邑にて生る。寛永三年丙寅（一六二六年）、於播州明石奉仕于　忠真公　貞次時に一五歳　寛永八辛未年（一六三一年）御家老職于　時に二〇歳　寛永九壬申年（一六三二年）忠真公に従て豊前小倉に移る采地二千五百石　寛永一五戊寅年（一六三八年）　忠真公肥州有馬に御出陣の時一備の士大将を勤む于時二

七歳　伝に曰筑前の太守黒田忠之公　忠真公の御陣屋に於て貞次を被召出此度の働き御褒詞の上御指なされたる　御刀を賜ふ　備前宗吉　同年皈（帰）陣の上御加恩千五百石被下都合四千五百石（四千石？）　慶安三庚寅年（一六五〇年）　忠真公　依　台命肥後国熊本に御越なさる、の時　御供を勤る　寛文二壬寅年（一六六二年）忠真公長崎へ御下向の時御供　寛文七丁未年（一六六七年）　一二月二五日　忠雄公（二一歳。一〇月に死去した忠真公の）御家督の御礼を将軍家へ被仰上の節貞次御供にて御礼を申上る　延宝六戊午年（一六七八年）三月廿八日没す　行年六七歳　此時迄御家老相勤る。

［尚、妻は作州津山城主森美作守君家士・中村氏女（一六四六〜七一年）］

こうして、姫路と同じく武者修行する武蔵から発せられてくる暗号「天下のシークレット情報」は、伊織によって解読され、伊織は、それを即座に忠真へ報告したのだ。

その貴重なシークレット情報を受理した忠真は、これを「武蔵情報」として、西国探題・本多忠政あるいは徳川幕府の老中または全国の不満分子を取り締まる柳生但馬守宗矩《むねのり》へと報じていく秘的な仕組み「体制」を構築していった次第である。

千姫、姫路から江戸への帰還

姫路では、本多忠刻の死去に伴い、その妻・千姫は世継ぎもいないことから（世継ぎだった男児・甲千代は一六二一年に死去）、忠刻の三回忌を執り行った後、一六二八年、忠刻との間に生まれた息女・勝姫一一歳を連れ姫路から江戸へ帰ることとなった。

その道中、一歳上の小笠原忠真に別れを告げる為に、明石城にも立ち寄ったのである。忠真は大久保まで千姫を迎えにあがり、明石城で歓待した。

＊『小笠原忠真一代覚書　乾坤』

本多中務様（忠刻）寅の歳（寛永三年、一六二六年）御死去三年目の歳（寛永五年、一六二八年）、天寿院様（千姫）御退去なり。江戸より、松平大隈守殿、姫路へ御越し、天寿院様の御供なされ江戸へ御座候時、明石の御城へ寄りなされ、御昼休み遊ばされ候て御通りなされた。右近様（忠真）、大久保と申す村、明石より一里半ありてそこまで御迎えに御出でなされ候。

明石城の炎上

一六三一年、小笠原長次一七歳が結婚することになり、忠真は、我が子の晴れ姿を見ようと喜ぶ臨月の妻（長次の母）を伴い、その祝言参列の為に龍野へ赴いた。

だがこの二人が留守中、何と明石城が炎上したのだ。

そこで家臣らは、城再建の為の多額の費用（修築資金）を見舞金として幕府から給付してもらえないか、と考えた。そしていろいろ給付してもらう理屈を付けて、漏れなく、また余分目に被害の全目録を作成し、使者を江戸へ向かわせたのである。

幕府・老中で吟味してもらう前の諮問担当の若年寄（阿部様、久世様）から、

「大火災で、大変でございましたな。しかし怪我人もいなくて、それは不幸中の幸いでしたな。ところで城は一瞬に燃えてしまったのかな。怪我人もいないということは、誰も大事な鉄砲、槍などの武道具や備品など何一つ出すこともせず、また火を消すこともせずに見ていたのでしょうかな……」

と使者は詰問された。これに対し、使者は返答の仕様もなかったのだ。さらに若年寄から、

「この話を老中に上げても、皆様は見舞金を給付することにご納得されますかな？　そうでなければ、老中へ上げるのも中々難しいですな……」

と追い打ちをかけられた。使者は何も応えられずに、そくさくとそのまま明石へ帰ってきたのであった。当然、幕府からは一銭の見舞金も出なかったわけである。

＊『**小笠原忠真一代覚書　乾坤**』

一、寛永五（八？）辰の歳（一六三一年）、播州龍野にて、信濃守長次公（一七歳）御婚礼之れ有り。松平周防守様の御姫様との御縁組なり。その御取り持ちに右近様（忠真）御夫婦様ともに龍野へ御越し御滞留なされ候。その御後にて、明石の御城、三の丸の御屋敷、有るも残らず焼失。御馬屋迄も焼け申し候。それについて不思議之れ有り。御屋敷の前、脇海道を一つ隔てたるばかりにて、成る程、間もなき所、家老共屋敷なり。長屋建ち書屋も有り候処に、一間（一軒）も焼け申さず候。御成敗なされ候春日淡路の空き家御下台所に用置き諸事を調べ申し候。この家より出火仕り御城焼け申し候間、天災かと何れも不思議に存じ候。

一、武道具、馬道具、弓鉄砲、鑓迄《やり》も残らず焼失申し候。これは御本丸の多聞に入れ置き候故、焼失申し候。鉄砲の火薬、大分多聞に詰め置き申し候。それに火が付き候故、家中の家屋に火の粉飛び、夥《おびただ》しく鳴り申し候。されども、男女共に壱人も損ない申さず候。

一、御城焼失にて原江右衛門と申す侍を江戸へ御注進に遣わされ候にて、焼け申し道具の目録を調べ、武具、鉄砲、弓、鑓迄も少しも残らず焼失申し候と、物数、少なく焼けたるよりは多く書き付け、江右衛門、原與右衛門、渡す物数多く焼失とあらば、公方様より（お見舞いとして）金銀にても下さるべくかとの心入れにて書き付けたると見え申し候。…先ずは阿部四郎五郎様、久世三四郎殿（両人）へ火事の様子、具《つぶさ》に申し上げ候えば、最前、飛脚にて御聞きなさるよりは夥しき事なりとて、御驚きなされ候。…この段、御次手に御老中様へ御披見に入れなされ候へと（江右衛門）申し候へば、御両人、仰せられ候は、右近殿、御留守とは申しながら、家は侍共残らず連れては御越し有るまじく候に、残りの侍共は何れもして御道具を出さずや、と。それ故、人は一人も損なわず吉事なれども、中々、この段、御老中へは申されまじくと、理を分けて仰せられ候にて、江右衛門一口も申されず出で候とて、（明石へ）罷り帰り右近様へ申し上げ、次の間にて何れへも申し聞かせ候。公方様の御吟味は格別たりと驚き入り候。総じて諸大名衆の火事に御逢いなされ候に、金銀にても下され候之れ無き由、人々申し候。

「隠密」武蔵の情報収集法…絶対に城内へ入ること

さて武蔵は、時には名を変えたりして、諸国を行脚し、噂のある大名らの情報を収集する為の手順を当初から考えて実行していた。その手順を箇条書きにすると、次の通り。

①先ず人脈を通じ、当藩の重臣に自分の武技を売り込み、仕官希望を強く言い立てる。

②任官させるかどうかを判断する大名らは、武蔵を先ず城内へ入れて客分として遇し、武蔵の武士としての言動や様子を見よう。それから大名らは武蔵の実力が如何ほどかを試す為に、道場で武蔵が披露する武技を見たり家臣らと御前試合をさせよう。

③武蔵にすれば、武芸論を語り木刀を持って精力的に武技を披露し、また剣禅一如と称しては瞑想に耽《ふけ》り、さらには卓越した書画、彫刻、作庭、作陶、能楽、連歌、茶などにも親しみ教養を滲《にじ》ませ、大名らを魅了していくことに努める。

④稽古を付ける家臣らも、武蔵の武芸論などを何とか会得しようと積極的に近付いてこよ

う。そこで稽古が終われば、車座になって語る武芸論も然り、四方山《よもやま》話（藩内の兵法家、幕政、藩政、君臣関係、領民など）もするように武蔵は心掛ける。

⑤御三家といえども、そうした偉才を発揮する武蔵を身近に置き止めようとするから、大名らの中枢部に入り込める武蔵は、大名らの精緻な内部情報も収集が可能となる。

⑥だがここで困ることは、当該大名が、武蔵の実績、武士としての見識、人物評に加え、武蔵の仕官本気度を信じて、本当に武蔵を任官させようとする場合だ。その時は、仕官活動には有り得ない絶対に不可解な「法外な要求など」をする。

そのやり方は、家老ら重臣と同額ほどの「高額俸禄」を要求し、かつ藩政への「参与」をも条件とする。武蔵を召し抱えようと思っている大名としては、いくら才能があったとしても、藩内の秩序や序列を考えると、武蔵の吃驚するような要求や条件を受けるわけにもいかず、必然と、大名からその仕官を断ってこよう。

⑦最悪なのは、その「高額俸禄」や条件も受け入れるような雰囲気の場合だ。この時には、絶対に仕官を断ってくるよう、大名らが最も嫌がる「不潔さ」を擬装する。

そのやり方は、毎日、稽古に勤しみ懸命に汗をかき、そして風呂も入らず、洗濯もしない一枚の着物を裏返したり表返して着る。半月もすれば、武蔵の身体は異臭を放ってくるだろう。それが一ヶ月も続けば、人も近寄れない悪臭を撒《ま》き散らすことになる。藩の重臣らは、

「赤子の時から、「武士たる者、いつも心や身を清め身形《みなり》も端正にしておかなければならない」と教えられている。だからこのような武士の嗜《たしな》みも知らない品格もない武蔵が、我が藩に召されることは大いに恥辱だ。まして藩の師範となって家臣も感化され悪臭を放てば、それこそお家の一大事となる」

と大名を大いに諫《いさ》めることで、大名は、武蔵の仕官を諦め断ってこよう。

かような非常識極まる言動によって、武蔵は忠真公（姫路の時は、忠政公）以外の二君に仕えることを防ぎながら、また身の保全の為に、大名らが諦め、必ず断ってくるよう仕向けた。そして退城後に、武蔵は大名らの細々《こまごま》としたこともシークレット情報として暗号化した書状を、欠かすことなく明石の伊織（姫路の時は、三木之助）へ送付したのである。

＊『随筆　宮本武蔵』…武蔵の風貌について

武蔵の風貌というものを、諸書の信じられる記事から摘要して、ここにまとめてみる。背は六尺あったというが、物尺で計《はか》っての事ではあるまい。いわゆる六尺豊かである。五尺六、七寸はそう見える。中年以後には短い口髭《くちひげ》があって、頬髯《ほほひげ》がまばらにのび、晩年には剃らないのでそれが小さな渦を描いていたという。彼の真像として伝来している大小両剣をひっ提げている立像を見ると、眉の先が刎ね上がって、鼻柱が高い、眼形《めなり》は幾分か三角形であり、そして云い伝えられる所によれば、瞳は少し茶色を帯びていたという事だ。年齢にもよるが、晩年の両頬はこけぎみに落ちて、顔全体からいえば面長な方である。

＊『丹治峯均筆記』（引用『図説　宮本武蔵の実像』）…武蔵の孫弟子・柴任美矩とその弟子・吉田実連の対話を丹治峯均が筆記したという

曰く、武州（武蔵）一生髪けずらず、爪とらず、浴せず、老年に至って在宿の節は、無刀にて五尺杖を平生携えていたといえり。夏日にて手拭を湿して身を拭《ぬぐ》われり。吾仕官に望みなし、たとえば手桶一つの湯にては身の垢《あか》を拭うべし。心ほどの垢を濯《すす》ぐ暇なしと宣う。壮年の時は、髪、帯の辺りまで垂れ、老年に及びては肩の辺りまで下がりたりとかや。繻《しゅ》子《す》の小袖に紅裏を付け、足の甲に垂れるほど長きを着し、繻子純子《どんす》または紙子などの胴肩衣《かたぎぬ》を着し、刀脇差は木柄にてあかがねを拵《こしら》えるなり（武蔵が所持する名刀？）。物好き事は銅ならでは思うようにこれなく、平生申されるとなり。五尺杖は刀の方に鉄を延べてふせ、後先中にも胴金有りて長き腕貫を付けた時は、紙縒《こよ》りにして糸目にしかと括《くく》り付け、指に懸かるようにしたるが吉《よし》と宣うといえり。身の長《たけ》六尺ほど骨太く力量は人に超え、一三歳有馬喜兵衛と初試闘の時、健やかなる者の一六歳ほどに見えしとかや。

このように諸国を駆け巡って武者修行を行いながら大名らの情報も収集していた武蔵に、突如、調査命令があった。それは、忠真から伊織を通じての暗号で「尾張藩、駿河藩辺りで、何か動きがあるらしい……。その実態とか真偽のほどを探って欲しい」といった内容である。武蔵は、幕府の足下で、何か大きな良からぬ不吉な動きがあるのではないかと察し、心を引き締めた。

武蔵、尾張へ行く

武蔵は、尾張近辺で「関ヶ原の戦い」や「桶狭間の戦い」などを検証後、一六三〇年の初夏の頃、尾張城下に入った。尾張六二万石は御三家・徳川義直（一六〇一～五〇年）が治める地である。武蔵は知人の尾張藩家老三千五百石・大導寺玄蕃に、当藩への仕官希望の旨を伝えた。

尚、尾張藩の剣術師範・柳生兵庫助は、公方様（将軍）御前にて、柳生一門の武道を披露する為に、その準備も含め、急に江戸へ出向いていったとのことだ。

玄蕃から武蔵の仕官の話を聞く義直は、世に知られた武蔵の力量を知ろうと武蔵を客分として城内へ招いた。当然、義直は、師範代ら若手家臣にも木刀を持たせて武蔵に立ち合せた。だが武蔵に隙もなく、家臣らは脂汗を額に浮かべ、そして「参った……」と膝をつき木刀を置いた。即ち家臣らは、次から次へと元気よく掛け声を発し動き回って打ち込もうとしても、「先《せん》」と発した武蔵の木刀が、突如、自分の目先に突き付けられてしまうと、結局、出鼻を挫《くじ》かれた家臣らは動けず、よって打ち込むこともできなかったのである。

義直は、さらに武蔵から、これまで検証したという合戦の戦略・戦術論なども聞き、一層、武蔵に好感を抱いた。

片や武蔵は、道場でいろいろな家臣らと手を合わせ、また言葉も交わした。皆、武蔵に対して不信感を抱くこともなく客分として丁重に扱ってくれたし、武芸の話については勿論のこと、世間の話も気遣うことなく話し合った。

そうした中で「誰それの大名と懇意だ」とか「その大名の使いが先日来た」「義直公の人望やその嫡男・光友公（一六二五～一七〇〇年）への傅役《もりやく》の教育内容」「家老らの忠義」とかも、

何気なく武蔵は楽しく聞けた。しかしそれは不穏当な内容ではなく、健全な大名同士の交流だし、また君臣の交わりだと武蔵は判断した。

かような武蔵の武技や才覚を尾張で活かしてもらおうと執心する義直は、そこで玄蕃に「如何ほどの俸禄（石高）であれば、武蔵は喜んで尾張藩に来てくれるかの……」と聞いた。時を置くことなく玄蕃は武蔵に、さりげなく「どれほどの俸禄であれば、尾張藩に仕官するかの……」と打診した。武蔵は、「三千石ぐらいなら……」と語った。

玄蕃は真に吃驚した。そして「その石高は、家老級ではないか?」と言うと、武蔵は「それぐらい貰わないと、藩政に参与し尾張軍を采配することもできない」と応えた。

この話を聞いた義直は、「尾張藩の師範で名人といわれる柳生兵庫助でさえ、召し抱えた時は五百石で、今は六百石である。初任の石高が五百石を超えるとなると、藩内では説明もつかず秩序が乱れるし混乱も生じよう。よって武蔵には、五百石で召し抱えると伝えよ」と玄蕃に命じた。

玄蕃は武蔵に対し、「殿様は、有り難くも破格の五百石で召し抱えると仰っておられます。先ずはこれを喜んでお受けなされ!」と強く促した。

だがこれに対して武蔵は「再度、三千石でもってご検討願いたい」と応えた。

武蔵の変わらない返答を玄蕃から聞いた義直は、「仕官を希望する身の武蔵が、守銭奴のように金、金、金と法外な禄高を要求すると言うなら、話にならない。頭を冷やして武士の常識や心得を弁えるまでは、武蔵の任官は認められない……」と断を下した。

玄蕃から義直の断りの話を聞いた武蔵は、客分として過分な待遇を受けたことに感謝の意を述べるとともに、身支度を整えて城を後にした（参考…左記＊欄『宮本武蔵のすべて』）。

そして武蔵は、

「尾張藩では、義直公、ご家老、師範代、若手家臣らの種々の話も、健全であり、また柳生兵庫助利巌《としとし》殿も師範をされておられ、よって然したる動きなどもなし」

といった内容を暗号にして、伊織へ報じた。

＊『**宮本武蔵のすべて**』

徳川義直とは家康の第九子で御三家の一つ尾張・徳川藩の藩祖。文武に長じ、とくに治世に尽くして名君といわれた。新陰流の柳生兵庫助利厳をはじめ、伊東流管槍の田辺八左衛門長常、制剛流組打・小具足術の梶原源左衛門直景らを召し抱えた。藩士の大導寺玄蕃

から推薦のあった武蔵については、直接武蔵の腕前を見て、

「武蔵は屈指の名人だが、ただ彼は天性の気力を使い過ぎるようだ。その気力を忘れた業前の試合を見たい」

と評したという。いかに名人でも、初めから五百石以上は与えられない。それでよければ召し抱えようといったが、武蔵は、剣術のみでなく、藩政にも参与したいという望みがそれでは達せられないとして、これを辞退したといわれている。

…また徳川光友とは、義直の子で二代目尾張藩主であり（藩主となったのは一六五〇年）、剣術をはじめ柳生兵庫助利厳に師事し、後にその子の柳生茂左衛門利方に学んだ。『尾張公徳川氏系譜』の光友の項に、

「卿、身体壮大、武を好み、四方の名人名古屋に来る。武術師範二百余家概ね当代の聘に応ぜしもの。天下無双の達人宮本武蔵至る。卿、之れが武芸を見て曰く、凡骨に非ず、妙神に入る。之れに仕を勧む。肯《うなず》かず。客遇し、留る三年」

とあり、これによれば武蔵を召し抱えようとしたのは義直の子の光友ということになる。武蔵はこれを辞退したが尾張藩に三年ほど滞在して剣術の指導にあたったという（？　この当時、武蔵四九歳なら、光友は六歳と四三歳もの差があり、よって本項は義直の間違いと見る。また尾張滞在三年も不確かである）。

※当時の武芸者の俸禄（石高）について…参考『宮本武蔵事典』など

・将軍家の指南役で、かつ幕閣として活躍している柳生但馬守宗矩は別格で一万二千五百石（但し、最初、父の柳生石舟斎宗厳は二百石だったという）。
・将軍家兵法師範の一刀流の小野次郎右衛門忠明は六百石（当初は三百石）。
・上泉信綱の弟・上泉主水は会津・上杉家で三千石。
・富田流の富田景政は加賀・前田家の家臣であった為に四千石、その景政の養子で富田重政は、前田家代々に仕えて一万三千石。
・居合いの田宮長勝は紀州・徳川家で八百石。
・東郷重位《しげたか》は薩摩・島津家で四百石。
・尾張・徳川家（義直）では、一六一五年、兵法師範に柳生兵庫助利厳三七歳を、五百石で召し抱えた（後に六百石となった）という。

武蔵、柳生兵庫助と出会う

武蔵が尾張を離れる時、尾張の町中で、江戸から帰ってきた尾張藩の剣術師範・柳生兵庫助と出会った。当然、二人は初対面だ。しかし二人がすれ違う時、武蔵には、これまで受けたことも無い異様な雰囲気（いわゆるオーラ）を感じ取ったのである。
武蔵は、咄嗟に「この人物は、尾張藩の剣術師範に就く前まで、公儀隠密として大活躍されていた噂の柳生兵庫助ではないか！」と認識し、

「これはこれは、貴方様は、定めし柳生兵庫助殿でございましょう」

と歩を止め丁重に尋ねた。兵庫助も、このすれ違う人物に、やはり異様な雰囲気を感じ取っていた。兵庫助は、「この人物は、今、尾張藩に逗留していると聞き及んでいる宮本武蔵に違いない」と思った瞬間、武蔵の穏やかな口調に歩を止めて振り返るなり、

「そう仰います貴殿こそ、宮本武蔵殿ではございませんか」

と聞き返した。二人は向き合って同時に頷《うなず》いた。これは「名人、名人を知る」の妙を感じさせる不思議な解逅《かいこう》なのであった。
こうしてお互いを認識した両雄は、兵庫助の求めに応じて兵庫助の屋敷に向かい酒を酌み交わした。そして二人は、（「隠密」の情報交換も含め？）武芸の話に華を咲かせたという［参考

『兵術要訓』（引用『図説　宮本武蔵の実像』）」。

武蔵、駿河へ行く

武蔵は、駿河に向う途中、三河の設楽《しだら》辺りでの「長篠の戦い」や浜松近くでの「三方ヶ原の戦い」などを検証するとともに、一六三〇年師走の頃、三代将軍・家光の実弟・徳川忠長が治める駿河藩五五万石の駿府城下に到着した。

武蔵は、人脈を頼って駿河藩・家老の渡辺幸庵に当藩への仕官希望を伝えた。武蔵の名を知る幸庵は、早速、忠長に言上し客分として武蔵を城内へ迎え入れた。

道場で家臣らに稽古をつける武蔵の武技を見た忠長と幸庵は、名人といわれる柳生宗矩よりもはるかに強いと認識、また武蔵が話す武芸論や他の芸の深さにも心を打たれた。

武蔵は、稽古を付ける家臣らと終われば雑談した。武蔵の耳には、藩主らの話も自然と入ってきた。藩主・忠長が兄の将軍と張り合い競い合っているからか、忠長の力量などが過小評価されていると彼らは憤懣《ふんまん》をぶちまけ、よって幕府への不平、不満も少なくはなかった。取り分け、日本の統治を二分するような急先鋒の発言もあった。

一方、心が満たされず、そのはけ口を真剣の魔力に頼るといった噂もある短気な忠長も、この時期、落ち着き払っていた。しかしながら、思い詰めることもあったのか、何としても武蔵を召し抱えようと考えていた。

そうした忠長の不純な気持ちを察した武蔵は、汗をかいても風呂に入らないし着物も洗うことなく裏表を交互に繰り返して着た。すると汗臭い強烈な異臭を発する武蔵に、人は鼻を背《そむ》けるのであった。

育ちの良い忠長もその忠長を支える幸庵も、武蔵の実力や才能を大いに認めたものの、けだし武士の本分たる「身を清め、身形を整える」こともない武蔵の異様な行動に嫌気をさして、武蔵の仕官を断ったのである。

武蔵は、不潔さを装ってから駿河藩より「武蔵の仕官申し出」を断ってくるのを待っていた。そして遂に幸庵から仕官お断りの話があった時、武蔵は幸庵に対し「誠に残念である」と言いながら、これまでの待遇に謝意を述べて城を後にした（参考…左記＊欄『渡辺幸庵対話』）。

＊『図説　宮本武蔵』

尾張の徳川家とか出雲の松平家、筑前の黒田家で、仕官が断られた理由の一つに、武蔵の不潔さや風貌などを指摘した。

＊『渡辺幸庵対話』（引用『決定版宮本武蔵全書』）……武蔵のことを詳述する

・宝永六年（一七〇九年）九月一〇日対話

予は柳生但馬守宗矩の弟子にて、免許印可も取るなり。竹村武蔵といふ者あり（宮本か。尾張に武蔵の円明流を広めた人物に竹村与右衛門がいるが、その父親と見たのだろうか？）。自己に剣術を練磨して名人也。但馬（柳生但馬守宗矩）にくらべ候ては、碁にて云わば、井目《せいもく》（相手に九つの碁石を先に置かせて）も武蔵強し。細川越中守忠興（？）に客分にて、四拾人扶持《ぶち》、合力有る也。子を竹村与右衛門（武蔵三番目の養子？）と云いて、これも武芸に達す。武蔵事は、武芸は申すに及ばず、詩歌、茶の湯、碁、将棋、すべて諸芸に達す。

然るに第一の疵《きず》あり。洗足《すすぎ》、行水を嫌いて、一生沐浴《もくよく》する事なし。外へ裸足にて出で、汚れ候へば、これを拭《ぬぐ》わせ置く也。それ故、衣類汚れ申す故、その色目を隠す為に天鵝《びろーど》織両面の衣服を着、それ故、歴々に踈《そ》して（付き合いの悪さもあり、よって誰も）近付かず。

・宝永七年四月二五日対話

竹村武蔵、子は与右衛門と云いけり。父に劣らず剣術の名人、手裏剣の上手なり。川に桃を浮かべて一尺三寸の剣にて打つに桃の核を貫けり。竹村武蔵、上泉伊勢、中村与右衛門（？）、この三人、同代剣術の名人なり。与右衛門、武蔵が弟子なり、武者修行す。伊勢は泉州・堺の住人なり。武者修行の時、信州において卒す。武蔵は細川三斎の客分にて居り候。小坪という所に、三斎遊山所あり。これ茶屋あり。それに武蔵住まい居るなり。歌学もあり、連歌も巧者なり。与右衛門は中村三郎右衛門の子なり（？）。父三郎右衛門は能の上手なり。

※『渡辺幸庵対話』から判断…武蔵は駿府城内にいた

ところで渡辺幸庵とは、元駿河徳川家五五万石・徳川忠長の家老であった。この徳川忠長は、三代将軍・家光の弟で、幼年時、次期将軍候補として、家光の乳母・春日局は家光を、生母・お江は忠長を推挙し、この混乱に家康が家光を指名して決着を付けた話は有名である。しかし後の忠長は、辻斬りや家臣らを手打ちにするなど、行状も好ましくなく、また駿河の加増を要求したり大坂城を望んだことから、一六三一年、甲斐へ蟄居《ちっきょ》を命ぜられ、一六三二年、高崎に幽閉、翌年、自害した（享年二八歳）。

その忠長の家老・幸庵が、右記＊欄の『渡辺幸庵対話』に言うよう武蔵の剣技や諸芸能、さらに生活状況などを、間違いもあるが詳述していることは誠に妙である。

つまりそれは、武蔵が（駿河を訪れた記録はないが、けだし）駿河徳川家の中枢に入り込み幸庵らの身近に居て、しかも彼らから注目され武蔵が任官されようとしたが、結局、武蔵の不潔さや人付き合いの悪さなどを理由に、忠長らがその仕官を断ったということを如実に物語っている話ではないか……。

駿河領を急ぎ出た武蔵は、

「駿河藩の家臣は、忠長公の力量を過大評価されています。それ故に、忠長公は幕府になくてはならない有用なご器量をお持ちであると褒め称え、またそれに乗せられた忠長公も、ついつい公方様をお嫌いになる言動もあり、よって日本を二分するが如く大坂城を望まれるようなご様子になった、と思われます。であればこの際、勢力拡充の為に豊臣恩顧といわれる西国大名らと懇《ねんご》ろな関係を築いておいた方が良い、といった積極的な意見も憚《はばか》ることなく出てきているところです……」

旨の暗号を伊織に発した。

家光の決断

これまで小笠原忠真から報じられてきた「武蔵情報」は、問題のある藩の中枢に立ち入っての内情だけに、信憑性《しんぴょうせい》も高く、幕府もよく活用していた。しかし今回の調査は、将軍家に関わることなのだ。それは将軍・家光の弟である駿河藩・忠長の様子に、異常、変調が見られ、精神的な病状による不行跡といった良からぬ噂が立ち始めていたからである。

大御所・秀忠も家光も、この忠長の噂が世に広まることを恐れた。

そこで、その噂が本当なのか虚偽なのかを調べる為に、また「武蔵情報」が何処まで正確なのかを知ろうとして、今回、問題もなかろう尾張をも含め、幕府・老中（＝年寄）は、明石・小笠原忠真に、「二藩の内情を調べて欲しい」旨を命じたのであった。

一六三一年四月下旬、江戸城で、将軍・家光と老中が、小笠原忠真から老中へ届けられてきた伊織が清書した調査報告「武蔵情報」を前にして協議を重ねている。

老中の一人が、「尾張の事情については、一年近く前になりますが、江戸で尾張藩の剣術師範・柳生兵庫助から聞き確認した細部の内情とこの「武蔵情報」は、ほゞ一致しております」と報じた。すると別の一人が、「では武蔵が報じてきた駿河の悪しき内情も、やはり正しいものと見られましょうや……」と残念がる口調で続いた。

駿河の「武蔵情報」をじっと見詰めていた家光は、忠長の精神的な病状が指摘されていなかったことに内心安堵しながら、またそれを打ち消すが如くに重々しく口を開いた。

「弟の忠長とは、この二月一六日にも会った（参考『徳川家光』）。会うと必ず予に甘えるように領地の加増とか大坂城を所望していた。しかしそれは、苦笑しながら、おいおい又か……、と何でも言い合える兄弟間の話で、お互い元気な様子を確認するような挨拶言葉みたいなものとして受け止めていた。

だが……、忠長が踊らされているとはいえ、本気で日本を二分するような考えを持っているというなら、話は別であり事は重大である。それでは、忠長が通じようとしている西国大名とは誰なのか？」

家光はそう言いつつ、忠長の不行跡を語ることもなく謀叛を企てる可能性のある忠長が通じようとしている西国大名らの特定を急ぐことにした。

だが家光は、忠長がこれ以上の不行跡を仕出かすことを恐れた為に、翌五月、理由を公表することもなく、突然、忠長に蟄居《ちっきょ》を命じた。

その後、家光らは、忠長が通じようとしている西国大名とは、肥後熊本の加藤忠広ではないかと疑った。

何故なら、忠広の父・加藤清正（一五六二〜一六一一年）は豊臣家に忠義で、その昔、秀頼に臣下の礼を見せ、万一の時には秀頼を迎える為だと称し、熊本城本丸には「昭君之間」という周りには似つかわない絢爛《けんらん》豪華な秘密の部屋を造った、との噂がある。

※熊本城の「昭君之間」とは…参考『歴史群像　熊本城』『日本・名城解部図鑑』など

熊本城本丸御殿の最深部に、部屋がある。この部屋は、中国の故事にいう王昭君の絵画があることから、「昭君之間」と名付けられている。これは豊臣秀頼が万一の時に、清正が秀頼を大坂から連れ出し迎える為に造られた「間」だと世に言われている。

尚、「昭君」とは「将軍・秀頼」を意図した隠語だともいう。

そうした熊本での噂話などを耳にする家光は、「然らば……」と言いながら、次のように語った。

「こうした秀頼を迎える「間」を、清正が本丸御殿に造ったことは、清正が幕府の分断や転覆《てんぷく》を明らかに狙ったものではないか。その可能性があったのは、例えば、一六一一年、権現様（家康）と秀頼が京で会見した時であろうか。

だが秀頼亡き後も、「将軍之間」とも聞こえるこの「昭君之間」を壊すことなく隠し続け存在させていることは、忠広が、徳川を打倒して豊臣を再興することを願った清正遺言を叶えたいと欲しているのではないか。

すれば忠広は、忠長から誘いがあれば、あるいは忠長を唆《そそのか》してでも、その担ぐ旗印を忠長に代え、傀儡《かいらい》の忠長をこの「昭君之間」に迎え、その上で謀反を企図し、豊臣恩顧の大名らを集めては幕府の分断や転覆を狙ってくると予見されようか。

そんな謀反を企てるようなことを思い願ってか、昔、清正が熊本で建立した秀吉を祀った豊国社に、忠広は真夜中にも拘らず、そこへ参籠《さんろう》し願文を捧げたとも伝え聞く（参考『決戦！　熊本城』）。

するとこれも、忠広が、やはりやましいことを企図している裏付けの証拠になるのではないか……」

家光の話を聞く老中の皆々は、「ごもっとも」と頷くとともに政権の確たる安定化の為に、自然と家光に考えを合わせ、またそう結論付けていくのであった。

＊『甲府略志』…忠長蟄居の真実？

…大日本時代史を摘記すると、「…幕府万年の為に（忠長は）犠牲に供せしのみ」、とある。

かようにして忠長の精神的な病状である不行跡を謀反に摩《す》り替えて決め付けた家光は、そこで蟄居中の忠長と裏で結び付き、その忠長を担ぎ出すかも知れない加藤忠広の動向を注視しつつ、その時が至れば「反勢力をどう一掃するか」を考えることとした。

伊織、弱冠二〇歳の若さで家老へと、異例の特進！

一方、真に困難な状況の中にあっても、この報じられてきた二つの藩の折好い正確な「武蔵情報」を、家光は改めて絶賛するとともに、小笠原忠真には、武門、家門の誉れとなる「嗟賞と今後に期待する言葉」を仰せられた。

この家光のお褒めの言葉を拝受した忠真は、しかし武蔵を表立って激賞するわけにもいかず、よって居並ぶ重臣らの前で、ここだけの話であるが……、と言いつつ、

「伊織が予に話した藩政のことを、時に上様（公方様）にご紹介申し上げたところ、上様は甚《いた》く感心なされておられた。その話が、此度、他の藩で大いに参考になったとして、上様は大層喜ばれ、そこで身に余る有難いお言葉を賜った由である」

と披露した。但し忠真は、さらに重ねて「上様のお話については、他言無用のこと」、と厳命し徹底した。

忠真にすれば、武蔵の「隠し扶持」を増やさねばと思い、そこで皆に向って、

「武門の誇りである。伊織、天晴れだ！」

と伊織を褒め称え、小姓の伊織二〇歳を異例の特進として、何と、何と……、「家老」に抜擢《ばってき》したのであった［参考『宮本三家系図』（引用『宮本玄信伝史料集成』）］。

驚き入った家臣らは、耳を疑い一瞬言葉を失ったものの、忠真の喜ぶ顔を見るに付け、こ

れは小笠原家の慶祝なのだと理解し、気を取り戻した皆々は、伊織に向って「おめでとうございます！」と祝福した。

※伊織の劇的な大出世…家老への大抜擢

小笠原藩にとって、よそ者の伊織が二〇歳で家老に特進するには、古参家臣ら皆々が納得する途轍もないよほどの理由（今に言う満塁ホームラン）がなければならない。

本書のシナリオは、この時期、忠長の不名誉な精神的な病状でなく謀反の可能性を示唆する「武蔵情報」があったと見る。だからそれが、反勢力を一掃していく家光の強権イメージを植え付け、それによって、さらに強固な幕藩体制が確立するとして、喜ぶ家光から忠真に、武蔵への絶賛の言葉があったと推察する。

忠真としては、家光賛辞に対する報謝の念として、しかし「隠密」武蔵を表立って褒賞するわけにもいかず、然らばそれに値するのは「伊織の家老への特進」しか無いと判じ、家臣らを納得させる為に、伊織の具申「藩政への提言」を「家光が活用したことで幕府の存在感を大いに高めた」旨の話を意図的に創作した、と慮るものである。

武蔵、福岡へ

駿河を後にした武蔵は、東山道、北陸道、山陰道の出雲を経て、一六三一年の中秋の頃、久し振りに九州の筑前福岡へやって来た。途中、信越国境での「川中島の合戦」、越中での「手取川の戦い」、近江での「姉川の合戦」などを検証した。

さて福岡五二万石の藩主は　黒田忠之（一六〇二〜五四年）である。昔、この地には武蔵も短期間だが住んだこともあったし、また黒田藩には養父・無二も仕えていたし、今も元作州・新免（あるいは新目）とか元播州・田原の一族が仕えている。

ところで九州へ来た武蔵の目的とは、蟄居中の元駿河藩・徳川忠長に内応する可能性のある幕府に不満を持った藩主らを秘的に突き止めようとしたものである。

武蔵は、一族の人脈を頼って紹介してもらった黒田藩の重臣に、仕官希望を申し入れた。忠之は、「評判高い宮本武蔵が仕官を申し入れてきた」ことを重臣から聞き、早速、城内へ招いて客分として遇した。

武蔵は、道場で家臣らに稽古を付けて汗を流した。忠之も武蔵に「一手、願いたい」と言っては木刀で軽く手合わせをした。また忠之は、武蔵の武芸論や合戦論にも真摯《しんし》な気持ちで聞き入っていた。武蔵は、藩政とか幕政についても話を広げた。

忠之は、少し強引な面もあって守旧派の長老らと対立することも多々あると言うが、忠之の民を思う為政への考えには傾聴に値するし、幕府への協力姿勢も一途な気持ちで余念もなかった。また若手家臣らの藩主への忠義、忠誠心も絶対であった。

そうこうする中で、忠之は武蔵の才に惚れ込み、武蔵を嫡子・槌万四歳（後の光之。一六二八〜一七〇七年。一六四〇年…小笠原忠真の息女と婚約、一六四七年…結婚）の傳役《もりやく》に任じようとしていることを、武蔵は仕官を申し入れた重臣から聞いた。

武蔵は、笑いながら「それなら、俸禄は高いですぞ」と言った。重臣は、「如何ほどであれば、傳役をお受けなされるのかな……」とにこにこしながら聞いたので、武蔵はすかさず「三千石ほどなら……」と応えた途端、重臣は吃驚して目を剥《む》いた。

だが武蔵は、藩主・忠之が本気で武蔵を召し抱えようとしていることを察し、また藩の内情も大体判ったので、然らばと、汗をかき風呂にも入らず、着物も裏返し表返して着続け、髭も剃らず、一〇日もすると異相で悪臭を撒き散らすのであった。

武蔵と話した重臣は、中々、藩主・忠之に言い辛く、四、五日そのままにしていたが、意を決して、「殿様、驚かないで下さい。武蔵殿は、誠に非常識な人物でありますれば、三千石ほどなら、若君（槌万）の傳役を引き受けても良いと申しております」と苦々しく忠之に注進した。

さりとて、忠之は「それほどの俸禄を出しても、武蔵は欲しい希有な人物ではないか……」と言って、家臣らの意見も取り合わなかったのである。

この忠之の話を聞いた家老らは、吃驚仰天した。とはいえ、いろいろと忠之を説得することを考えた。一〇日ほど経って鷹狩から帰ってきた忠之に対し、家老らは武蔵の件で忠之と協議する場をもった。そして冒頭に、筆頭家老が、

「武蔵殿の武技や才覚は素晴らしいものがありますが、しかし最近は風呂も入らず、着物も着替えず、髭も剃らず、誠に異相で異端な人物であります。こうした風呂も入らない着物も着替えず髭も剃らず悪臭を振り撒く武蔵殿の作法を、将来、我らの藩主となられます若君が真似をされて武蔵殿と同様の風情や風貌になられましたら、どうなされます？　黒田家の基礎を築かれました祖父・如水様（黒田官兵衛）や父君・長政公に申し開きが立ちません。藩の沽券《こけん》に関わります。したがいまして、武蔵殿は傅役としては、誠に不適格であります！」

と苦言を呈した。この後、皆が次々と忠之を諌めたので、これに驚いた忠之は、

「相判《あい》った。先日、武蔵を槌万の傳役にしようと言ったが、それはなかったことにし、よって武蔵の仕官の申し入れは、断ることとする」

と断を下した［参考『丹治峯均筆記』（引用『宮本武蔵のすべて』）］。早速、武蔵は、重臣から「仕官お断り」の話を聞き、これまでの待遇に礼を述べて城を後にした。

武蔵は、伊織に、

「忠之公の藩政は民思いで間違いないし、また幕府への忠誠心も極めて高いと考える。但し家老の一人が、忠之公の藩政は強引だとか古参家臣らを軽視しているといった批判もしているらしいが、しかしながら改革には、そうした思い切った藩政への取り組みも、必要ではないかと思料する」

と暗号の書状を送った。

※黒田家、改易寸前のお家騒動…参考『黒田長政』『新選御家騒動』など

一六三三年、筑前福岡藩主・黒田忠之と対立した家老・栗山大膳二万石は、幕府へ「忠之は、元駿河大納言・忠長に与した謀反の企てがあった」と直訴した。忠之らを尋問した幕府・老中は（「武蔵情報」をも知っていたのか）、事があれば将軍の名代になると見て忠長と付き合った忠之の幕府への思いであると断じ、直訴は「藩主に対する家老の妬《ねた》みだ」と結論付け、お家騒動を起したこの家老を配流処分にした。

この家中の統制も出来ないことに懲《こ》りたのか、以降、忠之は強引さを抑えたという。

武蔵は、次に熊本へ行くことにした。途中、秀吉の朝鮮出兵時の牙城であった名護屋城跡（現・佐賀県唐津市。加藤清正、小西行長、黒田長政らが一五九一年に築城したが江戸時代初期に破却されたという）の縄張の意図とか、元寇の乱での蒙古軍来襲時の東松浦半島周辺における大軍の攻防といった「大の兵法」の取り組み法（戦略・戦術論）などを検証した。

また長崎の平戸や出島にも立ち寄り南蛮人と言われた人たちの生活、風習、建物、南蛮船など異国のさまざまな様相について、知識習得の為に歴遊した。

そして島原や天草では、キリシタン禁教令による徹底した取り締まりの異様な光景をも目にしたのであった。

一六三二年五月、やっと熊本に到着した。だが、熊本が大騒ぎになっていた。何があったのかと思い、武蔵は慌《あわただ》しく急ぐ市井の人から、

「加藤のお殿様がお家お取り潰しにあったとのことです。しかしお侍さんらは何が原因なのかさっぱり判らないので、絶対にお城は明け渡さないと言っては、皆、お城に集まりお城を死守すると叫び、よって武器や兵糧をも集めているらしい。

それ故に、これからお城の明け渡しを巡って幕府と戦いが始まり熊本が焼け野原になるかも……」

と不安も先立った切迫した話を聞いた。

丁度その時、宿泊予定先の旅籠《はたご》屋に伊織の使者が待っており、伊織から「肥後熊本藩主・加藤忠広公の改易あり。仔細は後ほど。急ぎ帰国されたし」といった旨の暗号の書状を武蔵は受け取った。そして武蔵は、急ぎ明石へ向った。

武蔵の壮年期（4）…小倉での活躍

忠真、騒乱の九州へ

一六三二年正月、大御所・徳川秀忠五四歳が逝去した。その五月、大名らも含めて世を震撼せしめる大事件が起った。それは将軍・家光が強権を発動し、外様大名らが席捲する九州の肥後熊本藩主・加藤忠広を改易（所領没収の上、出羽庄内へ配流）したのだ。

噂では、忠広の家臣が幕府の代官に「家光殺害」を呼びかける（明らかに偽物《にせもの》だと判る）書状が露見された（参考『江戸城の宮廷政治—熊本藩細川忠興・忠利父子の往復書状』）、あるいは徳川忠長と謀反を企てたとか忠広の妻子を無断で国許へ戻したから江戸への参勤が遅れた（参考『徳川家光』）、などといった他愛ないものもあった。

この熊本城の引渡しには、老中・稲葉正勝や、豊後日田六万石・石川忠総、備後福山一〇万石・水野勝成ら五者が担当した。そしてその引渡しが無事完了したことを受けて、幕府は、一〇月四日、肥後熊本には豊前小倉の細川忠利四七歳を、一〇月一一日、その豊前小倉には播州明石の親藩・小笠原忠真三七歳を命じた。

かような忠真の豊前小倉への転封意図とは、幕府は、これまで手付かずの九州を実効支配したいと考え、そこで（「武蔵情報」によって九州の事情をよく知悉《ちしつ》している？）忠真を、軍事や政治面に睨みを利かせる九州の目付「九州探題」として、その喉頸《のどくび》である豊前小倉に転封させたわけである（参考『徳川家光』）。

＊『福岡県史』…小倉領地について

高二万七千七百八拾三石四斗	規矩郡
高三万六千三拾三石壱斗	田河郡
高二万二千二百二拾二石七斗	京都郡
高二万七千六百四拾二石三斗	仲津郡
高一万五千五百五拾六石七斗	築城郡

高二万七百六拾壱石六斗　　上毛郡

都合拾五万石

忠真は、一六年を過ごした平穏な明石から、今回の加藤の改易、また一六一二年（一六一四年との説もあり）に布告されたキリシタン禁教令への反発などで、風雲急を告げるが如く情勢が激変している九州の要衝・豊前小倉一五万石へ、明石から船で向った［参考『明石市史資料（近世編）』］。また小笠原一族も、忠真を支える為に、その小倉近辺へ配置換えとなった。

因みに小笠原一族の配置とは、忠真の弟・忠知は豊後杵築《きつき》藩四万石へ、忠真の甥で小笠原本家の長次は播磨龍野から豊前中津藩八万石へ、忠真の弟で松平の養子となった松平重直は摂津三田から豊前龍王藩三万七千石へ、である（参照「図1」）。

したがって小笠原四家の石高は、約三〇万石となった（参考…前細川藩の豊前小倉での石高は三九万石ゆえ、約九万石の減封と見る）。

徳川・親藩の九州への初進出にあたって、将軍・家光は忠真に対し、直々に、

「小倉は西街道の咽喉部であるから、九州鎮護の為、そなたにここを守らせるので

ある。今後異常のことがある時は、大小に拘らず、必ず警報せよ」（参考『史話　明石城』『福岡県史』）

と命じ、鎮西監視の大役「九州探題」職を与えた。

この小笠原藩の小倉栄転で、忠真は、家臣らの俸禄を一気に五割も加増した。家老の伊織二一歳も加増されて、その加増後の俸禄は二千五百石となった［前掲『宮本三家系図』（引用『宮本玄信伝史料集成』）］。

＊『明石郷土史料』…小倉への所替え時の小笠原家の家老名

家老　宮本伊織
長坂二郎左衛門
犬飼半左衛門
春日淡路
小笠原但馬　計五名

尚、明石から、小笠原家所縁の開善寺など八寺に、信濃屋、新たに明石屋、播磨屋、三木屋などの御用商人も忠真と共に小倉へ移った（参考『史話　明石城』）。

※小倉城、熊本城の天守閣の炎上とその復元

因みに、一八三七年（天保八年）に小倉城の天守閣が、一八七七年（明治一〇年）の西南戦争の時に熊本城の天守閣が炎上した。その天守閣は、小倉城は一九五九年（昭和三四年）、熊本城は一九六〇年（昭和三五年）に、復元された。

武蔵、小倉へ

そして小笠原藩の客分で武者修行に精を出す「隠密」武蔵五一歳も、この小笠原藩の九州移住に伴って、養子・伊織に同道し小倉へやって来た。忠真は武蔵を歓待した。

＊『武公伝』（引用『決定版宮本武蔵全書』）

武公（武蔵）亦小倉に来。忠真公篤《あつ》く遇し之を小倉に停る。武公五一歳也。

＊『宮本武蔵　孤高に生きる剣聖』

武勇を尊んだ忠真の許にも、多くの兵法者が召し抱えられた。『豊前国史』には特に次のような記載がある。

「宮本武蔵政名は兵法日本無双と呼ばれし人、小倉の先の君、忠政（忠真の前名）朝臣兵法を好み給ひて、剣術は武蔵玄信をとどめ、槍法は高田又兵衛吉次を招き、共に師とし、是れ吾が藩にて剣槍の両眼と尊びし二人なり」

これで、忠真は、剣の宮本武蔵と槍の高田又兵衛を藩の双璧としていたことが判る。宝蔵院流槍術の祖・胤栄《いんえい》の孫弟子にあたる高田又兵衛については、慶安四年（一六五一年）、将軍家光に槍術を上覧していることが『徳川実紀』にある。

※伊織、特段の重用

然るに特筆すべきは、武蔵の養子・宮本伊織である。伊織は、よそ者ながら一五歳で小笠原忠真の小姓となり、その後、二〇歳にして家老に抜擢《ばってき》されたのだ。そして二一歳のこの時、小笠原藩の豊前小倉への移封に伴い、皆の俸禄アップに合わせて伊織もアップし、その俸禄は二千五百石となった。

だが伊織が活躍し忠真から目を掛けられている割には、忠真が幅広く活動していることを記す自身の史伝『小笠原忠真一代覚書　乾坤』に、伊織の登場記事はそう多くない。その理由は、本書のストーリー通り、忠真と伊織の間には機密的な情報や話が多くて、公《おおやけ》にすることができなかったからだと考える。

このことをもう少し補足説明すると、武蔵が伝えてくる暗号形式の書状「天下の情勢や九州各藩の大名らの動向など」を伊織は解読し、それを即座に忠真の耳へ入れていったとか、忠真の意向を違わず武蔵へ伝えるなどの重要な秘的な役目を果していたのである。

だから伊織がそうした密なる連絡体制を確立し、かつ機動的に情報伝達していることを、忠真は何よりも重宝したと思慮する。

とはいえ伊織は、武蔵から教わった「武士の法」を実践し、武士として器量のある立派で素晴らしく類稀なる活躍をしたと記す史料もある。その史料とは次の通り。

イ．『鵜の真似』…リーダーの心得

年月不詳、江戸大火の節、御方様へ和田倉（忠真の父・秀政が建てた江戸屋敷）御防ぎ仰せ付けられ御出馬遊ばされ、御下知厳しき故、皆々必至に火を防ぎける。これにより殿様へ火の子（粉）雨の如く吹き被《かぶ》れども、泰然として御下知ありける。御家老は宮本伊織殿の由。御用人が伊織殿に申しけるは、あまり火の子烈しきにつき殿様少し御下がり遊ばされ候ては如何御座あるべきかと申しければ、伊織殿以ての外と憤られ、扨《さて》心得違ひを申さるべき方かな。殿様斯くの如き御働き遊ばさればこそ、何れも必死に防ぎ、今和田倉も防ぎ留め申すべき様子なり。申さるる如く御下がり遊ばされ候はば、誰が必死に防ぎ申すべきかな。今が大切の時なり、努めて左様の儀申されまじくと叱られければ、御用人もその勇威に恐れて退きける由。流石《さすが》一五万石の侍大将、誠に有り難き御家老、国家柱石の臣とはこの伊織殿をや云ふべき。

ロ．『鵜の真似』…倹約励行への率先垂範の意

宮本伊織殿は、万《よろ》ず御届き成され候御方の由、平常、豆腐を御好み成され脇方に御出で成され候て種々饗応出で候へば、拙者（伊織）は殊の外豆腐好みにて、豆腐に越したる肴は之れ無しと仰せられ候由。早速、豆腐を差出し候へば、御悦び成され候由、これにより後には伊織殿を御招き（接待）申し上げ候ほど、安き事は之れ無し、豆腐一箱あれば済むなりと（皆々）申しける由。御老衰の後、御話し成され候には、我も豆腐より肴良けれども、我が美食を好み候へば、御家中一統奢《おご》り（豪奢、贅沢な生活）に相成り、且つ、子孫に節倹を示す為、右の如く云ひしなり。国家に長たる者は誠に一言出すにも能々《よくよく》考へ、国家の教えと相成る様に致さず候ては、その任に堪えざるなり、と仰せられ候由、有り難き御人なり。

ハ．『宮本武蔵』（宮本武蔵遺蹟顕彰会）…江戸城吹上御苑にての試合

寛永一一年（一六三四年）五月二一日、徳川三代将軍、江戸吹上にて、全国より剣道の達人を招き、試合を覧ぜられし事あり。その時、伊織は荒木又右衛門と組み、合い打ちたりしこと徳川家の記録にあり。その技の非凡なりしことを知るべし。世にこの試合を武蔵とせるは誤りなり。

ニ．「宮本家由緒書」（引用『宮本玄信伝史料集成』）…主君への忠誠（その要約）

一六四二年、伊織は病気になった。そこで伊織は、

・島原の乱の褒詞で加増された千五百石は、ご辞退申し上げたが受理されなかった

ので四年間そのまま貯えており、公儀の普請や陣役の折には、これを役立てて欲しい。
・また江戸詰めの折に拝領した（別途手当の）二百石も貯めており、その利子と併せた千二百石、および銀子も五〇貫目になっているし、さらには年々頂いた道具類も残してあるので、御家（小笠原家）の為に朽ち果てる覚悟の自分には無用であり、これも差し上げますのでお遣い頂きたい。

といった遺言めいた内容を残した。

武蔵、江戸と奥州へ行く

一六三六年、武蔵は久し振りに弟子らとともに、忠真の江戸への参勤交代に随行した。

江戸に着いた武蔵は（本書はこの頃と推定）、大名らを取り締まる幕府の惣目付（いわゆる大目付）・柳生但馬守宗矩《むねのり》の邸《やしき》を予約もせずに訪れたのである。邸の警護も厳しく一元客などは、即刻、追い払われるのが常だが、「柳生兵庫助殿のご紹介」を告げると邸の取次ぎ者が出てきた。

取り次ぎ者が、「何用かな……」と尋ねたので、武蔵は「太刀構えの心得などについて、但馬守殿のご意見をお伺い致したい！」旨を申し伝えた。取次ぎ者は「今日は江戸城へご登城しお留守なので、後日来られたい」とのことであった。

日を変えて、武蔵は柳生邸を訪れた。宗矩は在宅していた。取次ぎ者から武蔵の来訪を聞いた宗矩は、武蔵の訪問趣旨「太刀構えについて」が判っていたので、玄関に通された武蔵に対して、「未だ未熟者ではござるが、構えの心境は、春草のように生き生きとした表（爽《さわ》やかで清新な表情？　あるいは無なる心境？）の如しです」と応えた。これに感銘を受けた武蔵は、宗矩にそのお礼と称して書状を手渡した。宗矩は人に気付かれることなく、密書らしき書状（九州などの動向？）を受け取って居間へ消えた。

門を出た武蔵は、「春草如表、春草如表……」と何度も声を出しながら感服し溌剌とした表情を顔にした（参考『鵜の真似』）。

そして忠真の日光東照宮参詣の往復には、武蔵は弟子らとともに、忠真の一行に先立って、安全を確認しながら、警護に万全を期したのであった。

島原の乱（＝キリシタン一揆）

さてキリシタン信者が三〇万人にも達していることもあって、幕府は、一六一二年、キリシタン禁教令を発令し、教会堂の破却、改宗しない信者らへの迫害、さらに四百人もの宣教師らを国外追放した。また一六三一年には、邦人の国外渡航を禁じたことによって、邦人に対する一種の対外的な鎖国政策を敷き、その後、寺請け檀家制度、五人組による連座制度を設け、その徹底には「踏み絵」を実施した。各地でのその犠牲となった殉教者は、数え切れなかったという（参考『徳川幕府事典』）。

ここ島原や天草でも、多くのキリシタン信者は、そうした制度を表面的には受け入れながらも実質的には改宗せず、苦痛の伴う隠れキリシタンとなった。この窮状に拍車を掛けたのが、三年以上も続く旱魃《かんばつ》による農産物の不作である（参考『島原半島史』）。

かように人々が困窮している中で、さらに追い打ちを掛けたのが、一六一四年、有馬直純の後任で大和五条から着任した島原藩四万石・松倉勝家による原城を廃城にして島原新城を築く費用捻出の為に課した重税であった。この重税による藩の年貢の取立ては強引で厳しかったが、それ以上に年貢未納者には、見せしめの為に、死に至るほどの拷問（厳罰）を処したのである。

こうした島原藩の苛政、虐政に耐えかね抵抗する農民らを主導したのが、農民に姿を変えている天草の元小西藩士（関が原の戦いで廃藩となった人ら）や島原の元有馬藩士（有馬藩の日向延岡への配転に帯同しなかった人ら）であった。

彼らのほとんどは隠れキリシタンであり、元小西藩士の子・益田四郎一六歳を「救世の天子・天草四郎」と称して擁立、さらに一六三七年（寛永一四年）一〇月、潜伏するキリシタン宣教師らの支援で、鉄砲二千挺を持っては（参考『島原半島史』）、島原城や取り壊し中の原城を攻撃した（参照「図1」）。

これによって、島原の乱が引き起されたのである。この乱に参加した農民のほとんどが、隠れキリシタンであったという。

尚、この島原の乱の勃発を機に、島原から日本各地の隠れキリシタンに蜂起するよう促したが、武器も無いことから、各地でのその蜂起は不発であったという話もある。

このキリシタン信者らによる島原での一揆勃発の報を受けた幕府は、事態を早く収束させようと、幕府名代「誅伐《ちゅうばつ》の上使」として三河額田郡の深溝《ふこうず》一万五千石の藩主・板倉内膳正重昌を派遣した。

この板倉を支援する為に、幕府は参勤交代で江戸にいる九州の大名へ、一次（一一月）、二次（翌年正月）と、順次、帰国を命じた。

将軍家も認める伊織の内政

ところでこの島原の一揆を江戸へ報じてきたのは、小笠原藩の家老・宮本伊織だとも言われている（参考『宮本玄信伝史料集成』。但し、『江戸城の宮廷政治—熊本藩細川忠興・忠利父子の往復書状』では「豊後目付・牧野成純からの一報」だと記す）。

幕府の帰国命令で地元への帰りを急いでいる大名らを見た将軍は、小笠原忠真に対し「誰が国許を守っているのか」、とお尋ねになられたので、忠真は、「宮本伊織が国許を守っています」と言上した。

将軍は、「伊織が留守を預かっているのであれば、領内は何ら不安もなかろう。余裕を持って帰られたら、よいではないか……」とのお言葉があり、伊織の名が将軍家にも存知されていることに、忠真は「武門の面目、この上もなし！」と大いに喜ばれたという（参考『鵜の真似』）。

幕府軍の敗北

しかし幕府は、この農民らの一揆勢を甘く見ていた。三方が断崖絶壁で海に突き出た要塞としての原城に立て籠《こ》もった信者ら一揆は、装備した二千挺もの鉄砲をぶっ放してきたのだ。幕府軍五万人が、波状攻撃を仕掛けて原城をいくら攻め立てても、一揆勢は怯《ひる》んで降伏するどころか、それ以上に盛り返しては反撃して来た。

逆に成果を焦《あせ》った板倉は、一六三八年正月元旦の攻撃で討ち死にした。そして、戦死者は六四二人、負傷者も約三千三百人を数えるなど、幕府軍は惨憺《さんたん》たる敗北に終わった。

幕府軍の再編

幕府は、一揆制圧も時間が掛からないと見て、その戦後処理の為に、一一月二七日、老中・松平伊豆守信綱を江戸より島原へ遣わした。だが、板倉の戦死で状況が一変したことから、幕府は信綱を幕府名代にして急ぎ体制を立て直させたのである。

その信綱は、一六三八年正月早々、九州の各藩に大規模な出陣を命じた。とは言っても、九州の大名で二〇数年前の大坂冬・夏の陣といった実戦で軍を指揮した者は皆無だったのだ。但し、かろうじてその実戦の経験があったのは、当時、若年で名を連ねて参加したのが小笠原忠真（夏の陣）と細川忠利（冬の陣）だけであった。

そこで九州以外からは、名采配で実戦に強く「鬼の日向」と恐れられている福山藩・水野勝成七五歳にも出陣の命が下った（兵六千人）。

＊『宮本武蔵─日本人の道』…武蔵が、昔、仕えた勝成の名采配を褒め称えた話

『宋休様御出話』（宋休とは勝成の隠居後の名）の中に、「島原の乱の時、水野軍が、武蔵も参陣していた小笠原軍の後に着陣した時、小笠原軍の中で宮本武蔵といふ者が、「我先年（大坂夏の陣）、日向守（勝成）殿の家にこれあり。彼の軍立（戦い方など）よく知れり、凡慮の及ばざる大将なり」と語っていた」とある。

武蔵も出陣…その役割は、小笠原長次の育成

一六三八年二月二日、武蔵五七歳は、小笠原総軍（小笠原四軍。兵八、一一三人）の半分を占める小笠原信濃守長次二四歳が指揮する中津勢四千人の中の旗本一番として、日頃から行動を共にしている弟子ら一九人を引き連れて出陣した。

※武蔵の出陣について

『宮本玄信伝集成』には、二〇〇二年に発見された『長次肥州有馬陣記』によると、「寛永一五年二月二日、一九人を引き連れた武蔵は、小笠原長次が指揮する中津勢四千人の中の旗本一番に組み入れられて出陣した」旨の名簿がある。

武蔵を中津勢に組み入れたのは、小笠原総軍の総大将・小笠原忠真四三歳である。その忠

真が「大の兵法」を論じる武蔵に対し、「戦争体験もない甥の長次の護衛や補佐、さらには長次が大将として立派に采配が振れるよう、軍事面での教育とか指導を行いながら、きちっと育成して欲しい」旨の一種の後見人としての役割発揮を要請したからである（参考『宮本武蔵　研究論文集』）。

尚、島原の攻防におけるキリシタン一揆と幕府軍の戦力を見ると、原城で籠城する元小西、元有馬の農民に扮した元武将らを中心に農民や女子供らの「宗旨の為に一命を捨て天草四郎の下知に従う」と宣した一揆勢は三万七千人、一方、攻める幕府軍は一二万四千人であった（参考『宮本武蔵─日本人の道』）。

ところで幕府軍には、手柄を立てて仕官を求める浪人ら多数が志願してきた。細川勢にも、改易された加藤の旧臣が多く参陣してきたが、けだし彼らは手柄を立てることに必死になって、命令も守らず抜け駆けし軍律を乱すから、忠利はしっかり彼らを見張って監督したという（参考『江戸城の宮廷政治─熊本藩細川忠興・忠利父子の往復書状』）。

ヨーロッパの宗教戦争などをよく知らない日本？

態勢を整えた幕府名代・松平伊豆守信綱が指揮する幕府軍は、一揆が立て籠る原城を攻め立てたが、攻め倦《あぐ》んでいた。

そこで信綱は、一揆とオランダが同胞だと見て、急ぎキリシタンの内部分裂を図ろうと、オランダに働きかけ、原城攻撃を要請したのである。この要請を受けたオランダ船は、早速、正月一一日、原城に対し艦砲射撃を行った。

＊『江戸城の宮廷政治―熊本藩細川忠興・忠利父子の往復書状』

幕府の総指揮官・松平信綱が、オランダ船を呼んで砲撃させたことである。これは、さすがに評判が悪かった。一揆勢からは、矢文で、なぜ外国の手を借りるのかと非難してきたし、諸大名たちも抗議して、やめになった。（後に）凱旋するとき信綱自身が「オランダ人がキリシタンを攻撃できるかどうか試したのだ」と弁解したのがそのまま信じられているが、おそらく呼び寄せたときには必死の作戦だったと思われる。というのは、オランダ人だけではなく、長崎の唐人（中国人）も呼んでいるからである。唐人は、火薬を一〇石も使って城を吹き飛ばそうとしたり、七五人ほどで持つ巨大な玉を使う「木鉄砲」を発射しようとした。しかしこれらは、せっかく付けた仕寄（城攻め用に組み立てた高い櫓《やぐら》）を退けないと味方にも被害が出るということで、やめになった。

※日本にもあったミニ宗教戦争

ここで注目すべきは、日本にもヨーロッパと同様のカトリック（旧教）とプロテスタント（新教）が戦ったミニ「宗教戦争」があったのである。

この「宗教戦争」についてのヨーロッパでの歴史を見ると、一五二〇年頃からイタリア、スペイン、ポルトガルなど「教会主義」のカトリックに対し、宗教改革を唱えるルターに率いられたドイツ、オランダ、イギリスなど北部ヨーロッパを中心とした「聖書主義」のプロテスタントが台頭し、そしてその双方が、各地で激しく主導権を争って戦ったのである。これが、いわゆる宗教戦争であった。

取り分け、信者をプロテスタントに取られて教団組織が弱体化し、その教団運営が窮地に陥ったカトリックは、一五三四年、イエズス会を創設、そのイエズス会が先頭に立って、新天地での信者一括獲得に邁進した。時は大航海時代だ。

日本も、イエズス会のフランシスコ・ザビエルが一五四九年に初来日し、日本が、その信者獲得の格好の国、改宗し易い国と報じたこともあって、以降、ルイス・フロイスが一五六三年、他にも熱心な多くの宣教師がカトリック伝道の為に次々と来日し信者を増やしていったのであった。

しかしスペインなどの国力が低下したことから、オランダは一五八一年、スペインの属国支配から独立を果し、また一五八八年、イギリス海軍は、スペインが誇る無敵艦隊を撃ち破り、大西洋、インド洋、太平洋といった大海の制海権を奪ったのである（即ち、カトリックの権勢弱化）。

島原の一揆が信奉するのは、イタリア、スペイン、ポルトガルなどが国教とするカトリックである。徳川幕府は禁教令を発した上で、ポルトガルとの通商は長崎出島に限定した。一方、プロテスタントのオランダに対しては、幕府は長崎平戸（一六三九年のポルトガル国外追放後は、長崎出島）での通商を認めた。

その平戸にいるオランダの船が、一月九日の幕府軍の要請によって一揆が立て籠るこの原城へ、一揆を同胞と見ることなく敵と認識し、一月一一日、一斉に大砲をぶっ放すなど艦砲射撃を行った次第である。

信綱は、また心理戦にもぬかりなく工作した。それは例えば、天草四郎の母や姉を捕えて来ては四郎に降伏を促し、また元有馬の家臣には藩主・有馬直純からも説得させ、さらには原城に矢文を放って、キリシタン信者でない者は許すので投降するよう呼びかけたのであった（参考『江戸城の宮廷政治—熊本藩細川忠興・忠利父子の往復書状』）。

島原の乱、終結

だが、戦況は一進一退の膠着《こうちゃく》状態であったから、幕府軍は、二月二八日をもって一斉攻撃することに決めた。ところがその前の二月二七日、功を焦ったのか鍋島勢が原城へ抜け駆け攻撃を開始した。これが引き金となって、幕府軍が一斉攻撃に転じたのである。その結果、翌日、一揆が守る原城は力尽きて陥落し、島原の乱が終結した。

しかし戦いは激烈悲惨で、一揆は全滅、幕府軍も戦死者は一、一四七人、負傷者は六、九五〇人と、その被害は甚大なものとなった（参考『江戸城の宮廷政治―熊本藩細川忠興・忠利父子の往復書状』）。

＊『小笠原忠真一代覚書　乾坤』…抜け駆け攻撃の時、忠真は松平陣所に居た

さて二月二七日、昼の八つ時（午後二時）前に城内の火の手が見え申し候（鍋島勢の抜け駆け攻撃?）。この方の御陣より見れば、小勢にて兎や角とひしめくと見え申し候。内に惣手の陣より人数駆け出すについてもこの方の御人数も繰り出し申し候。右近様（忠真）は、その日、御相談の事御座候て、松平伊豆守様御陣所へ御越しなされ候。伊豆守様御陣場より、この方様（忠真の）御陣へ本道は人込みにて御座候ゆえ、山道をば帰り直ちに御具足を召しなされ御出馬あり。（原城の）二の丸と三の丸の境目と思しき所の□□之あり候。其の所に御人数を御備えなされ諸軍勢を押しなされ候。…右近様の諸軍勢の押しを仰せ付けられ候故、御後備えにて御座候。

＊『江戸城の宮廷政治―熊本藩細川忠興・忠利父子の往復書状』…四郎の討ち取り

二月二八日の卯の刻（午前六時）、細川藩の歩小姓《かち》・陳佐左衛門安昶《やすなが》が討ち取った首は四郎の首であった。…この功により安昶は、千石与えられ「鉄砲二〇挺頭」を命ぜられた。

こうして戦争が終結したことに伴い、四月五日、小倉の開善寺で幕府からの裁定が下された。その裁定とは、騒動を未然に防止できず、しかも一揆にやられ原城も占領された責任として、島原・松倉藩は所領没収、藩主・松倉勝家は斬罪、また天草を領有する唐津藩も天草四万石が削封された。さらに「二月二八日を幕府軍一斉攻撃」と定めたが、その命令も守らず前日の二七日に抜け駆け攻撃した鍋島藩主・鍋島勝茂には、閉門（謹慎）が申し渡された（参考『小笠原忠真一代覚書　乾坤』）。

＊『宮本武蔵と新史料』…四郎、獄門に掛けられる

小笠原文庫所蔵の『御当家続史』には「寛永一五年（一六三八年）三月、島原一揆張本人・大矢野（天草四郎の出身地名）四郎、次に有江監物の首、小倉へ到着、原町と清水の間往還の

西側に（で？）獄門にかけた」、とある。

また島原の乱は、農民相手の戦いであり勝ち取った領地もないので、よって幕府からは恩賞もなく出陣した期間に応じての扶持米のみが、それぞれの藩主に支給された。

とはいえ藩主は権威を示さざるを得ず、手柄を立てた者への俸禄加増や戦死した者らへの弔慰金支給などは、全て藩主の自腹となった（参考『江戸城の宮廷政治—熊本藩細川忠興・忠利父子の往復書状』）。

伊織、異例の加増！

宮本伊織は、忠真の指揮下で侍大将として出陣した。そして大いなる戦功を挙げたのだという。その戦功を、筑前福岡藩主・黒田忠之が忠真陣営に来て皆の前でそれを証し、伊織に名刀「備前兼光」を遣わしたのである（但し、その戦功を証する史料などはない）。

それが故に、伊織は、忠真から「天晴れ！」と褒められ、帰国後に千五百石が加増されて俸禄は四千石となった。

＊「宮本伊織家系図」（引用『宮本武蔵　孤高に生きた剣聖』）…伊織の褒賞

寛永一五年（一六三八年）二月、伊織貞次、公（忠真）に従い、肥州有馬（島原）浦出陣、時に侍大将、この時二六歳（二七歳？）。惣軍奉行を兼ねる。伝に曰く、城攻めの日、筑前太守黒田忠之侯、忠真公御陣営に於て、貞次を召し出され、此度の働きを御褒詞《ほうし》の上、御指料の御刀（備前兼光）これを賜う。同年肥州より御帰陣の上、御加恩千五百石、都合四千石を領す。

この伊織の活躍や褒賞授与を聞く養父・武蔵は、左記＊欄の通り、大いに喜んだことが、有馬直純（一五八六〜一六四一年）への返書（その1）に記《しる》されている。

＊『宮本武蔵　筆の技』…有馬直純への武蔵の返書（その1）

思し召さるるに付き、尊礼忝《かたじけな》き次第に存じ奉り候。したがいて、せがれ伊織儀、御耳に立ち申す通り、大慶に存じ奉り候（…せがれ伊織の褒賞授与は、お聞き及びの通り、この上もなく真に有難く目出度きことでございました）。

但し、伊織は、前述の通りこの過大に評価された千五百石加増を辞退した。だが忠真は、こうした伊織の申し出を受理しなかったのである。尚、小笠原総軍（小笠原四軍）を取り仕切り島原の乱で活躍した小笠原忠真には、将軍からの褒賞として、別途、江戸・常磐橋の屋敷が贈られた（参考『小笠原忠真一代覚書　乾坤』）。

有馬直純に対する「戦功を証する」武蔵の返書

ところで話を元へ戻すと、有馬直純は武蔵へ「一通の書状」を使者に持たせてきたのだ。その書状の一項目は、右記＊欄の武蔵の返書（その1）の元となる「伊織の活躍を称える」内容であり、二項目は、左記＊欄の武蔵の返書（その2）の元となる「有馬直純父子の原城本丸一番乗りを立証して欲しい」といった内容である。

この有馬直純とは、元々、島原のキリシタン大名だったが、一六一二年のキリシタン禁教令とともに手のひらを返すように改宗し、逆にキリシタン信者を弾圧した。そこで弾圧されたキリシタン信者の家臣らの反発もあり、お家騒動に発展したのだ。

この事態を収束させようと、幕府は本多家へ嫁いだ家康養女・熊姫の娘婿である有馬直純（参照「図3」）を守る為に、一六一四年、改易することなく島原四万石から日向延岡五万三千石へと配置転換した（参考『島原半島史』）。

だが信者である家臣の多くは延岡へ行っても弾圧されるだけだから、延岡へ行くことを拒否して勝手知ったここ島原に残ったわけだ。

そして農民に姿を変えたこの元家臣らが、島原の乱の中心人物となって幕府軍と戦い幕府に反抗したのだ。延岡の有馬勢としては、顔見知りの旧友や親戚の元家臣らとの戦いに、やりきれず、かと言って温情を出して戦いに手抜きをすれば、幕府から有馬藩が取り潰される恐れもある。


そこで「忸怩《じくじ》たる思い」の直純としては、一計を巡らせ、お家存続の為にも「有馬家の戦功」を立証して欲しい旨を、義兄弟の小笠原忠真に縋《すが》って懇請した。

だが二七日の鍋島勢が抜け駆けして原城を攻めたその時、忠真は幕府名代・松平信綱の陣所にいたから、立証のしようもなかった（右記＊欄『小笠原忠真一代覚書　乾坤』）。

よって忠真は、中津勢旗本一番としてその戦場にいた武蔵に対し、「有馬父子の原城本丸への一番乗りを立証せよ」と内々に命じ、併せて直純にもこのことを伝えた。

この忠真の命を受けた武蔵は、直純からの早速の書状に応えて「有馬直純父子の原城本丸一番乗り」という武勲を証する内容を、極めて稀だと思うが、次の＊欄の返書（その2）の如くに、一介の武士が他国の大名・有馬直純へ即刻に認《したた》めたのであった。

＊『宮本武蔵　筆の技』…有馬直純への武蔵の返書（その2）

拙者の儀、老足御推量成らせらるべく候。

貴公様の御意の様、御家中衆へも（私の）手先にて申しかはし候。殊に御父子共、本丸まで早々に成られ御座候通り、偏《ひとえ》に驚き目申し候。拙者も石に当たり脛立ちかね申す故、御目見にも祗候《しこう》仕らず候。猶重ねて尊意得るべく候。恐惶謹言。

―この解釈は、次の通り―

老足とはいえ武蔵も敵の原城・本丸近くへ行きましたが怪我するほどの、あの通りの激しい敵の反撃です。だがそれを「もの」ともせず、貴公様の仰るように他の武将らと先陣一番乗りを競い合ったのが、日向延岡藩主・有馬直純様とご嫡男・康純様です（既に私の家来も同じことを有馬御使者の方々に言い伝えているところです）。

その結果、有馬様御父子が立派に本丸へ一番乗りされたことを武蔵らは驚きの目で見張っておりました。そうした勇猛果敢な大活躍を早速に御陣所へ参上し皆様の前で御祝意申し上げるべきところではございましたが、私も石が当たって脛《すね》に怪我して参上できなかったことをお許し下さい。しかしこの一番乗りにつきましては、何時《いつ》でも何処でも、しっかり証言致します。以上、謹んで申し上げます。

この剣豪・宮本武蔵が、「有馬直純父子の原城本丸一番乗り」という立派な武勲を証したことによって、結果的に、有馬家は「お家」安泰となる切符を手にしたわけである。

それ故に有馬家は、この武勲を証した武蔵書状を、家宝の如く後生大事にしたという。

だがこの大手柄「原城本丸一番乗り」は、それぞれの藩主が主張している。取り分け、細川や黒田のいずれかが公《おおやけ》の場で言い出せば、大混乱するのは必至である。

そこで三月一日、戦後処理を話し合う為に、全藩主が幕府名代・松平信綱の陣所の待合室に集められた時、忠真は、江戸での噂などを基にして次のように小声で話した。

［事実を知らない江戸では、九州の大名らは軍兵一二〜三万人をも率いて、非力な農民や女子供三万人ほどを倒すのに五ヶ月も要している、と半ば笑っているとのことである。そう笑われ非難されているにも拘らず、我々が自慢げに「やれ、先陣だ！」「やれ、一番乗りだ！」と声高《こわだか》に主張すれば、江戸の人らは、よけいに「九州の大名

らは間抜けで戯《たわ》け者だ！」と烙印《らくいん》を押し、かつ物笑いの種にされようか……」

＊『島原半島史』…江戸での噂――戦争の長期化は、細川氏の弱腰とか手抜き

原城の久しく抜けざるをもって、江戸城中、細川氏の緩慢を誹議するものあり。

この忠真の話に耳を立てて聞いていた藩主らは、「さも有りなん」と頷くとともに、誰も自慢げに「一番乗り」の話などを、万座で持ち出す者はいなかったのである。

※「本丸一番乗り」を陰で主張する藩主と、武蔵の作文⁉

『細川家の情報戦略』には、熊本の細川忠利が実父・忠興に宛てた書状に、「この本丸一番乗りは、細川軍である」と断じているとともに、さらに「幕府万座の前で自分の功績を誇ったりしなかった。それは誰もが知っているし、幕府の軍監も認定しているところであったからである」とその謙虚さを吐露《とろ》している。一方、福岡の黒田忠之も「我等、本丸之先達……」と言っている。

ところで『忠真公小伝』（引用『宮本玄信伝史料集成』）には、「（福岡兵本丸に先登し、熊本の士、賊魁の首級を挙ぐ）」と補記し、忠真でさえ、手柄を挙げたという伊織や有馬直純などのことには一言も触れていないのである。

そうすると武蔵の証した不思議な「有馬父子の武勲」とは、忠真から秘的に命ぜられた武蔵の「作文」だと見るし、脛に怪我した話は石も飛んでくるほどの至近距離ではっきり見ていた絶対に見誤ることのない「状況説明の文《あや》」であったと理解する。

これで、「原城本丸一番乗り」を主張する大藩主らはいなくなった。そう主張する者は、有馬直純父子だけで、それを証するのが剣豪・宮本武蔵の直純宛書状である。

忠真は、もし有馬の処分などといった雲行きとなれば、剣豪・宮本武蔵が証する有馬父子の手柄「原城本丸一番乗り」を幕府にさりげなく申し添えすれば良い、と考えた。

さらに忠真には、もう一つ意図するものがあった。

それは藩主・直純に優柔な性格があり、昔、多くの家臣を弾圧したことだ。それが今、弾圧され島原に残った有馬の元家臣らは、一揆に加わり骨肉相食《は》むが如くに戦いを挑んで来たことから、延岡の有馬勢は、戦いたくない彼らと何度も死闘を演じたのである。

本来、友情や親戚付き合いなどを温めたかった有馬勢は、狂涛の如くに攻め掛かって来る彼らのその勢いに怯《ひる》むとともに、悩み傷心の痛手を被《こおむ》ったのだ。しかしこうなったのも藩主の優柔な判断や弾圧があったからであり、藩主への「恨《うら》み辛《つら》み」も倍加した。

そして、戦いが終わり勝利したものの、けだし有馬勢は、幕府軍の皆と一緒になって、息していいる元有馬の旧友や親戚の家臣らも含めた一揆の首謀者、扇動者ら全員を、已む無く躊躇《ちゅうちょ》なく、その場で誅殺《ちゅうさつ》したのだ。

これら非情で残忍な出来事（事実）を聞き付ける忠真としては、そこでやるせない思いの有馬藩が直ぐにも瓦解《がかい》するのではないか、と危惧した。この有馬藩のことを心配する忠真は、直純からの要請もあり、急ぎ、武蔵に、有馬父子の武勲を証させた由である。

後片付けも終った幕府軍の軍兵は、これで「やっと帰れる」と言っては喜んで国許へ帰国した。有馬勢も隊伍を整えて延岡への帰国の途に就いたが、皆、言葉もなく、無益な殺生《せっしょう》をしたという悲愴な面持ちであった。

そして失意のどん底で帰国し城内に入った彼らが、真っ先に見たものとは、武蔵の書状である。彼らは、身動きもせず目を皿にして見詰めた。

その時、彼らの脳中を去来したものとは、あの激しい攻防戦の中で、天草四郎の命とはいえ、旧友や親戚の元家臣らの死期も迫る鬼の形相での勢いに、怯《ひる》み尻込みしていた自分たちの面目もない恥ずかしい哀れな姿であった。

だがそんな状況の時に、藩主親子が怯むことなく果敢に、そして勝手知った元居城の原城・本丸へ「一番乗りを果した」というのだ。そのことをあの高名な剣豪・宮本武蔵が一部始終を目にして「藩主父子の立派な戦功」を証したものが、うそ偽《いつわ》りの無い武蔵直筆の書状だったのである。

家臣らは、藩主に向けたこれまでの不純な思いや怒りを恥じた。そして藩主を見直した家臣らは、口々に「主君の為に働かねば……」と忠誠心を新たにして結束したという。

こうした理由から、藩主・直純は、有馬家の危機を救ってくれたこの武蔵書状を家宝として、子々孫々まで、正道に則った為政への取り組みや君臣の交わりなどの重要性を、正しく言い伝えていかねばならないと肝に銘じた。

かように延岡・有馬藩が一丸となって結束したという話を聞き及んだ小笠原忠真は、九州の安泰を願う「九州探題」とすれば、延岡で勃発するかも知れない家臣らの内紛とか反乱を、武蔵の力を借りて未然に防止したことを素直に喜んだのであった。

※伊織への加増特進は、忠真の冥利に尽きる武蔵への計らいだった

仮想力に長《た》けた忠真は、武蔵が有馬父子の戦功を証することによる後々の有馬藩の結束効果などの大なることを予覚した。だが忠真としては、武蔵を褒賞するわけにもいかず、よってその分を先んじ、福岡藩主・黒田忠之に、至急、忠真陣営において、皆の前で「伊織の戦功」を褒め称えるよう依頼した、と理解する。

それが縁か、黒田・小笠原両家では、二年後、前記の通り、子息と息女が婚約した。

この頃の兵法を、武蔵は、一六三八年、『兵法書付』として纏めた。

武蔵の晩年期…熊本での活躍

細川忠利と小笠原忠真は、義兄弟

少し遡るに、豊前小倉の前藩主は細川忠利（一五八六～一六四一年）、その前は忠利の父・細川忠興であった。忠利の妻・千代姫は小笠原忠真の妹である（参照「図3」）。一六〇九年、その千代姫一三歳が、将軍・秀忠の養女として忠利に嫁ぐ時、秀忠は豊後国玖珠《くす》郡小田村にある千石の地を化粧田として千代姫に与えた（参考『綿考輯録』）。

加えて駿府にいる曽祖父・家康からは五日間にわたって饗宴を受けるなど、将軍家の息女に相応《ふさわ》しいよう格式を整えた。また京・伏見では豊臣秀頼の船に乗って淀川を下り、当時、豊前中津に在城し幕府の意向で細川忠興の家督継承に内定している忠興三男・忠利二四歳の許へと、千代姫は嫁いだのである（参考『宮本武蔵と新史料』など）。

そして一六二一年正月、忠興が隠居し中津へ引っ越すことで、忠利三六歳は幕府命で家督を継承し、六月、晴れて小倉の藩主となり、翌年、「内記」改め「越中守」と名乗った（参考『江戸城の宮廷政治—熊本藩細川忠興・忠利父子の往復書状』）。

その後の一六三二年（寛永九年）、肥後熊本・加藤忠広が改易されたことに伴い、忠利四七歳がこの肥後熊本五四万石（検地後は七五万石とも）を貰い受けたのであった。尚、忠利とは、明智光秀の息女で忠興と結婚した玉（後のガラシャ）の三男である。

この熊本への栄転の時、将軍・家光の乳母で明智光秀の家老であった斉藤利三の息女・春日局が、懇《ねんご》ろに祝った書状を忠利へ送った（参考『綿考輯録』）。

幕府としては、外様であっても幕府に協力する細川を熊本へ、さらに細川の後には、細川や延岡・有馬との結び付きも強固な姻戚の親藩・小笠原一族（四家）を九州の喉頸・豊前および豊後の一部に配したことで、外様大名らが席捲する九州に幕府の強力な楔《くさび》を打ち込んだわけである。

尚、忠利の嫡男・六丸《むつまる》（後の光尚《みつひさ》。一六一九〜四九年。家康の玄孫《やしゃご》）は、一六三五年、将軍・家光御前にて元服し「光利」と名乗ったが、一六四二年、「光尚」と改名した（但し、本書は当初から光尚と記す）。妻は、忠利の妹・万姫と烏丸中納言光賢《みつかた》の間に生まれた息女で、いわゆる従兄妹同士であるが、一六三六年、嬰児は死産で妻も病死した。

名君といわれた忠利

さて忠利は、領民感情にも配慮し改易された加藤氏の見習うべき定評のある藩政については継続するとともに、さらに各種制度の制定、産業の振興、流通改革、農民などの勝手な使役の禁止、年貢取立ての不均衡の是正なども、「祖法」として遍《あまね》く実施した。

また武芸にも通じ、剣道は柳生新陰流で、馬術、棒術、砲術にも長け、さらに各軍学にも耳を傾けた。

＊『図説　宮本武蔵の実像』

寛永九年（一六三二年）の加藤忠広の改易に伴い、その一二月に熊本に入城した忠利は、加藤氏の遺制を考慮し、自ら小倉領内で実施した政策を採り入れ、地方《じかた》制度を確立するための改革を実施した。郷組《ごうくみ》制を手永《てなが》制に改め、惣庄屋を任命した。牢人救済策として開拓に従事させ、また人畜改帳、地撫《じならし》帳の作成を命じて、耕地と人畜の状況を把握し、年貢の不均衡を是正した。

さらに産業を振興、物資の交流を図り、定めのほかは農民の私用使役を禁じ、公用には飯米を給するなど、農漁民の負担を軽減した。忠利が出した法令は藩の基本方針として、「祖法」と呼ばれて歴代藩主に守り継がれた。一方、忠利の交友関係は広く、春日局、沢庵、柳生宗矩らと特に親交があった。

＊『宮本武蔵　孤高に生きた剣聖』

忠利の「人と為り」については、『細川家年譜』に、「忠利公は文武兼備にして、六芸に御達しましまし、剣術は柳生・中条ともに御極め遊ばしける。御馬御上手にて、折々曲馬《くせうま》なども遊ばし、馬上の御湯漬など召し上げられ、梯階《ていかい》（だんばしご）碁盤乗りいろいろの事御遊ばし召され候は、いずれも拝見せしなり」とある。…剣については、柳生但馬守宗矩に入門し、江戸在府の時には、宗矩の高弟・田中甚兵衛を藩邸に招いて指導を受けていたという。国許では、氏井弥四郎を相手に修行していた。もっとも、宗矩との交流は幕閣などの情報を探るという意図的なものもあった。…忠利は剣以外にも、棒手術の塩田浜之助や楠流軍学の竹田貞右衛門、大江流軍学の小田原夕庵および八十市大夫、砲術の隆安函流の中村助之進らを召し抱えていた。

＊『綿考輯録』…一六四〇年正月一三日、忠利から光尚への書状

町人共に至るまでおこ（驕）りたること、これ無きように。法度となく町奉行（掟ばかりを取り締まるのが町奉行ではないよう）に心得候へと申されるべし候。

細川藩の危機（その1）…細川忠興の「分藩計略」

ところで細川藩には、先代・細川幽斎（一五三四～一六一〇年）の時から実権を持ったままの隠居制度があり、忠利の実父・忠興（一五六三～一六四五年。号は「三斎」）とて隠居しても肥後八代（八万五千石？　参照「図1」）に君臨し、また独自に参勤するなど、その実力や存在感を世に示していた。

この忠興が居住する八代城は、一六一五年に制定された一国一城令に反するが、一六一九年、加藤忠広の時、島津七二万八千石を抑える為に築城されたという。

こうした中で由々しき問題が起ったのだ。それは一六三九年四月一七日、江戸城へ登城した忠興七七歳は、幕府・老中に次の二項目の承諾を願い出た。

①八代城の修繕について。

②八代所領を四男・立孝と五男・興孝へ配分することについて。

この承諾を願い出た理由とは、①は、長雨などで八代城の建物が壊れ石垣も崩れたからである。②は、自分（忠興）の死後、三男で熊本藩主・忠利の下では、自分と側室の間に生まれた子・立孝二五歳が冷遇されると思い、そうならば、この際、「自分の死後、この八代所領の内の六万石は立孝に、残りの二万五千石は興孝に与える」ことを、忠利抜きで老中と取り決めておこうと自分の意思が働いたからである（参考『綿考輯録』）。

＊『細川幽斎・忠興のすべて』…忠興の「分藩計略」

忠興は、（豊前の）中津から八代へ召し連れた四男・立孝と五男・興孝（興孝は証人として定府中）の知行を包摂して隠居領を拡大し、これを「八代分領」として統合し、これを立孝に執行させせようとしている。これは明らかに立孝を藩主になぞらえ、「八代分領」を実質的に「藩」として分立（＝分藩）させる動きであった。

これらの項目の内容についての事前相談もなく、突如、四月二五日、老中（年寄）から聞き及んだ忠利は、取り分け右記の②については、熊本の分藩に発展しかねず、よってこの忠興の「分藩計略」は揉《も》めることにもなり、有るまじきことだ、と憂慮した。

＊『大日本近世史料　細川家史料』…注釈には、「三斎ノ望ハ支藩設立ト聞ユ」とある

このほど御年寄衆へ何やらん（忠興が）仰せられ候えども、…（内容は忠利が四月二五日に聞きましたが、それは）分別に少なくとも関わること故に、我々あるまじく候（分藩には反対）。真に縺《もつ》れ候ごとは、巧くいっても合点参らず候間。それ奇怪あるまじく候。…この内容については、（嫡男・光尚に連絡するので、光尚から熊本の家老）松井興長やその妻（忠興の息女、忠利の妹）にも話しておいて下さい。

＊『綿考輯録』…九月二日、立孝は藩主の器にあらず、との忠利の考え

立孝と忠利は兄弟（異母）の儀に御座候えども、大国をも拝領仕る立孝覚悟（藩主としての才器など）を見届け申さず候。むざと知行などやるわけにもなく御座候。

尚、九月一五日、幕府・老中の考えは、右記①については、一国一城令により八代城の返上、取り潰しの意向でもあり、よって修繕は認めない。また同②については、藩を全て取り仕切り統治する藩主が先ず考えるべきであり、その考えに幕府が相談に乗るのであって、幕府が頭から決めるものではない、と忠利に伝えた（参考『綿考輯録』）。

これを受けて、忠利も忠興の提案する「分藩計略」には反対するとともに、忠利案としては、「立孝や興孝は忠利家臣とし、しかも立孝は八代城代として処遇する」考えであることを老中へ言い伝えた（参考『綿考輯録』）。

そしてこれ以降、史料はないが、忠利、長岡（松井）興長らは、老いの一徹の忠興を説得していった、と見る。

体調優れない忠利、忠興の「計略」を翻意できず

だが忠興がこうした計略を策している時、忠利は体調も優れない状態なのであった。つまり一六三四年頃から、忠利は咳《せき》、痰《たん》の病に苦しんでいた（参考『綿考輯録』）。その上、一六三七年一〇月、鎌倉で療養し、翌一一月、江戸へ戻った途端、熊本の眼前にある天草や島原で一揆が勃発したという「島原の乱」を聞いたのである。幕府の命で先ず嫡男・光尚が熊本へ帰り、翌年正月一一日、忠利も江戸を発って島原へ出陣し先陣の光尚と合流、細川勢二万八千人の軍兵を率い一揆と激戦を交わしたわけだ。

戦いは幕府軍の勝利となったが、とはいえ、細川勢も戦死者二八五人、負傷者一、八二六

人と、その戦死者・負傷者とも出陣した藩では最多となった（参考『江戸城の宮廷政治―熊本藩細川忠興・忠利父子の往復書状』『綿考輯録』）。

一六三九年六月、島原の乱での無理がたたったり、さらには「分藩計略」阻止の気遣いもあったのか、忠利は病床に臥せって江戸城登城も出来なかったのである。

この忠利の病状を心配する将軍・家光は、柳生宗矩を江戸細川邸へ派遣して治療法を伝授したという（参考『綿考輯録』）。

かような状態から、忠利としては忠興に、「肥後の分藩計略」を反対し忠利案を主張したと思うが、けだし面と向って言い切るほどの強い気力、体力もなかった、と考える。

忠興と忠利の密な情報交換

はてさてあまり知られていないが、細川忠興と幕政を知る優等生・忠利父子の間には極めて注目すべき事実、行状があったのだ。それは二人が、将軍や老中あるいは他藩などへの対応も含めた「お家の存続」とか「藩政の維持・発展」の為の情報交換に、一六〇〇年（慶長五年）頃から、ピークは一六三三年（寛永一〇年）前後であるが、寸暇を惜しんで書状のやり取りしていたのである。

＊『江戸城の宮廷政治—熊本藩細川忠興・忠利父子の往復書状』…現存している書状件数

・忠興から忠利宛書状は、一、八二〇通
・忠利から忠興宛書状は、一、〇八四通

二人がやり取りした書状を年別（一六二〇〜四一年）に並べると、次葉となる。但し、その年別表に掲げなかった慶長五年（一六〇〇年）〜元和五年（一六一九年）までの忠興から忠利宛書状は、二一三通あるが、忠利からの書状は、何故か一通も残っていないし、また年不詳の書状六八通もそれぞれの数から除いた。

年別の細川忠興・忠利往復書状の驚くべき通数

和暦	西暦	忠興から忠利へ	忠利から忠興へ
元和6年	1620年	28通	47通
7	1621	54	31
8	1622	29	41
9	1623	49	27
寛永元年	1624	20	27
2	1625	34	25
3	1626	68	22
4	1627	105	21
5	1628	104	41
6	1629	66	66
7	1630年	73	55
8	1631	96	83
9	1632	137	83
10	1633	145	132
11	1634	144	83
12	1635	101	38
13	1636	64	30
14	1637	38	54
15	1638	48	56
16	1639	63	51
17	1640年	69	62
18	1641	8	5
合　計		1,543通	1,080通

これらの書状の特徴は、双方がそれぞれ連番を取り二部作成し一部を送付する。返書は、相手番号または日付を記載しておくとバラバラな到着であっても保管してある手元番号または日付の書状と照らし合わせた。尚、書状の紛失もあるので、重要な内容は、次の書状にも重ねて記載し、漏れを防いだという。

追記、これ以外に『綿考輯録』には、忠利と光尚の交換書状も多数あり。

しかしながらこの頻繁《ひんぱん》にやり取りする二人の書簡で、忠利が忠興に一言も触れていない話がある。それは、「武蔵の任官」についてである。

細川忠利を心配する小笠原忠真

これもあまり記録はないが、熊本細川藩の行く末や藩主・細川忠利の健康などを義兄の小倉藩主・小笠原忠真は、心底から気遣っていた。

例えば、一六四〇年一〇月七日、忠利は目が充血してかすんだところ、これを逸早く知った忠真は、一〇月一〇日、薬剤師を手配したと直ぐに忠利宛に連絡する書状があり、驚いた忠利は小倉へ急ぎ遣いを出したという（参考『大日本近世史料　細川家史料』）。

然るに一六三九年五月二七日（と本書は左記※欄から推定）、忠真は忠利からの書状「忠興の提案・肥後の分藩計略」を見て、驚愕した。

※憤慨する（？）忠利から忠真への書状について!?

忠利から「忠興の分藩計略」を忠真に明確に話した史料はない。だが『大日本近世史料　細川家史料』で、年代不詳だが、忠利から忠真への五月二七日付書状に、時期的にも合うそれらしきことを推察する意味深なものがある。それは次の通り。

「さてさて右近殿（小笠原忠真）、（私らを常々心配されておられる）御心中察し申し候。この状、則ち右近殿へお届け尤もに候。我々何しにように存じ候わんや。……」

忠真とすれば、幕府はそういった隠居・忠興の話などを取り合わないと思うが、しかし強引に忠興が分藩しようとすれば、内乱発生などで細川藩の取り潰しも考えられるし、さらに忠興と交流もある大名らが加勢してくれれば、九州での不穏な動きが一気に勃発する恐れもある。そうした危険な事態が発生していく過程を、忠真は次のように考えた。

・先ず、肥後細川藩での親子対立の頻出。
・次に、肥後細川藩での「熊本×八代」の骨肉の争い、藩を二分した内乱の発生。
・その次は、双方、交流のある親密大名らが加勢した肥後全土での戦場化。
・最悪なのは、肥後を引き金とした幕府に不満を持つ大名らが便乗した九州全域での動乱、戦場化。

忠真としては、忠利も努力していると思うが、忠興の老いの一徹である「分藩」の動きを何としても早く止めなければ、これから何が起るか判らない、と危惧した。

忠真の画策…武蔵を熊本の目付役とする

そんなことを憂慮する忠真は、しかし何とか忠興が分藩計略を諦《あきら》めるなど大事《おおごと》にならず鎮《しず》まっていく方法がないものか、と熟思した。そしてその思い描いた方策とは、それは細川藩へ目付的な人物を入れて、そうした分藩の動きを穏便に制し封じていこう、というものであった。ならば、細川藩で受け入れてもらえるような熊本でも名の知れた実力のある人物がいるのかどうか……、だ。

そこでそれに最も相応しい人物として、武蔵が浮かんだのである。つまり武蔵には、

「細川藩の中で、家老・長岡興長や沼田延之（延元の嫡男）を始め、あの巌流島で佐々木小次郎と闘った兵法家・宮本武蔵の武術、武芸に、未だに興味を抱いている家臣も少なくはない」

と読んだのだ。そして忠真にすれば、小倉藩家老・宮本伊織の養父である武蔵が肥後に居て目を光らせ忠興を牽制するだけで、「肥後領内が親子対立による内乱も起らずに何とか鎮まっていくのではないか……」といった言い知れぬ存在感を、武蔵に期待した。

但し、忠利の周りには忠興に通じている古参の者も少なくはない。それ故に、忠利から求めて動き「忠興への目付を配置しよう」などと、忠興に些《いささ》かの疑念をも抱かせないようにしなければならないことは言うまでもない。

かような策に思いを馳せた忠真は、宮本武蔵を目付役として肥後熊本へ遣わすことを細川忠利に密使を送って口伝した。そして忠利の同意もあり、そこで二人は細川藩への接触として、「武蔵から一方的に仕官または客分を懇願する」というやり方を考えた。

その後、忠真四四歳は、伊織を通じて武蔵を江戸へ呼び寄せたのである。

江戸に着いた武蔵は、忠真からこの肥後熊本への派遣要請を聞くに及び、自ら老足と言うように、五八歳と高齢で総身の反応や動きも鈍ってきており、さらには未だかって任官したこともないといった一抹の不安すらも覚えた。

だがそれは、九州の安泰を願う「九州探題」としての忠真の強い「目付役派遣」要請である。よって武蔵は、意を固めて応諾した。

武蔵からの「仕官の申し入れ」に対する細川藩の動き

一六三九年の師走の初め頃、武蔵は「その昔、世話になった細川藩で、武芸を教えるべく仕官し、あるいは客分として晩節を捧げたい」旨を、細川藩家老三万石・長岡佐渡守興長五八歳の江戸在住の近習《きんじゅう》に打診方々、内々に申し入れた。
この興長とは忠利の義弟であり、昔、武蔵の養父・無二から剣術を教わり無二の弟子だと公言し、また武蔵も巌流島の決闘時に大変世話になった人物なのである。

そのような武蔵からの内々の申し入れに、細川藩・江戸詰の家老らは訝《いぶか》った。それは武蔵が「九州の目付役」である小倉藩の家老・宮本伊織の養父であることを承知しており、しかも親子が二君に仕えるといった有り得ない武蔵の意図が、全く判らなかったからだ。

とはいえ、その武蔵の申し入れを藩主・忠利に話すると、忠利は、即座に、

「老輩の武蔵がそう言って、昔、世話になった細川藩で剣術を教えたいというなら、それは良い話ではないか。道場で稽古を付けてくれて皆の実力が今より向上すれば、有り難いことだ。我が藩の要職に就くわけでもないし、そう小倉に気を遣う話ではなかろう。だが皆が心配するなら、小倉には、武蔵が熊本へ来て旧知と道場で気楽に稽古し余生を遊楽しているぐらいの書状を認《したた》めてやってもよい。
だから俸禄も、悠々閑々、隠居客分扱いの七人扶持ぐらいで良いのではないか……。

しかし武蔵があまりにも低評価で馬鹿にするなと怒るようなら、何もこちらが好いて望んだ話でもないし、武蔵に諦めてもらうのも致し方あるまい」

と応え、それでも武蔵が承知するなら隠居客分で召し抱えようと言いつつ、「やれやれ……」と関心もない素振りを示しながら、「次！」と言っては次の議題を急がせた。

一六四〇年二月、細川藩の使者として岩間六兵衛が、武蔵にその真意「肥後で仕官し、晩節を捧げたい」を確認の上、武蔵の希望する任官条件なども打診してきた。

この岩間六兵衛とは、武田信玄の嫡男で自害した義信の子であり信玄の内孫である。岩間は、武田の滅亡後、小笠原藩に仕え忠真の傅役《もりやく》となったが、忠真の妹・千代姫が将軍・秀忠の養女として忠利へ輿《こし》入れする時、幕府・旗本の身分となって千代姫にお供し細川藩の家臣三百石で取り立てられた人物なのである（参考『お伽衆　宮本武蔵』）。

その小笠原藩と親しい細川藩・岩間からの打診に対し、武蔵は、「病気がちの老人であるから任官条件などはありません」といった無欲にして謙虚なる内容や兵法家としてもっともらしい理のある「戦い方」「国の治め方」もお話したいなどと、左記＊欄の通り、細川藩の中枢である坂崎内膳（忠利の小姓頭。二千石）宛に書状した。

＊『武公伝』（引用『剣聖武蔵伝』）…一六四〇年二月の武蔵書状の内容

我ら身上のこと、岩間六兵衛を以てお尋ねにつき、口上にては申しわけ難く候間（口上では意も尽くせず、また誤解も与えかねないので）、書き付けをお目にかけ候。

一、我ら事、今迄奉公人と申し候て居り候処は、一家中もこれなく候。歳罷り寄り、その上、近年病者になり候へば、何の望みも御座無く候。もし（客分として肥後で）逗留致し候様仰せ付けられ候はゞ、自然御出馬の時、相応の武具を持たせ参り、乗り換えの（馬）一疋も牽《ひか》せ参り候様に、これ有り候へば能く御座候。妻子とてもこれ無く老体に相成り候へば、居宅家財等の事思ひも寄らず候。

一、若年より、戦場《いくさ》に出候事、都合六度にて候、その内四度は、その場に於いて拙者より先を馳せ候者一人もこれ無く候。その段は何れも、あまねく存ずる事にて、尤も証拠もこれ有り候、しかしながらこの儀も全く身上を申し立て致し候にてはこれ無く候（その証拠でもって私の処遇条件を良くするつもりはない）。

一、武具之れの扱い様に於いて、夫々に応じ（経験しているので）便利なる事。

一、時（平時、戦乱時、天災地変時など）により国の治め様。

右は、若年より心にかけ、数年鍛錬候間、お尋ねに於いては申し上げ候　巳上この武蔵の坂崎内膳宛書状を受理した細川藩では、江戸詰の家老らで協議した結果、武蔵を隠居客分として受け入れると決定した。そして坂崎内膳は武蔵宛に、

「細川藩は貴殿を隠居客分にて奉公させることとしました。家禄はご内諾の通り、七人扶持の合力米一八石です。尚、七月中頃、熊本で殿様が貴殿に会って武芸論を聞くのを楽しみにしている由です。つきましては、その時期に合わせて熊本へ来られましたら、国許の家老・長岡佐渡守興長宛に連絡して下さい」

といった旨を伝達した。

尚、忠利五五歳は、一六四〇年五月一八日、江戸から熊本へ帰国の途に就いた。

忠真、武蔵に手向《たむけ》山の地を与える

この坂崎内膳の連絡を受けて武蔵が熊本へ出発する時、江戸屋敷にいる小笠原忠真は、武

蔵を励ますとともに熊本から帰ってきた時の隠居する地として、巌流島方面をも遠望できる小倉の手向山（標高約七〇m。参照「図2」）を武蔵に与えた。

＊『二天記』…間違った箇所もあるが、武蔵、手向山を拝受する

寛永一七年（一六四〇年）の春、忠利公の召に依て肥後に来る。この時五九歳なり。小倉より肥後に来る時、城外の山に壽藏（生前に造る墓）を建て跡を残して肥後に来る。その後、承応二年（一六五三年）四月、伊織石碑を建てその銘を春山和尚に請う。

＊『宮本武蔵　研究論文集』…武蔵顕彰碑とは

…忠真から「武蔵の石塔山（墓地）にせよ」、と下賜された山に（その命に基づき伊織が）建てた石碑である。

＊『武蔵・伊織と小原玄昌について』…武蔵の熊本行きの理由について、小原尚之氏と著者・宇都宮泰長氏の対談

宇都宮…武蔵の偉いところだと思います。それ故に、伊織は巨大な顕彰碑を、藩主の墓碑のある広寿山に背を向け建立することは普通ではできません。やはり武蔵の藩命を挺しての抜群の働き、それは舟島の佐々木小次郎との決闘を含めて、大きな顕彰碑の建立を小倉藩主が容認するだけの理由があったからだと思います。

武蔵、細川藩の隠居客分となる

武蔵は、小倉の手向山に壽藏を建てて心を決し、細川藩の坂崎書状に従い、七月八日、熊本へやって来た。そして武蔵は、その旨を長岡佐渡守興長宛に一報した。

＊『宮本武蔵　筆の技』）…七月八日付、武蔵から興長への書状

一筆申し上げ候。有馬陣（島原の乱）にては、御使者を預かり、殊に御音信思し召し出さるる処、過当至極に存じ奉り候。拙者の事、それ以後、江戸・上方に罷《まか》り有り候が、今ここ元へ参り申す儀は、御不審申し成らるべく候。少しは用の儀候へば、罷り越し候。逗留《とうりゅう》申し候はば、祗候《しこう》仕り申し上るべく候。恐惶謹言。

武蔵五九歳が熊本へ来たのを受けて、早速、長岡佐渡守興長五九歳は、旧知・武蔵を自宅に招いて礼遇した。

また細川藩としては、八月六日から武蔵の住まいを千葉城址の屋敷（熊本城・二の丸にある通称「高屋敷」と言われた建物。戦国時代は出田《いでた》氏の居城…参考『日本城郭大系18』）とし、隠居客分の家禄を、七人扶持、合力米一八石と定めて支給した（参考「細川藩・奉書」）。

※細川藩仕官への通説の間違い

これまで老いの食い扶持などで、武蔵が小倉の養子・伊織や藩主・小笠原忠真に気兼ねしたとか、あるいは仕官を志しながら成就しなかった傷心の年老いた武蔵が、安住の地・終焉《しゅうえん》の地を求める為に、細川忠利の厚情篤《あつ》い知遇に縋《すが》って一人肥後熊本へやって来た、と論者らは屢述《るじゅつ》する。吉川英治も『随筆　宮本武蔵』で、「小倉などでは得られなかった安らかな生活が、忠利によって叶えられた」などと、同じように強調している。だが肥後熊本の藩主・細川忠利が、一介の浪人とはいえ小倉藩家老の養父・宮本武蔵を、細川藩の情報漏洩も考えられるのに、どうして取り立て、しかもその老後の世話を引き受けたのかということに、大いなる疑問を投げたところである。

つまり親子が二君に仕えるといったそんな勝手な振る舞いなどは、許されるのか。さらに忠利の足元にも及ばないと評された忠真や伊織は、腹の虫も収まらないだろうし、小倉を捨てた武蔵の死後、あの立派な小倉の武蔵顕彰碑なども建たない、と考える。また「武士の法」で主君への忠義・忠誠心を説く武蔵は、親子が二君に仕えることなどを認め許しているのだろうか。これだけでも、論者らの解釈は間違っている。

史実にも、忠利の健康状態が芳《かんば》しくなく、しかも熊本には「分藩」という争いにまで発展しかねない重大な動きがあることを思えば、義兄・忠真の陰ながらの支えや協力もあるだろうし、まして九州の安泰を忠真は強く願っているのだ。であれば、忠真による、その牽制や解決に武蔵を熊本へ特派することも現実味を帯びてくる。

そうした関係や動きなどを無視した観念的で主観的な解釈だけを押し通そうとしている論者らには、よけいに歴史を歪《ゆが》めていると言っても過言ではない。

尚、『お伽衆　宮本武蔵』も巻末で、「…このように（種々角度を変えて自分なりに）見てくると、一般的な武蔵のイメージ——傲岸不遜な素浪人・武蔵は浪々の末に食い扶持を求めて熊本にやって来た——とは随分違うように思われるが、いかがだろうか」と問題提起だけをしている。これも右記＊欄の『武蔵・伊織と小原玄昌について』と同様、武蔵が安住の地を求めて熊本へやって来たことを否定するものの、けだし双方とも、その理由が判らないといったツメの甘さも感じられようか……。

肥後での忠利と武蔵

武蔵が細川藩、その養子・伊織が小笠原藩と、親子がそれぞれ別々の大名に仕えることなど、藩の機密情報などが筒抜けとなってしまうことから、それは、当時でもやってはならない任官行為である。

しかし忠利は、そういった禁止行為に構うことなく、（小笠原忠真と取り決めた筋書きの通り）隠居客分にも拘らず、城内・千葉城址の屋敷を武蔵に与えた。

さらに忠利は、事あるごとに武蔵を側に置き、また忠利も武蔵邸を訪れるなど「剣豪・宮本武蔵ここに在り」と、家中はもとより藩内の誰にも判るように、その二人の親密さを強く印象付けていったのである。

＊『**図説　宮本武蔵の実像**』**…忠利が武蔵を重用した内容**（箇条書）

イ．常人を超えた域に達している武蔵の武術や書画、茶の湯、謡、連歌、能といった芸術諸般に亘る内容、さらには政道なども話し合った。

ロ．足利道鑑（一三代足利義輝の御落胤《ごらくいん》、百人扶持）とともに新築した山鹿の御茶屋（腫れ物に効く湯治《とうじ》場）へ招待した。

ハ．年頭の祝いに、熊本城本丸御殿の奥書院へ招いて饗応した（尚、『綿考輯録』では、このハ．の項だけの記述があり、それも「神免武蔵　剣術者也」と、後先、初めて細川家の史書に武蔵の名が記された）。

ニ．藩書にすべく「二刀一流」と称する兵法の秘伝書の作成を命じた。

＊『**新免武蔵論**』（**肥後藩士・荻昌国の書。引用『お伽衆　宮本武蔵』**）

武蔵こそは並みの芸能の士にてはこれなく、当時第一等の聡明にて、しかれば忠利公その器量を重んじなされ、内にご政道の相談相手にも召し置かれ、（また武蔵邸へも）度々お召しあり、なかなかご友情親密の風に推察仕り候。

その上、武蔵の兵法は、藩主・忠利を感服させたこともあって、開いた武蔵道場には、門下生が千余人にも達するほどに、一大勢力を為した次第である。

＊『武公伝』（引用『決定版宮本武蔵全書』）

太守（藩主）初め、長岡式部寄之、沢村宇右衛門友好その外、御家中、御側、外様及び陪臣、軽士に至り千余人。

＊『宮本玄信伝』（引用『宮本玄信伝史料集成』）

寛永一七年（一六四〇年）、細川侯（忠利）、玄信を肥後に迎え客の礼を以てす。玄信、曽て因る所有るを以て住みて留まること七年、肥後侯、亦その術を学び大いにその達妙なるを感ず。塩田浜之助なる者棍棒捕手之れ名有りて玄信と試験してその術を捨て、門弟となるに至れり。その技を学ぶ者、殆《ほと》んど千人余と云う。

忠興の胸中

一方、老いぼれだが剣豪だと言われているあの宮本武蔵が熊本へ流れ来て、書状に言うよう「戦い方」や「国の治め方」などを教えたいと大言を吐いては忠利の世話になったという話など、情報通の忠興には即座に聞こえていた。

その武蔵が何ゆえに熊本へ来たのかといったことについて、忠興は、一六四〇年七月一六日から八代へ帰国し寛《くつろ》いでいたが、しかし次のようにいろいろ詮索《せんさく》した。

イ．自分は、これまで信長様、秀吉様、家康様に臣従し、五〇回も激戦を経験してきた。それが高々三、四回ほど戦場に出た経験しかなく、それも雑兵如き働きぐらいの分際の武蔵に、一体何が判るというのか。そんな奴輩《やっぱら》が、大軍を動かす大将の采配とかいう「大の兵法」の理論なんぞ根無し草であり砂上の楼閣であろう。また為政の経験もない人間に、治国平天下の手法などが判るものか。何事も「言うは易し、されど行うは難《かた》し」である。

そは何となれば、困難に直面し艱難《かんなん》辛苦を味わった者には、何事においても能く考えるから、物事をベラベラと口任せに喋らないものなのだ。したがって経験も実績もない武蔵の話など、何の役にも立つまい。

こんな武蔵を、合力米一八石と少ないものの、けだし立派な千葉城址の屋敷を宛がうなど、忠利が何で客分にし、しかも手厚い待遇をしたのか、が判らない……。

ロ．しかし武蔵は、親藩・小笠原忠真の家老・伊織の養父だ。そんな武蔵が小倉を捨てて熊本へやって来た理由は、一体何なのか。小倉では、何か気まずいことでもあって熊本へ流れて来たのか。だが小倉でいざこざがあったそんな話は、何も聞いていない。

また武蔵は、武名を誇示する為の小倉藩・剣術指南役にもなっていないし道場すらも開いていないので、何処で何をしているのか、誰もその正体を知らないのだ。

すると、これはもしかして自分の八代分藩の計略などを、何とか妨害せんとする為に、忠利は、老いぼれで名ばかりとはいえ、身軽で暗躍もしている(?)外部の者、それも徒《ただ》ならぬ義兄・忠真の息の掛かった客分・武蔵を引き入れてきたのではないか、と穿《うが》った。

ハ．

加えて、近時、気になることもある。それは、忠利が将軍・家光に参勤交代制の改革を具申したり家光の鷹狩に同行するなど、強権の家光と忠利(妻は前将軍・秀忠の養女で小笠原忠真の妹)が頓《とみ》に親しい間柄になってきていると耳にする。そうであれば、それは自分の計略を進めていく上での障害になってこようか。

もし藩に内紛でもあれば、家光のことだ。前藩主・加藤忠広は証拠もなく謀叛の疑いで改易されたから、細川藩といえども二の舞になることだってある。

あるいは忠利の直訴で、内紛を起したという自分だけに鉄槌《てっつい》を下すのか……。

＊『お伽衆　宮本武蔵』…家光と仲の良いのが忠利

『遊びをする将軍　踊る大名』（著者山本博文）によれば、徳川家光は、プロの能よりも大名が舞う素人芸のほうを好んだという。…側近たちにも楽しみのために踊りをいろいろと命じ、（幕閣で）兵法指南役の柳生但馬守宗矩には踊りの振り付けまで命じている。宗矩は「なんとも罷《まか》りならず、兵法の弟子たちへ頼んでみましょう」と返答したところ、「もっともである。越中（細川忠利）に頼んでみなさい」という家光の言葉で忠利の（手解きで）踊ることになったという。

以上のような種々の状況を判断した忠興としては、何か悪しき予感が先立ったのである。よって立孝らに八代を与えるといった忠興の計略は、当面様子を見ることにした。

このように正体も判らない武蔵が肥後へ来たことで、細川忠興も変な動きができなかったのである。もし仮に忠興が、隠居といえども実父としての力でもって、幕府内で重みが増し信頼も高じてきている藩主・忠利に背き八代を分藩させるといった藩を割るような動きをすれば、それは当然のことながら親子対立や内乱に発展するであろう。

然らば、そうした忠興の動きは、未然に武蔵から親藩・小笠原家（ひいては幕府）へ、逐一、報じられていくことぐらいは、忠興も予覚した為に静観したのであった。

忠興と忠利の和解

忠利としては、これまで幕府・老中はもとより小倉の忠真とも連絡を取り合いながら、忠興が納得するように、断片的だが忠利案を遠回しに提示し説得を続けていた。しかし頑固な忠興からは確かな返事も、また催促もなかったのである。

そこで武蔵は、忠利に「今直ぐにでも、八代で寛《くつろ》いでおられます三斎様（忠興）にお会いになられ、殿様の案でもって一刻も早く決着を図るべきです」、と強く進言した。

この武蔵の進言で意を決した忠利は、一六四〇年九月二七日（と本書は左記＊欄『綿考輯録』から推定）、八代へ赴き、忠興に対して、

「（分藩を引き起こしかねない治外法権的な）隠居制度は、父君・三斎様限りで廃止し、その後の立孝については、忠利家臣・八代城代三万石として、また興孝もその立孝を補佐する役として処遇致したい」

旨の提案を最終的に行ったのである。忠興にすれば、自分の死後、立孝が八代城代の身分

で、また興孝も立孝を補佐する役で、彼ら兄弟が「冷遇されず」に処遇されるなら「異存はない」として、この提案に応じ、よって二人は目出度く和解した。

＊『細川幽斎・忠興のすべて』…忠興と忠利の和解

忠利は、幕府の意向（隠居制度の廃止）を取り付けながら、（但し）隠居を忠興「一代」に限定し、四男・立孝には隠居家督を家臣知行として受け継がせることにした。忠興は、この忠利の方針に満足し、ここに忠興に八代城を拠点に「八代分領」を支藩化することさえ意識させた隠居体制は、忠興「一代」で解体され、四男・立孝はあくまで藩主・忠利の下で家臣として編成されていくことになった。

＊『綿考輯録』…忠興、八代で忠利を持て成す

九月二七日、寛々御座候、三斎君（忠興）御亭主ぶり（御饗応）、浅からず候。…御気色も一段と良く候。

こうして対処を誤れば大変な事態に発展すると予見された忠興の不穏な動きも、忠利の最終提案の提示によって、両者が和解し何事もなく一挙に円満に解決されたのである。

尚、老中に対しては、忠利から江戸へ使者を遣わし、忠興が承諾を願い出た一六三九年四月一七日付の二項目については、取り下げを申し出ることとした。

然るに忠利は、これも武蔵が熊本へやって来て自分の相談に乗ってくれたお陰だと秘して武蔵に感謝するとともに、少し時間を置いた同年一二月五日、忠利は武蔵への家禄を、以降、米三百石にすることと取り決め、武蔵を厚遇した（参考「細川藩・奉書」『細川三代』。尚、『宮本武蔵の歴史像』では、米三百石は知行七五〇石に相当する、と記す）。

忠真も一安心

小笠原忠真は、忠興と藩主・忠利が話し合って和解した旨の吉報を聞き及んだ。これで細川藩の取り潰しはもとより、親子対立による抗争、内乱、さらには最悪の九州全域での動乱、戦場化もなくなったことに、「やれやれ……」と、安堵の胸を撫《な》で下ろした。

思い起こせば、当初、忠真は、細川藩を守り九州を安定させねばと考え、よって高齢だったが、無理矢理に武蔵を熊本へ行かせたのだ。そしてこの武蔵の熊本での存在感が、忠興の動きを牽制し、また忠利の相談相手になるなど効を奏したことから、大事に至らなかったのである。

言い換えれば、武蔵が細川藩を救い、かつ九州の動乱化も未然に防いだ、と忠真は、ほくそ笑み相好《そうこう》を崩したのであった。

※光尚の分藩への配慮

分藩について、後に忠利の家督を継いだ光尚は、これまでの経緯や祖父・忠興の立孝への思い、父・忠利の已むを得ない処置などを考慮して、一六四四年、早死した立孝（三万石）の遺児・行孝の処遇を幕府と協議した。

光尚の熱意に、幕府は、島津封じの為に肥後・宇土三万石を細川の分家藩として新たに藩を作った上で、一六四六年、行孝をその初代藩主に命じたのである。

片や武蔵は、そんな秘めた熊本での役割などを噯気《おくび》にも出さず、皆の前では柳生新陰流の免許皆伝を拝受している忠利と武芸論を戦わせ、またこれまで検証した各地の合戦のそれぞれの戦略・戦術論も披露した。さらに武蔵は連歌、俳句、茶などにも親しむとともに、（今で言う国宝級の）書画なども描いた。

その上、道場では、武蔵は木刀二本を持って、門下生一人一人に丁寧に武技を教導、指導し多くの師範クラスを育成した。

この一六四一年頃の兵法を、武蔵は、『兵法三十五箇条』として纏めた。

そうした中で、都甲太兵衛《とごうたへい》の若き才能を見出したり、書き上げた兵法書『兵法三十五箇条』を、一六四一年の初春頃、忠利に献呈した。尚、この兵法書は武蔵が急いで纏めたものなのか、その末尾には「ご不審な処がございますれば、口上にてご説明致したい」旨を記載した（参考『決定版宮本武蔵全書』）。

かようにして、武蔵は陰に陽になって体調も芳《かんば》しくない忠利を気遣い支えたのであった。

忠利の死

ところが忠利五六歳は皆に心配をかけないようにと、湯治場《とうじ》へ行くなどして病を隠し元気に振舞っていた。だが三月になると、下血が続き、また手も萎《な》えたのである（参考『細川三代』）。

＊『江戸城の宮廷政治―熊本藩細川忠興・忠利父子の往復書状』…三月九日、忠利から江戸にいる嫡男・光尚への（大乱筆の）書状

右の手首から腕にかけて手が萎えているだけだ。死ぬことはあるまい。安心せよ。

＊『江戸城の宮廷政治―熊本藩細川忠興・忠利父子の往復書状』…三月一四日、忠利危篤に接した忠興の悲痛な叫びが伝わってくる光尚宛の書状

忠利の病気、ずっと私に隠して、良い良いとばかり言っていたので、そうかと思っていたところ、今日一四日、急に危篤《きとく》だと知らされ、驚いて八代を三時半ごろに出、熊本へ夜の一〇時に着き、忠利の様子を見たところ、もうだめで、私のこともわからず、目も開かない様子だった。ああ……、とにかく酒井殿や柳生殿に相談してお暇をもらい、急いで帰国して来てくれ。私は混乱していて、なにがなんだかわからない。恐恐。

その状態も束の間、三月一七日、忠利は突然に亡くなってしまったのだ。この忠利の死を聞く将軍・家光は、「越中（忠利）、早く果て候」と嘆き、即座に弔問の上使を熊本へ派遣した（参考『江戸城の宮廷政治―熊本藩細川忠興・忠利父子の往復書状』）。

そして忠利は、藩内における争いごとなど未然に解決していたから、家督相続などは、五月五日、家光から老中を通じて嫡男・細川光尚に申し渡されたのである（参考『細川三代』）。また若き藩主・光尚の武蔵への対応についても、忠利から光尚へちゃんと引き継ぎがあったからか、これまでと同様、武蔵を気遣い賓客として手厚く持て成すのであった。

武蔵の光尚サポート

しかしながら忠利の死で、落胆する武蔵は、その気持ちを紛《まぎ》らわす為か、中国・白楽天の「長恨歌」を準《なぞら》えては誦したり（参考『お伽衆　宮本武蔵』）、また連歌、茶、書画、細工などにも努めて平居閑静に日月を過了した（参考『二天記』）。

＊『宮本武蔵』（宮本武蔵遺蹟顕彰会）

実に忠利公を頼み奉りて大いにその技量を試むと思ひしに、ここに至り盲人の杖にはなれたるが如く、且つ己が歳さへ、やうやう積もりければ、これより後は剣道指南の外は、一向に世を捨てて、詩歌、茶、書画、細工等、つとめて閑静に日月を送れり。

武蔵六〇歳は、来年の忠利一周忌を済ませれば、熊本を辞して小倉へ帰ろうと考えた。だが小倉の忠真から、二三歳の若き光尚（忠真の甥）が細川藩をうまく纏めていけるかどうか、当分の間、見届けて欲しい、といった忠真の要請があったのである。

阿部一族叛逆への対処

さて忠利一周忌の法要の時、細川藩を揺るがす阿部一族の大事件が起った。

それは、忠利が没する前に、これまで抜擢してきた阿部弥一右衛門（家禄…千百石）には、光尚への奉公を命じ殉死を禁じていた。しかしこの話を知らない周りが、「忠利公の大恩に報い、殉死しないのか？」と阿部一族を責め立てたのである。

そこで已むに止まれず、弥一右衛門は追い腹し果てた。だが弥一右衛門の死は勝手な自害だと見なされ、よって殉死一八人と区別され、その家禄も、細川家で活躍している遺児全員へ一律に分けられてしまったのだ。こんな藩の命令で、一族郎党を統率できなくなった嫡子・阿部権兵衛は、向陽院で執り行われた一六四二年の忠利一周忌の法要の最中、焼香した後、悔しさのあまり髻《もとどり》を切ってそれを霊前に供えたわけである。

この話を江戸で聞いた藩主・光尚は、不敵なことを敢えてした御上も恐れぬ所業として、取り押さえられている権兵衛に「縛り首」を命じた。

一方、阿部一族では、忠利公の命を遵守した一連の状況だけに、何とか権兵衛の切腹処分を望んでいた。だが縛り首となれば罪人であり、そうした罪人一族には、皆の将来もないと判断、それ故に一族全員がこの処分に反発して立て籠《こも》ったのである。

これを叛逆と見た光尚は、その立て籠った屋敷へ討手を差し向け一族を攻め滅ぼしたのであった（参考『阿部一族』『綿考輯録』）。

当然、若き藩主・細川光尚にすれば、間違って事を荒立ててしまうと、そんな不祥事が、九州の目付役である小倉藩・小笠原忠真へ聞こえてしまうのだ。

そこで光尚家臣らは、藩としての対処法などを事前に武蔵に尋ねた。客分の武蔵は義や情といったことも考慮しなければならないが、藩体制を守り維持していく為には、何ごとも忠誠心を重んじるなど君臣の契りといった理「武士の法」に基づき、少々荒っぽい面もあるが、右記のような対処を光尚家臣に示唆《しさ》したのではなかろうか……。

※殉死の禁止…『宮本武蔵　50の真説!!』など

殉死は悲劇も多く、一六六三年、四代将軍・家綱が武家諸法度を改定し「殉死の禁止」を厳命した。しかしこの禁止令が出された五年後、宇都宮の奥平家で殉死者を出したことから、藩主・奥平昌能は山形へ配転かつ減封されたことによって、ようやく殉死に対する考えや風潮が変わり殉死がなくなったという。

『五輪書』作成への着手

忠利のあまりにも早い突然の死は、武蔵を動揺させたし、心に残るものがあった。それは忠利が亡くなる直前に、武蔵は『兵法三十五箇条』を忠利に献呈したが、その内容は、兵法の見立てや心持ちに至るまでの概要的な話であり、兵法論としては舌足らずな箇所も多々あったのだ。

よってその書の最後に、「ご不審なところがございますれば、口上にてご説明致したい」と追記したが、武蔵には言い尽せぬ何気ない不満が残ったわけである。

かような己に対する気になった点があったことから、武蔵は、やはり理路整然と、正確に完璧に我が兵法書を書き上げておかねばならない……、との思いが高じてきた。

この頃の兵法を、武蔵は『五法之太刀道』として、一六四二年前後に纏めた。

一六四三年、忠利の三回忌を一つの区切りとした武蔵六二歳は、日本の武士の誰もが拠《よ》り所とする、つまり兵術の妙を心得た絶対に負けない武士のあるべき姿を究めた畢生《ひっせい》の兵法書『五輪書』を完成させておく必要がある、と意を固めた。

※五輪書の意

仏法に言う五輪とは、「地」…基礎固め、「水」…応用、「火」…変化と工夫、戦い、「風」…他の流儀とか世間、「空」…自在の精神とか境地を意味している。そしてこれら五輪は、人間を構成する要素でもあるところから、供養塔とか墓塔として、下から、方形（地）、球形（水）、三角形（火）、半球形（風）、如意宝珠形（空）の石造物を積み上げ模《かたど》ったものが、いわゆる五輪塔である（参考『芸術家　宮本武蔵』など）。

武蔵は、自らの兵法をこの仏法の教えに基づき、「地之巻」…兵法道の基本、あらまし、「水之巻」…心の持ち方や構えなどの鍛錬、「火之巻」…勝負や戦い方について、「風之巻」…他流について、「空之巻」…自然で自在なる究極の兵法などについて、として五つの巻物とした（参考『五輪書』）。尚、『五輪書』は米国で有名になって、日本へ紹介された（いわゆる逆輸入）とも言われている。

そこで武蔵は、右記『五法之太刀道』を書の序としながら、あれこれと構想を練った。

真剣勝負とは、妥協もない巌《いわお》の気持ちで立ち向かう心の持ちようが大事であって、百戦百勝の如くに、勝ち続けていかねばならないことは言うまでもない。

それには、ひたすら鍛錬を重ね、「勝ちたい、勝たねば！」といった邪念、邪心を払拭《ふっしょく》した「無の心」状態を醸成し、かつ種々の「間」（いわゆる「頃合い」「タイミング」）を見究め、「先《せん》」（いわゆる相手の次の手を読んで、その先回りをする迅速な動き）なども見定めながら「平常心」を保って、相手が「参った！」と言うよう相手の戦闘意欲を挫《くじ》いていくわけである。

これが「闘わずして勝つ」為の兵法の極意「兵法は、至極して勝つにはあらず」であって、その全てに通じていくものが「万理一空」であり、その頂点が「武士の法」なのである。

こうした構想が固まり纏まってきたことから、武蔵は千葉城址の屋敷を出て、熊本の西北の方角であるが有明海に面した金峰山に通称「岩戸観音」と呼ばれる場所があり、その裏側の絶壁にある厳粛な霊巌洞に入って一人籠《こも》ったのである。そして『五輪書』の一巻目「地之巻」を広げ、静かに息を整えつつ、武蔵は筆を取った。

その時、武蔵は、ふと気付いた。それはこれまで『兵法三十五箇条』を含め複数の書物を書いてきたが（一六〇五年～四一年頃）、この際、心機一転、初心に戻った清らかな心で書き始めねばならない、またそれらを集大成していかなければならない、ということである。

さらに武蔵は、思いの強い生国や、入り交じって使っている通称の姓や名も、養父に鍛えられたことを追懐しながら名付けてくれた本名をも、感慨深く思い起したのだ。

そしてこれらの思いを筆に託してのその序文の数行とは、次の通り。

「わが兵法の道を二天一流と名づけ、数年（数十年？）にわたって鍛錬してきたことを、ここに初めて書物にあらわそうと思う。

ときは寛永二〇年（一六四三年）一〇月上旬、九州肥後の地の岩戸山に上り、天を拝し、観音をおがみ、仏前にむかう。生国播磨の武士、新免武蔵守、藤原の玄信。年を重ねて六〇歳」

※「武蔵守」「藤原」「六〇歳」について

イ.「武蔵守」とは、天皇から賜る官職名であり、一五七〇年六月、権大納言・山科言継《ときつぐ》の配慮で、上泉信綱がその武技を時の正親町天皇の天覧に供したことから、上泉は天皇から、位階「従四位下」、官職「武蔵守」を賜ったのである（参考『御湯殿上日記』『大日本史料』）。しかし武蔵にはそういった記録は無い。

すると『五輪書』の原本を書写する人物が、武蔵に「守」を付加した可能性もある。だからそれを見た『武公伝』も「武蔵守」となっている。だが後述する『五輪書』の最後の行（奥付）には「新免武蔵」と自署しており、伊織が建立した「小倉碑文」や『二天記』も「守」はないので、この「守」のない記載が正しいと見る。

ロ.武蔵は、ここで「藤原」と名乗ったのだ。それは世話になった竹山城・新免家が、藤原鎌足の系列なのだと識者はいう。一方、養子の伊織は、先祖赤松は「源」であり、泊神社の棟札にも「源」と名乗っている。すればお互い、先祖に敬意を払いつつ自ら社会的な地位付けの為の由緒ある箔付けを行ったのではないか、と考える。

但し伊織も、一度は藤原を名乗ったことがある。それは武蔵が亡くなった翌年に、伊織が播州・米堕村にある神宮寺（参照「図4」）へ奉納した鰐口《わにぐち》の裏面に「宮本伊織藤原朝臣貞次敬白」と刻字した（参考『宮本玄信伝史料集成』）。

これは後述もするが、生前の武蔵が非常に気にしていた「仏神への領域に近付いたことに対するご報告と御礼を申し上げる」といったことを、伊織が武蔵に成り代って武蔵（藤原氏）の遺いとして直ぐにその願いを叶えてあげた、と思念する。

ハ．「六〇歳」については、武蔵六二歳が単に意味なく丸めたものと慮る。

武蔵の最期

一六四四年一一月、その霊巌洞内で、武蔵六三歳は『五輪書』を仕上げている最中、身体に変調をきたしてきたのだ。このことに気付いた細川藩の長岡寄之（一六一七〜六六年。忠興と側室の間にできた忠興第六子で長岡興長の養子となる）は、急いで武蔵を看病したのである。そしてこの旨を小倉の家老・宮本伊織に書状した。

この書状を受け取って驚いた伊織は、武蔵の状態を急ぎ藩主・小笠原忠真へ報告するとともに、その一一月一五日、武蔵の看病について、篤く礼を述べる返書を長岡寄之に認めた。

＊『お伽衆　宮本武蔵』…長岡寄之宛の伊織一一月一五日付の返書

未だお会いしたこともございませんが、一筆啓上いたします。さて同名（宮本）武蔵の病気につきましては、養生（看病）のことにいろいろと御情けをかけていただき、ありがたさは申し上げようもございません。私はすぐにも出かけてお礼等も申し上げたく存じますが、やむを得ない事情で思うようにならず、本意に背き辛く思っております。武蔵（から）は、常々御懇意にしていただいていると聞いておりますので、よろしく養生の御指図など慮外ながら御頼み申し上げます。恐惶謹言。

※武蔵と伊織は情報交換していた…通説を覆す内容

ここで注目すべきは、右記＊欄の傍線部分である。伊織は武蔵と、やはり連絡し合っていたことを、さりげなく述べている。即ち、武蔵は黙って勝手に熊本へ行っていないのである。尚、『宮本武蔵』（宮本武蔵遺蹟顕彰会）にも次の様なことを記す。

「武蔵、熊本に行きて後も、小倉へは伊織あるを以て、時々参向し、中津（豊前）にも時々行きたり。ある時、小倉小笠原家の家臣島村十左衛門が宅にて饗応あり。種々物語などある中、……」

とはいえ、武蔵が病気だと聞いた養子・伊織にすれば、細川藩にあまり迷惑を掛けさせるわけにもいかないので、武蔵を世話するには、

イ．身内の者などを熊本へ遣わす
ロ．あるいは武蔵を小倉へ引き取る

のいずれかをしなければならないと考えた。だが藩主・忠真の意向とは、武蔵のことは全て細川藩に任せ、その連絡を密にしながら光尚新政権への不穏な動きがないかどうかも含め、留守中の国許《くにもと》・熊本の動向や対応を知る必要がある、とのことであった。

一一月一六日、長岡寄之は、武蔵が『五輪書』を書き上げようとして霊巌洞を動こうとしなかったが、説得の上、熊本の千葉城址の屋敷へ武蔵を連れて帰ったこと、また藩主・光尚公からも「しっかり養生するように」と仰せ付かっていること、などを書き入れた書状を、一一月一八日、伊織へ送った。

中でも興味深いのが、武蔵は通説にいう「近寄り難い鋭い目付き、冷徹さ、鬼気迫る異相」といった人ではなくて、「武蔵という人は何でも話せる気安い心安い人物」なのだ、と寄之は明記した。

＊『お伽衆　宮本武蔵』…長岡寄之から伊織への書状

…一昨日（一一月一六日、武蔵は霊巌洞から）熊本へ出てこられました。そこで養生（看病）はさらに御世話をいたし、油断のないように指図いたしますし、肥後（藩主・光尚）もねんごろに思い医者なども付け置かれていますので、ご安心ください。御加減も変わりなく、このところは変わったこともありません。貴方様も御見舞いいたしたくともままならないことは、ごもっとものことです。養生についてはしっかり御世話申し上げますので、御気づかいなく。私は武蔵殿が熊本へ参られた時から、特に心安く御話し申していますので、このような時こそ、いよいよ疎略にはいたしません。佐渡守（養父・長岡佐渡守興長）は申すまでもなく、それ以前からお付き合いがあり（巌流島の決闘やそれ以外にも?）、ひとしお他ならぬことと思い御世話しています。どうぞご安心ください。恐惶謹言。

尚、武蔵は死に直面しても気懸かりなことがあった。それは武蔵の弟子で岡部九左衛門と増田市之丞の行く末であった。見舞いに訪れた長岡寄之に対し、この二人を託したのである。寄之は、武蔵没後に両人を家士として召し抱え、武蔵の願いに応えたという（参考『図説　宮本武蔵の実像』）。

『五輪書』の完成と相伝、形見分け

こうした病に臥せっている中で武蔵は、一六四五年（正保二年）五月一二日、『五輪書』の五巻目「空之巻」の最後の行へ次のように手を入れるとともに、自分の名と相伝する弟子の名も書き入れた（いわゆる「奥付《おくづけ》」）。

「わが二天一流では、太刀の使い方に奥も初心もない。極意の構えなどもない。ただ正しい精神によって、兵法の徳を身につけるということが、最も肝心なのである。

正保二年五月一二日　　新免　武蔵

寺尾　孫丞　殿」

かようにして俊抜な武蔵は、機動性、合理性を追究した「心」「技」「体」が一体となった人智の及ばない境地（「無」「無の心」＝「万理一空」）を得るべく、武芸、諸芸にわたって論じた歴史に残る兵法書『五輪書』を書き上げた次第である。

さらに武蔵は、この時、自誓の書『独行道』（二十一箇条）も纏めた。

そして同日、武蔵は『五輪書』を含む「二天一流」に関わる著書を弟子たちに伝授（相伝）し、また持ち物も形見分けした。その伝授や形見分けの内容は、次の通り（但し、資料によっては種々異なるものもある)。

①長岡寄之には、自作の鞍《くら》を贈った。

②沢村友好には、刀「了戒」および大原直守の刀「伯耆安綱」を贈った。

③兄の寺尾孫之丞勝信には、『五輪書』およびその序文『五方之太刀道』と自戒の書『独行道』を相伝した。

④弟の寺尾求馬助信行には、『兵法三十五箇条』(『二天一流兵法書』ともいう)を相伝、また刀「上総介兼重」と鍔《つば》を贈った。

それから武蔵は、次の通り遺言を残した。

イ.「われ君侯二代(忠利、光尚?)に仕え、その恩寵《おんちょう》を蒙《こうむ》ること頗《すこぶ》るふかし。願はくば、死せむ後も、太守(藩主)が江戸表参勤の節には、御行列を地下にて拝し、御武運を護らんと思うふなれ。それ故にわが遺骸は街道の往還に向かって葬るべし」(参考『随筆　宮本武蔵』)

ロ.「甲冑《かっちゅう》を帯し六具を締めて入棺なり」[参考『二天記』、『武公伝』(引用『決定版宮本武蔵

全書』)〕

ハ．また「天仰実相円満兵法逝去不絶」(前掲「小倉碑文」)を詠じた。

武蔵の死

その一週間後の五月一九日(＝新暦六月一三日)、皆の願いも虚しく、剣豪、文豪、芸能・芸術家などと言われている武蔵六四歳が逝去した。

＊『宮本玄信伝』(引用『宮本玄信伝史料集成』)

正保二年乙酉五月一九日病にて千葉城の邸に没す、年六二(六四?)。肥後国飽田郡五丁手永弓削村に葬る。兵法天下一新免武蔵之墓と書す。

玄信死に臨み「天仰実相円満之兵法逝去不絶」の一三字(「小倉碑文」は「之」がなく一二字)大書して曰く、此れ吾が遺像なりと、玄信武術の名児童走卒も知らざるはなし、又書を善くし画に工みなり、皆天然の気象有り而してその妙その奇なる塵俗を脱出せり、敢て粉飾艶媚の画流にあらず、是を以て世に貴重せらる。

玄信曽て曰く、吾が家は小笠原家に遺し(手向山?)、吾が技は細川家に遺す(『五輪書』など？）と、その言の如くす。

武蔵の葬儀の一切を取り仕切ったのは、細川藩・家老の長岡監物是季《これすえ》（一五八六～一六五八年）である。監物は、武蔵の死去した日から細川歴代の霊廟である菩提寺・泰勝院で厳かな法要を執り行い、しかも墓所も作ったこと、また江戸にいる藩主・光尚公も法要には光尚公の名代を遣わすとともに、江戸品川の東海寺（？）にてご焼香されたことなどを、小倉の伊織に書状した。

この訃報や葬儀に対して、五月二七日、伊織は感謝し、また江戸の光尚公へもお礼を申し上げるべく、（元小笠原藩士で今は細川藩士となっている）岩間六兵衛の許へ飛脚を走らせる旨の書状を丁重に監物へ認めるとともに、くるみ一箱、鰹節二百本を進呈した。

そして伊織は、五月二九日、光尚公への感謝の書状を飛脚に持たせ江戸の岩間六兵衛の許へと走らせたのである。

＊『お伽衆　宮本武蔵』…監物への伊織五月二七日付け書状

一筆啓上いたします。去る二三日、私が（出先から）帰りましてすぐに御便りを拝見いたしました。さて、このたび同名武蔵が病気したことで、肥後守様（藩主・光尚公）から寺尾求馬助殿を付け置かれ、養生（看病）を仰せつけられましたが、定業（宿命）ゆえに（養生の）甲斐なく果てましてのち、葬儀、三日目の法事、ならびに墓所のことまで念入りに仰せつけられましたことは、誠にもって冥加の至りで、ありがたく存じております。武蔵の病中には、（藩主・光尚公から）御見舞いいただき、葬儀には野辺へ御名代を遣わされ、ならびに法事の節は御香典まで御気づかいいただき、そのうえ御焼香のため御寺（沢庵和尚が開山した江戸の品川・東海寺？）まで御出になられますとのこと、諸事御念を入れられ大変ありがたく存じております。御礼のため、まずは飛札《ひさつ》（江戸への飛脚による急ぎの手紙）を差し上げます。なお、これから貴方様の御意をお伺いいたしたいと存じます。

＊『お伽衆　宮本武蔵』…光尚公への伊織五月二九日付け書状

一筆啓上いたします。さて肥後守様（藩主・光尚公）には、宮本武蔵の病中は寺尾求馬助殿を付け置きになり、死後には、泰勝院（細川家の菩提寺）において大淵《だいえん》和尚様（一五八八〜一六五三年）を導師に葬儀・法事以下執り行っていただき、墓所（竜田町弓削の武蔵塚）のことまで結構に仰せつけいただき、冥加の至りでございます。私までも誠にありがたく存じております。このことを、恐れながら、江戸の岩間六兵衛（を通じて光尚公）まで書状をもって申し上げさせていただきました。慮外ながら、どうか貴方様からも（長岡寄之、長岡監物ら世話になった人らへ）然るべく申し上げていただきますようお願い申し上げます。

※細川歴代の霊廟である菩提寺・泰勝院での武蔵の法要について

武蔵の法要は、細川歴代の霊廟である菩提寺・泰勝院で大淵和尚が導師となるなど、それは藩主並みの荘厳なものであったと勘考する。

だが何ゆえに細川藩は、武蔵を客分としてではなく藩主並みの葬儀を執り行ったのだろうか？　それは、武蔵の細川家に対する貢献への答礼なのか、それとも小笠原家を意識し顧慮した社交的なものだったのか……。本書は、その両方を光尚が認識していたと見る。

さらに隠居しているとはいえ八代の忠興が、細川歴代の霊廟がある泰勝院で執り行う武蔵の法要を承知していたのだろうか？　光尚は、そうした細川家の種々儀典や武蔵の貢献など、忠利から教えられていた、と考える。したがって、武蔵の葬儀執行も、当然、祖父・忠興の承諾を得ていたと思慮する。とは言っても同年一二月、細川忠興は八三歳の生涯を閉じたのであった。

尚、忠興亡き後の八代城は、長岡興長が城代を務めた。

武蔵の没後（1）…武蔵関連内容

大往生を遂げた武蔵の墓など

武蔵の墓所は、龍田町弓削《ゆげ》の武蔵塚であるが、武蔵の墓と称するものはこれも含めて全国に五つ、また供養碑も四つあるという。それらを掲げると、次の通り（参考『宮本武蔵のすべて』など）。

イ．武蔵の墓所があると言われる所

・熊本市龍田町弓削…通称、東の武蔵塚と言われ、甲冑を着け六具を固めて入棺したという場所。『武公伝』（引用『宮本武蔵―日本人の道』）では、「後に長岡寄之が地の庄屋を召し出して、墓の掃除、懈怠《けたい》なく仕り候ようにと命じ、米五〇俵を与えた」旨を記す。
・熊本市龍田町にある細川家菩提寺「泰勝寺」墓地裏…春山和尚の墓に隣接して立ち並んでいる場所。
・熊本市島崎町にある寺尾家墓地内…通称、西の武蔵塚と言われるが、隣に女性の名の墓もある場所。
・北九州市小倉区にある手向山公園…武蔵の養子・伊織が建てた武蔵顕彰碑（武蔵碑）がある場所。
・岡山県大原町宮本天王山にある平田家墓地…伊織が泰勝寺から遺骨を掘り起こして、小倉の石碑の下に葬り、一部は寺尾家墓地に埋葬さらにその一部を分骨したのではないか（？）、と言われる場所。

ロ．武蔵の供養碑がある所
・名古屋市南区笠寺町にある笠覆寺の碑…一七四四年、武蔵百年忌の事業として、円明流伝来の師範・左右田武助とその門人らによって笠寺観音の東丘に建立されたもの。
・名古屋市昭和区広路町にある新豊寺の碑…一七九三年、武蔵百五〇年忌の事業として、円明流の師範・市川長之とその門人らによって建立されたもの。
・千葉市市川市行徳下新川の徳願寺にある地蔵尊…武蔵が江戸の風塵を避けて思索に耽った所であるとか、この地方で開墾に従事した所であるとか言われているが、詳しいことは解っていない。
・熊本市外岩殿山にある霊巌洞の碑…昭和一九年に武蔵会などが建立したもの。

武蔵を評価する書など

イ．『剣聖武蔵伝』における菊池寛の武蔵の評

武蔵は仏法も儒道も、孫呉（古代中国の『孫子』と『呉子』）等の兵書も、相当読んだのに違いないのであるが、『五輪書』の執筆に際して、一字一句たりとも、そうした古語を使っていないのは、実に日本人としての大見識である。悉《ことごと》く自分の所見と実感とを基礎として、その説明にさえ、先人の語を借用していないのである。古来稀有と云ってもよいのである。

ロ．『宮本武蔵』（宮本武蔵遺蹟顕彰会）における武蔵の評

一世の偉人二天一流の元祖たりし。…武蔵はただに剣客たりしに止まらず、兵法者たりしに止まらず、頗《すこぶ》る諸芸に多能なりし逸話の数々をも列挙し、鬼神を取りひしぐ如き剛勇の傍らに優々として、天地の美を我が物とせし風雅の想いありしことをも知らしめむとす。

武蔵の代表的な遺作「書画」など

イ．『随筆　宮本武蔵』における武蔵書画などへの評

近頃（昭和時代の初期）、俄然といっていい程に、彼の遺墨――殊にその絵が世人から注目されだした。「枯木鳴鵙図《こぼくめいげきず》」が国宝に指定されたのも、つい四、五年前の事である。美術評論家や鑑賞家の間にも遂に、彼の絵について論評や詮議がやかましくなったようである。

「それで武蔵は一体、誰に師事したのか。画系は何派にぞくするものか」

その作画の初期はいつ頃か。晩年はどう、水墨はどう、彩画はどうと、画人武蔵もいっぱし周文や啓書記や狩野の一流どころの人並みに、その作画の検討を受けるようになって来たが、武蔵その人にとっては、これは迷惑な心地がするであろうと思う。なぜならば、遺墨を通して、そういう詮索を誰がしてみたところで、元来画人でない彼のそうした半面の事は、殆んど、模糊《もこ》としていて、何の確証は得られず、ただ観る者の観点から我説まちまちとなるのみだからである。

生涯、彼が心を潜《ひそ》ませた禅の方向に於いてすら、誰の門を叩いたか、誰と道契があったか、彼と禅家との交渉さえ、一字一行の文献さえ見い出されない。いや、画系や禅家との交渉はおろかその本道とする剣道に於いてすら、

「われに師なし」

と、云っている。その通りかも知れない。『五輪書』の序文の一節、

「兵法の理にまかせて、諸芸諸能の道となせば、万事に於いてわれに師なし」の流儀で、他の余技、書道も茶も放鷹も蹴鞠も彫刻も、やったものと思われる。だから彼の画はどこまで、彼の知性を単に紙墨と点じてみた迄の即興であり余技であって、美術批評的な見方や詮索はすさまじきものとも考えられる。

ロ．『随筆　宮本武蔵』における武蔵書画に多い贋作《がんさく》の理由

即ち、明治・大正の世の話であるが、武蔵の円明二刀流を継いだ野田家で、見た人の言うことには、元結で束ねられた未完成や書き損じの武蔵の画稿（反古《ほご》）が長持の中に一杯詰まっていた、と。しかし放蕩《ほうとう》息子が、書画商の言う通りそれらに筆で書き足したり偽印を作り捺したりして一応完成させては、その書画商に売り払って放蕩費に当てたというのが、当時をよく知る人の話だ。その話は、満更嘘とは思われないから、これだけでも本物の多くが贋作にされた理由なのだ（それ故に、吉川英治は、「余計なことをしてくれたものだ」と大いに嘆いた所以である）。

武蔵の門弟と言われる人たち

武蔵は、諸国などを修行する中で、次のように多くの門弟を育てたのだという（参考『今こそ宮本武蔵』など）。

①寺尾孫之丞勝信（細川藩士）…『五輪書』の相伝。
②寺尾求馬助信行（細川藩士）…「兵法三十五箇条」の相伝。
③古橋惣左衛門良政（細川藩士）…「十智」の伝を形見とし、江戸で武蔵流を伝えた。
④石川左京清宣（姫路本多藩士）…江戸で、不動剣・金剛剣を加えた武蔵流を伝えた。
⑤青木与右衛門（讃州高松の松平政綱の家人）…武蔵流を伝えた。
⑥落合忠右衛門（紀州浅野長晟の藩士）…「兵道鏡」の相伝、円明流を伝えた。
⑦竹村与右衛門（尾張藩士）…円明流を伝えた。
⑧彦坂八兵衛（尾張藩士）…円明流を伝えた。
⑨青木条（城）右衛門…二刀での鉄人突手流を創始したが、それを円明流と称した。
⑩林市郎右衛門資龍…尾張で円明流を伝えた。
⑪塩田浜之助（細川藩士）…武蔵流棒術を伝えた。
⑫松平出羽守直政（信州松本城主）
⑬小河権太夫重勝（黒田藩士）…妹が家老・立花家に嫁ぎ、その孫が丹治峯均である。
⑭波多野二郎左衛門…抜刀《いあい》の達人・丸目主水の弟子であったが、武蔵の教えを受け、武蔵流を広めた。

ところで、武蔵は小笠原藩で客分として世話になっていたわけであるが、しかし、その明石と小倉には、何故だか「道場がない」「弟子がいない」のも奇異なのだ。

それは、武蔵が明石では町割りや樹木屋敷築造、高僧や他の芸能人との接触、対応に多忙を極める一方、「隠密」活動にも勤しんでいたとか、小倉でも武者修行と称し全国の大名らの情報を収集する「隠密」活動に勤しみ立ち寄るぐらいだった、と考える。

伊織、印南郡米堕・神宮寺へ鰐口の奉納

武蔵没後の翌年、伊織は、生前の武蔵が次のように語っていたことを思い出した。

「己（武蔵）が鍛錬を重ねて、五〇歳頃に自ずと兵法の道の真髄である「無なる心」を会得したことは（前掲『五輪書』）、仏神の完全さという境地に近付いたと自覚する。すればこのことを仏神が鎮座する仏堂の正面軒下に吊す鰐口でもって、グァンゴンと勢いよく鳴らしてご報告し御礼を申し上げねばならない。そのご報告する仏神とは、生まれた時からいろいろ悪戯《いたずら》もしたが、己をずっと見守り、しかも己の成長の為に、

苦難を次から次へと与え続けてくれた生国の神宮寺である。よって神宮寺の仏神に、
ご報告し御礼を申し上げる為の鰐口を、心を込めて御奉納したい……」

伊織は、武蔵が叶えられなかったこのことを実現してあげたいと思い、加えて武蔵を供養するとともに我ら宮本家の武運長久、安全も願って、そこで「藤原」を名乗る武蔵の意を汲み武蔵の子である自分が武蔵の遺いとして、表面には「奉掛鰐口御宝前武運長久如意安全所……」、裏面に「…宮本伊織藤原朝臣貞次敬白」と刻字した鰐口を神宮寺へ奉納した。

伊織、加古川・泊神社および米田天神社の再建

武蔵没後八年目の一六五三年、伊織は、播州印南郡米堕に住む実兄・田原吉久から、「氏神である泊神社およびその分霊を祀る米田天神社がほとんど崩れ朽ちており、この際、兄弟四人で力を合わせて再建したい」旨の連絡を受けた。

快く賛同した伊織は、再建の無事を祈り、また小笠原家の家運栄久と武蔵ら先祖供養を願って、漢文による棟札を奉納した（その口語文は前掲「伊織の棟札」）。そしてそれぞれの社殿

が再建された時、伊織は能舞台、石燈籠、三十六歌仙額も献納したのである。

その泊神社には、伊織の再建記録が存するものの、それを証する棟札の所在が久しく判らなかった。また米田天神社の再建記録や棟札は、未だに不明（台風で滅失した？）。

然るに泊神社の「伊織の棟札」は、昭和三六年、本殿・屋根裏から見付かり、武蔵の生国などを解明する歴史的な大発見となったわけである。

伊織、小倉に、特別な武蔵碑「小倉碑文」を建立

泊神社再建の翌年の一六五四年、小倉の手向山に、伊織は、皆々が驚く武蔵の遺言文「天仰 実相 円満 兵法 逝去 不絶」を題字として、それを大きく彫った高さ約四．五ｍもの武蔵顕彰碑を建てた。さらにその題字の下には、武蔵を称える一、一〇〇字にも及ぶ武蔵サクセス・ストーリーの銘文を彫ったのである（その口語文は前掲「小倉碑文」）。

＊『宮本玄信伝史料集成』…武蔵顕彰碑建立の真実

手向山の麓にある宮本家墓地と武蔵碑（武蔵顕彰碑）との立地関係である。手向山の頂上に

建立された武蔵碑に対し、伊織以下の宮本家当主は手向山の麓に埋葬されている。もしも、武蔵碑が武蔵を顕彰するだけのものであるならば、伊織は施主として宮本家墓地に武蔵の墓を残したであろうし、宮本家にとって当然のことと思うのである。藩主・忠真にしても、ただ武蔵を顕彰するだけのために手向山を与えたとは考えられない。「宮本家由緒書」にあるように松苗を植えた薪山であり「飼馬畠」でもあったわけで、そこに武蔵の墓石（石塔）を建てることについて忠真は了解したのであって、伊織の小倉藩における功績を評価するにしても、巨大な顕彰碑の建立は遠慮しなければならないことと思うのである。

（武蔵兵法を武家の規範としたいこと、小次郎への慰謝の気持ちから、巌流島が見える所を選んだことなど、中略）…それは、藩主・忠真の意向でもあったと思われ、それ故に忠真が手塩にかけた法雲和尚に撰述させたのであり、伊織は謹んでお受けしたというのが真相ではなかろうか。伊織の謙虚な性格から考えるに、伊織の独断で銘文が撰述されたとは考えられないのである。

※武蔵顕彰碑（いわゆる「小倉碑文」）の建立は、忠真の指示と幕府の容認

然るに、この武蔵碑（武蔵顕彰碑）に対し大いなる疑問がある。それは小倉・小笠原藩に貢献した伊織の功績を称えての伊織の石碑なら、少なくとも納得する。

だがそれは、「巌流島の決闘」があったとしても、通説では、小倉を捨てて（?）熊本・細川藩で世話になった小倉にはあまり縁も所縁《ゆかり》もない、単に伊織の養父というだけで、しかも武蔵の小倉在住は、五一～五九歳の間の最長九年ぐらいであり、その間の小倉で活躍した史料もないような武蔵の石碑なのである。その上、その石碑は他を圧する我が国屈指の巨大なものであり、またその銘文は、武芸者はもとより為政者に対しても「国を治めるも、あに難しからずや」と言うよう、甚《はなは》だ物議を醸し出すような内容である（『五輪書』にも似た文言あり…左記＊欄『五輪書』）。

であれば、伊織は、いくら養父・武蔵に世話になったからといって、忠真ら為政者に喧嘩を吹っ掛け、尚かつ時代背景を鑑みると幕府も目を剥《む》くほどの巨大な碑を、勝手に建立することができようか。伊織が家老だといっても、藩主・忠真を重んずる性格などを考慮すれば、それは、否……と考える。

すると、この武蔵碑を建立するには、何か特別な事情があったに違いない。しかもそれは、藩主・忠真の強い意向と幕府の了承がなければ建てようもない。

尚、この辺りのことを唯一記述しているのが、右記＊欄の『宮本玄信伝史料集成』であるが、しかしながらその理由などは、定かでない。

これらのことから、本書は、伊織の「独断」で武蔵碑を建立したのではなく、武蔵の力量やこれまでの秘めた活躍を忠真が認め、その多大な功績を称えてあげたい深い配慮から、忠真が「武蔵の偉業を偲ぶ為に、武蔵のサクセス・ストーリーを刻石して武蔵を顕彰するように……」と伊織に命じて建立させた、と論結する（即ち「不朽を伝え後の人に見せしむ。嗚呼偉なる哉」）。

では、武蔵の多大な功績とは、どのようなものなのか……。

それは、武蔵が明石での活躍はもとより、小笠原家当主である小笠原長次を教育したこと、有馬藩を結束させたこと、細川藩の分藩危機を救ったことなどは、本書でも述べた。だが、それ以外は史料もないので判らない。しかし忠真としては、九州の小笠原家の身内が力を付け纏まり結束し、その上、大名らの動向情報を収集し対処していけば、兵変の恐れもある九州は鎮静していくわけであり、それは取りも直さず、徳川の安泰に繋がっていく、と自覚する。

だから忠真は、武蔵から送られてくる九州（さらには日本）の大名らの不穏な動きなどを内報するシークレットな情報に注視した。そして忠真は、これらを「武蔵情報」（徳川忠長の件もあったと見る）として幕府に報せ、幕府もかような情報を大いに活用して迅速に対処、対応したことから（前掲「徳川幕府草創期の主な動きなどについて」）、それは幕藩体制の早期確立や政権安定に尽きせぬ貢献をしたと考える。

したがって、武蔵の情報を、忠真はもとより将軍・家光も大いに評価したことで、結果、それは幕府も容認した小倉の武蔵碑の建立へと繋がっていったわけである。

ところでかような武蔵顕彰碑の建立理由について、あまりにも単純な背景が、何故、これまで議論されてこなかったのか。このことが真に不思議な話ではないか……。

尚、補足として、その碑の銘文は、前述の『宮本玄信伝史料集成』によれば、小笠原家の菩提寺である広寿山福聚寺（黄檗《おうばく》宗）の法雲和尚に撰述させたのだという。つまり『二天記』では、熊本の春山和尚の撰述となっているが、それは法雲和尚の間違いであると言い、この法雲和尚の立派な格調高い至言に満ちた撰述は他にもあって、忠真の墓碑名もそうだし、また一六五三年、朽ちてきた播州加古川・泊神社の再建に寄進したことを証する「伊織の棟札」の達文もそうだと断言する由である。

＊『五輪書』…幕府や藩が取り組むべき（簡単な？）方策

イ．立派な人物を部下に持ち、その部下の多くを上手に使い、我が身を正しく、国を治め、民を養えば、天下の秩序を保つことができる。

ロ．「将、卒を知る」とは、敵をみな自分の兵卒と考え、動かしたいように動かして、敵を自由に引き回すのである（こうすることで千人が万人に勝つという）。

武蔵の没後（2）…九州の安定化に尽力する小笠原忠真

さて、武蔵も細川藩の安定化に心を砕いたが、その武蔵の死後、また新たに細川藩の危機があったのだ。それは藩主・細川光尚の遺言「肥後の国は将軍に返上する」である。もしこの返上が行われた場合、折角、幕府が九州に打ち込んだ小笠原とその姻戚・細川、有馬という楔《くさび》が捥《も》げてしまうことから、九州が騒乱状態になる可能性だってある。

そこでこうした予見される危機的な事態を回避するべく、小笠原忠真と将軍・家光がとった現実的な対処や、その下工作をしたであろう武蔵の養子・伊織の話にも、触れておきたい。

細川藩の危機（その2）…細川光尚の遺言

運命とは、情け容赦もない。一六四九年（慶安二年）、藩政を担当してわずか八年ほどで、しかも三一歳の若さの肥後熊本藩主・細川光尚が早死にした。その光尚は、死ぬ間際に悩んだ。それは、側室との間に生まれた幼い我が子への相続である。当時、一六一七年の姫路、一六三二年の岡山なども然り、「重要な国は幼少の者に任せない」という幕府の不文律があったからである。

それが故に、残された光尚の嫡男・六丸《むつまる》（後の綱利。一六四三〜一七一四年）が七歳と幼く藩政も執れないので、よって光尚は遺言として「肥後の国は将軍に返上する」、と断腸の思いで幕府へ申し出たのだ。

そして光尚の葬儀は、江戸の品川・東海寺（泉岳寺という説もあり）で執り行われたのであった（参考『江戸城の宮廷政治―熊本藩細川忠興・忠利父子の往復書状』『綿考輯録』）。

尚、六丸とは、光尚の幼名を継承したが、この継承にあたっての名付け親は小笠原忠真で、六とは、細川藩に献身的な岩間六兵衛宅で生まれたからだという。

この光尚の突然の遺言を聞いた肥後熊本では、藩の存亡の危機だとして右往左往の大騒ぎになった。そこで細川藩としては、六丸への家督相続を願い出ることとし、それには小倉藩主・小笠原忠真五四歳の強力な後ろ楯を頼みながら、細川藩・長岡寄之が都甲太兵衛を従え、急ぎ江戸へ赴き幕府に陳情した。

忠真、六丸（細川綱利）の後見人

将軍・家光が江戸城で最初に六丸と出会ったのは、一六四五年である（『綿考輯録』）。この六丸の顔を思い浮かべる家光は、忠真や細川藩の要望とか陳情、さらには老中の意見も聞き、加えてこれまでの細川家代々による幕府への貢献度を評価しながら考慮した。

その結果、家光は、六丸元服（一六五三年頃）までの間、六丸の大伯父たる小笠原忠真と、その補佐に忠真の甥で阿波徳島二六万石・蜂須賀忠英（母は、忠真の実姉で家康養女として蜂須賀家へ嫁ぐ…参照「図3」）が、幼さもある六丸八歳を後見するということで、一六五〇年、「肥後のすべてを六丸に相続させる」と断を下して申し渡した。

尤《もっと》もその申し渡すにあたり、家光は、縁戚の大名と細川家の家老を召し出し、細川幽斎（藤孝）、忠興、忠利の徳川への奉公の様子を、段々と語りながらの上意であった（参考『江戸

城の宮廷政治─熊本藩細川忠興・忠利父子の往復書状』『徳川十五代史』）。

＊『細川家の情報戦略』…細川家代々の徳川への貢献度

秀吉の死後、細川藤孝は東軍に属し、慶長五年（一六〇〇年）、田辺城に籠城し、西軍の大軍を六〇日にわたって引き付けた。一方、藤孝の嫡男・忠興（三斎）は、家康と行動を共にし、九月一五日の関が原の戦いでは、一三六の首級をあげるなどの功名を立てた。

また忠興は、徳川家に忠誠を誓う証拠として、慶長五年正月、三男の「光《みつ》」（後の細川忠利）を人質として江戸に送っていた。関が原の戦いを控えた七月九日、忠興は、光に次のように指示している。

「秀忠様の御供をして出陣せよ。もし御供が許されなければ、夜をこめ二里も三里も付いて行って、秀忠様が休息するごとに陣を見舞うようにでもせよ。これは見舞っているのだから、咎められることはない。そのうち、その熱心さに負けて出陣が許可されるだろう。こちらに合流すれば、私の陣に呼んでやろう」

関が原の戦いは、細川家にとって大きな賭けだった。一五歳の光も、徳川家に対して忠義を表す手駒の一つだった。光は、徳川家に忠誠心を表すことこそが細川家の生き残り戦略であることを骨身にしみて感じたことだろう。光の行動は賞賛され、出陣こそ許されなかったが、「内記」の官命と秀忠の「忠」の一字を与えられ、それまでは長岡姓であったのを格別の厚意で本姓の「細川」を名乗ることも許された。戦いの後、細川家には豊前国が与えられ、藩主・細川忠興が小倉に新城を築いた。

＊『細川三代』…一六三五年七月二三日、家光御前にて、忠興が忠利、光尚に忠節を説く

家光が「三斎、将軍家に対し、重ねての忠節の段、忘れはせぬ」と仰せられると、（同席の忠利はもとより）末席の光尚に向って忠興は、「ただ今の上意承りたるを、よく小耳に留めてご奉公のところ、覚悟の上にも覚悟せよ」と。

明智一族郎党である細川忠利と春日局の関係を知る家光

ところで断を下す家光にとって、もう一つ忘れられない事情があったのである。それは、細川忠利と家光の乳母・春日局（一五七九〜一六四三年）の関係だ。

春日局とは、一六二九年、天皇より賜った名である。春日局の父は、斉藤利三といって、本能寺の変を引き起こした張本人・明智光秀の家老であり、本能寺の変直後に逆賊として討ち取られ、その首は京で晒《さら》されたという。

また光秀の息女・玉とは、細川忠興の妻であり忠利の母である。本能寺の変後、夫・忠興は光秀と関係がないことを証する為に玉と離縁したが、この時、玉はキリシタンに改宗し、ガラシャと名乗った。後に秀吉の勧めで二人は復縁した。尚、関が原の戦いの直前、留守を預かる玉は西軍から人質となるよう強要されたが、きっぱりと拒否した。だが自害はキリシタンの教えに背くことから、西軍と戦って討ち死にしたという。

こうした経緯《いきさつ》のある明智一族の一員として生き長らえている忠利（妻・千代姫は忠真の妹で信長と家康の曾孫にあたり、その心境は複雑⁉）と春日局は、そんな逆賊の一族を他人に語ることも許されない忌《い》まわしい過去を抱いていたのだ。

だから二人には、人一倍、親近感があり、忠利が肥後熊本を賜った時、春日局の喜びも一入《ひとしお》で、前述もしたが、その喜びの書状を忠利に送った由である。しかしながら一六四一年、忠利の死を聞く家光が「越中、早く果て候」と嘆いたように、春日局も、悲嘆の涙を流しては儚《はかな》い世を憂えた、と慮る。

かような両者の隠された関係を、子供の時から秘して聞き知る家光としては、今は亡き春日局への供養（七回忌の法要）も考えた末の仁恕《じんじょ》の断「細川家の家督相続を六丸に認めて細川家（および九州）を安泰させること」なのであった……。

忠真らが見守る細川藩

もし九州の中核・細川藩を取り潰したり、あるいは国替えするようなことがあれば、これまで築いてきた小笠原を軸とした確固たる楔《くさび》が壊れてしまい、そうなると九州が動乱化する恐れもある。

だが細川を思う忠真と幕府との下交渉に精を出した伊織が、結果として家光を動かし、またそうした予見される危機を未然に防いだことは、想像に難くない。

この家光の断に大喜びした細川藩の家臣らは、急ぎ帰国して皆に報告せねばと身支度を整えていることを聞いた伊織は、六丸殿が公方様を始め老中にもきちっと御礼の挨拶をすることが先決であるとして、軽率な家臣らの行動を窘《たしな》めたのであった。

そして忠真と伊織の二人は幕府の役人とともに後見業務を果す為に、後日（記録では一六五〇年、一六五一年の二回しかないが……）、領地が安堵され安泰となった肥後熊本・細川藩を訪れ藩政を見守った次第である（参考『小笠原忠真一代覚書　乾坤』）。

小笠原忠真という人物…武蔵を取り立てながら幕藩体制確立に貢献した名君

当時の九州は、大名らの勢威も強力で、何時、火を吹き連鎖暴発してもおかしくない不安定この上ない日本の火薬庫だとも言われていた。そんな九州を絶対に抑えねばならないと、播州明石から一族郎党を引き連れ、また姻戚の細川や有馬もいる九州へと、勇んで赴いて行ったのが「九州探題」・豊前小倉藩主に任じられた小笠原忠真であった。

然るに惨忍な「島原の乱」を体験した忠真は、領民も困窮するそのような動乱を二度と起させないと誓い、四方八方、津々浦々に至るまで、眼をやり心を配って九州の平穏、安定化に力を注いだのである。

取り分け細川藩では、二度にわたって、藩が熊本で存続するかどうかの瀬戸際に立つ危機的な事態が発生した。その一度目は、「細川忠興の分藩計略」であり、二度目は、「肥後熊本の返上遺言」である。いずれもその危機に直面したのが、実は忠真であり、その二度の危機を円満に解決して救ったのも、実質、忠真なのであった。そしてこの忠真を巧くサポートしたのが、一度目は武蔵で、二度目は伊織であった。

かようにして一触即発の可能性も孕《はら》んだ九州の混乱、動乱化を、九州探題としての忠真は未然に防いだのだ。それ故に忠真は常に思いやりのある対応を講じていたから、以降、忠真生存中は、島原の乱のような一揆とか暴動などが九州で勃発することもなかったわけである（参考『江戸時代年表』）。

だからと言って、歴史上で忠真が、九州の安定化ひいては幕府の安泰に尽力し貢献した人物だとは、残念ながら認識されていないのも実情であろう。

ところで小笠原忠真とは、信長、家康という日本の戦国時代を代表する二人の血脈を受け継いだ由緒ある類稀な人物なのである（参照「図3」）。

その忠真は、『太平記』などを愛読し（参考『小笠原忠真一代覚書　乾坤』）、しかも奢《おご》ることなく有能で極めて沈着冷静な名君であったと思念し、本書は、ここまで、明石、（史料も少ないが）小倉を治めた忠真の動き、考え、人柄など個々の話や事実を線描しながら、可能な限りその人となりを所述した。

特に忠真は、徳川幕府の一員・譜代大名だと認識し、武蔵を活用しての幕藩体制の保持、安定に資する役割を心得ていた。その上、忠真は家族・兄弟姉妹を含めた一族郎党や領民などを思いやり、かつ必死に彼らを守り通していった、文句の付けようのない慈《いつく》しみを施していった名君振りを、本書は随所で窺い知ったところである。

因みに「忠真の人柄など」については、左記＊欄の『講座　明石城史』『史話　明石城』にも明記されているので、参考にされたい。

＊『講座　明石城史』

小笠原忠真は、寛永九年（一六三二年）に九州小倉に転封となるが、家康に似たところがあり、しかも豪快な気性を備えた大男であったといわれている。小笠原家といえば、礼法・作法の教授を行った家柄で、有職故実、古典についての理解も深いものがあっただけに、忠真時代の（明石城）本丸御殿の襖絵や藩窯の朝霧焼（あるいは明石焼）の持つ意味を考えるとき、その背景に、この一族に流れた芸術的感性に思いをいたすことの必要性があるのではと考えることがある（明石で育てたという陶芸の火）。そのことを押さえておかないと、（長谷川等仁？の）襖絵や（戸田織部助？の）朝霧焼の持つ意味が半減してしまうのではないかと思うのである。

小笠原忠真という人物について研究する中で、その温かい人柄に心惹かれるものを感じている。父と兄・忠脩の戦死後、家督相続の問題が起こった際、幼いながらも兄の嫡子があったことから、その子を当主とし自らは後見人として補佐したいと願ったと言われている。その気持ちは変わらず、兄の子がようやく元服し長次と名乗り、将軍に目通りをさせたが、その時、長次に明石藩主の座を譲りたいと申し出たといわれている。ところが将軍秀忠はそれを許さず、長次を新たに龍野六万石の領主とし、同時に明石一〇万石はそのまま忠真に与え置いた。このことから、将軍秀忠は、忠真の優しい心にも報いるなど、小笠原家に対し特に厚い信頼を寄せていたことがわかる。ところが、同じ状況下にあった池田輝政の場合は、兄弟の子供たちを自分の家来の地位においていた。当時としては、ごく普通のことではあったが、同じ明石（播州？）に入った武将の間でもそんな差が見られた。人柄というのは、時代を超えたものだということをしみじみ感じさせてくれる。

寛永八年（一六三一年）一月には長次の結婚式があって、小笠原夫妻が明石新城から龍野に出向き祝宴に出席した。奥方はちょうど臨月だったようであるが、その龍野行きの間に、この明石新城の三ノ丸にあった御殿から出火、当時の記録は「残さず炎上」と記している。大火だったようで、炎は本丸の多聞櫓にも移ったという。多聞櫓は火薬庫や鉄砲等の武器庫にもなっており、その火薬に引火して大爆発を起こし火の粉が家中の侍屋敷にも飛んだと記録にある。明石新城は、築城して間もなくそんな不幸にも見舞われたが、そんな中で忠真の子供が龍野で誕生している。そして忠真はその年の三月からまたこの新城の修築に着手しなければならなかった。

その工事の完成間近の寛永九年（一六三二年）に、彼は九州小倉に転封されている。この転封には左遷ではないかなど、いろんな説があるが、そうではなく、将軍の厚い信頼のもと九州探題として派遣されたものであり、小笠原一族が北九州の福岡（小倉？）から大分あたりに固まって配置されている。加藤清正の亡後（？）、細川氏が小倉から熊本に移って、その後に入って九州全島を監視する役割を担っていたと思われる。播磨地方中心に西国諸大名に睨みをきかせた西国探題として、本多一族が配置されていたように、小笠原氏は九州を押さえる九州探題としての任を担っていたことがわかる。このように、忠真という人は、軍事・政治の面においても優れた力量を備え持つなかなかの人物であったようである。

＊『史話　明石城』

小笠原家の教訓中に、家中の諸士、近習、外様の者、下々の者まで、憐れみをかけてやるようにという箇条があって、忠真はよくこの家訓を守ったので、家来たちは心服した。また、一技一能に秀でた者があれば、これを愛した。

おわりに

宮本武蔵という実在のスーパースターを記した「一代記」はない。武蔵のこれまでに創作された数々の書は、大概、武蔵三一歳の「巌流島の決闘」で完結し、その強さも右に出る者がいないほどの「理想的な」剣聖の如くに書き綴られている。

それもそのはずで、「巌流島の決闘」後、六〇余度の闘いを振り返った武蔵は、「敗を失わなかったのは、これまでの闘いが兵法に有るまじきやり方であり、しかも自分より弱い者としか闘っていないからだ」、と自ら『五輪書』で告白した。

だから自分より強い者とは勝負しない卑怯で未熟な己を知った武蔵は、ここから「心・意」を磨き「観・見」を研ぎながら、兵法の道である「武士の法」を究めていくわけである。

だが論者らは、こうしたことも含め、晩年の熊本まで、武蔵が何を考え、何処《どこ》で何をしていたのかを、よく討究もしていないのだ。よって武蔵の「一代記」など書きようもないのは、止むを得ないことだと、皆、勝手に当然の如くに認識する。

その結果、前後に関係なく断片的で上辺だけの格好良い話ばかりに終始した、戯《たわ》けた武蔵伝説ばかりが、群雄の如くに記されては評されてきた。

本書は、そうした脈絡が一貫しない真実性の乏しい内容の弊害を除去しようと、数少ない史料などを関連付けながら、その「一代記」を書き上げてみようと試みた次第である。

とは言っても、これまで議論されることもなかった「はじめに」にもいう①～⑦の項目を、どう読み解いていくかが問題なのである。そこで本書は本文の中で、その各項目について読み解いた内容を、ここで整理しておくこととしたい。

武蔵とは、己を知り「城市要塞」論を構築し展開した剣豪

①の「武蔵の生国など」について……

昭和三六年に発見された加古川・泊神社の「伊織の棟札」によって、それまでの不確定であった武蔵の生国は「高砂市米田町」、生年は「一五八二年（天正一〇年）」と確定した。さらにそれらをはっきり裏付けた一番の史料が、一九九七年（平成九年）に発見された『宮本玄信伝』なのである。

②の「巌流島の決闘」について……

『五輪書』の内容も然り、また武蔵がこれを機に真剣勝負を止めたこと、さらに『沼田家記』の信憑性を考えると、この巌流島の決闘は、助太刀などがあり、武士として有るまじき悔恨の念を抱かせる大変な出来事なのであった。それ故に武蔵にとって、この巌流島の決闘は、これまでの闘い方を悔い改め、真の「武士の法」を究めていく変貌を遂げるターニング・ポイントとなったわけである。

③の「武蔵が明石の町割りなどを行った」ことについて……

武蔵は、福岡、大坂、大和郡山などの城および城下町を見知って、武芸者の目から常にその攻守における有・不利、利・害などのシミュレーションを行っていた可能性は否定できない。だから後ろ二者が落城した要因なども分析しながら、

a．それでは天守閣、本丸を如何にして守るべきかの城造り
b．その城を如何にして守るべきかの城下町造り
c．その城下町を守ってくれる天然の要害（海、川、池、山など）の存在

を巧く組み合わせ配することによって築く一大要塞を、武蔵は兵法における攻める側、守る側の観点（メリット、デメリット）などを考察しながら「城市要塞」論として理論付けを行ったのだ。

この武蔵の「城市要塞」論に共鳴したのが、姫路の本多忠政である。そして忠政は娘婿の明石・小笠原忠真が一から城、城下町を築くにあたり、この「城市要塞」論を聞かせる目的で、本多家の客分・武蔵を明石へ連れて来て、忠真に紹介した。

客分といっても、武蔵の養子・三木之助は忠政の嫡男・忠刻の小姓になっており、武蔵親子の本多家への忠誠心は極めて強いものがあると忠真は認識した。

それ故に忠真は、身内の提案としての武蔵が主張する難攻不落な「城市要塞」論を、

ここ明石で実践し実現しようと、そこで秘的な仕掛け（罠など）のある最高機密の事業としての、城の縄張を忠真が行い、武蔵には、

a．繁栄と防御を兼ね備えるような町割り（都市計画）をした城下町

b．城内から脱出用のカラクリもある憩い接待する場としての樹木屋敷

を造るように命じたのである。

武蔵は「隠密」だった

④の「武蔵の養子の小姓登用とその大出世」について……

通常、よそ者の小姓登用は、ほとんど考えられないのだ。それは、主君が寝首を掻《か》かれたり藩の情報漏洩も予見されるからである。だがそれも覚悟で小姓登用したのは、客分・武蔵と姫路（その次は明石）の藩主の間に、武蔵の優れた武技、才覚などの活用を大

いに期待した密約が交わされていたのだ。その密約とは、武蔵への「隠密」要請と武蔵情報を秘的にやり取りする武蔵・養子の「小姓」登用である（姫路藩では嫡男・忠刻の小姓に登用）。

だから「隠密」武蔵が陰で大活躍し、時には将軍・家光からも褒められ、あるいは「隠密」ではないが有馬父子の戦功を証するなど、藩主の期待に次々と応えていった結果、藩主はその功労に報いる武蔵への報酬「隠し扶持」を増やす為に、その見合い分を武蔵の養子に上乗せするべく、破格の昇進、昇格をさせていったのである。

⑤の「武蔵の仕官希望」の実態について……

仕官を望む武蔵は多くの大名らと、直に接触している。だが通常、仕官を望む者が、家老クラスの「高禄」に「藩政への参与」を要求したり、あるいは身形《みなり》も整えず悪臭をも振り撒く「不潔さ」を装ったりするだろうか？

これらの行為は、武蔵が大名らの内部情報を収集したこともあり、よって用済みとなった大名らから絶対に「仕官の申し入れを断ってくる」ように仕向けた巧妙なやり方だったのである。

逆に用済みとなったからと言って、武蔵が申し入れた仕官を途中で自分が取り下げたりすると、任官させようと執心している大名らは体面を傷付けられたとして、武蔵を城から出すことなく難なくばらしてしまおうか……。

そこで武蔵は、常識を欠く武士の言動を発することで、こんな男を斬れば「刀の錆《さび》になる」「刀汚しになる」「沽券《こけん》に関わる」と大名らに判断させたわけだ。

こうした仕官を希望しても仕官せずの武蔵の言動は、小笠原家（姫路の時は本多家）の秘的客分としての武蔵が、大名らの内情を得る「隠密」だったからである。

取り分け、武蔵が「隠密」だったことを色濃く出しているのが『渡辺幸庵対話』であろう。そこには、駿河藩家老・渡辺幸庵と武蔵が接していたと見受けられるほどに武蔵の武芸や不潔な生活状況までも詳述する。

そうであれば、武蔵が駿河藩主・徳川忠長と接していたことは疑う余地もなかろう。よって忠長らの考えや動きを報じた「武蔵情報」を見た将軍・家光が、忠長の精神状態を指摘するより忠長に謀反の兆候ありと決め付け、だったらこの際、家光の強権イメージを世にしっかりと植え付け、反幕府勢力を一掃し幕藩体制を強化しようと、強引に、先ず病的な忠長を蟄居させ、次に熊本藩主・加藤を謀反の疑いありとして改易したと推し量るものである。

武蔵は、熊本の目付役

⑥の「武蔵の熊本行き」について……

武蔵の親子が二君に仕えることなど、許されるはずがない。しかしそれを熊本藩主・細川忠利が、承知で武蔵を熊本へ引き入れたのだ。その理由は、何故かあまり語られていない史実が、存在するからなのである。それは、熊本・細川藩の八代に居城する隠居・細川忠興が八代を熊本から分立させようとする「分藩計略」の動きなのだ。

この分藩計略を力付くで行うとすれば、藩主の親子対立による熊本での内紛から細川藩の取り潰し、さらには九州全域での動乱化に繋がっていくことも予見されよう。

そこで九州の平穏を願う「九州探題」小笠原忠真としては、義弟の細川忠利と相談し、この忠興の動きを牽制する為に、細川藩の重臣らと知り合いも多い武蔵を目付として、熊本へ送り込んだのが実態である。

忠真、武蔵を大評価する

⑦の「小倉碑文」について……

世を吃驚させるほどの武蔵を絶賛した小倉の巨大な武蔵顕彰碑を、いくら伊織が小倉藩の家老だからといって、時代背景を勘案、勝手に黙って建てれば、それだけでも藩主は勿論のこと幕府の怒りも買うことになる。

だが堂々と人目に触れても何の咎《とが》めもなかったのは、即ち、武蔵の陰ながらの貢献を評価した藩主や幕府が、事前にその建立を命じ、かつ容認していたからに他ならない。

ところで、これ以外に本書では、武蔵の二刀流とは、真剣ではなく木刀であった、と主張した。それは武蔵に真剣二刀での決闘実例もなく、また武蔵も真剣での二刀流は難しく、けだし危機に備えて訓練を怠ってはならない、と述べていることを重視すれば、軽くて片手で受けも振り回しも容易な木刀による二刀流であった、と自説を展開した由である。

さて徳川幕府草創期は、幕藩体制も脆弱《ぜいじゃく》であり、よって体制の早期安定化の為には、叛逆分子などを逸早く摘発し一掃していかねばならなかった。そこで幕府は、柳生一門などを活用して活発な諜報活動を行ったのだ。

しかし公儀隠密となると、警戒されて、柳生兵庫助ですら、中々、相手の懐に入っての情報収集は難しかった、と見る。だから公儀隠密と接触し、また闘った大名らの史料などが見当たらないわけである。

そのようなことから、西国への最前線で活躍する親藩の姫路・本多忠政とか、次いで同じく親藩の明石・小笠原忠真も、幕府の意向を受けて諜報活動を行っていたといっても過言ではない。さすれば、文・武に長け西国事情にも明るい武蔵を、武者修行の中で「隠密」として活用したのは、極めて当然であり自然であったと慮る。

その「隠密」武蔵の姫路窓口であった養子・三木之助は、忠政の嫡男・忠刻が早死にしたことによって殉死した。だがこの「隠密」の重要性を認識する藩主・忠政の強い要請によって、武蔵を秘的な客分として受け入れたのが明石の小笠原忠真である。

忠真は、親藩としての役割を果し幕藩体制の早期安定化を図ろうと、姫路と同じく武蔵の武技や才覚を最大限に活用するべく最も困難な諜報活動である「隠密」として武蔵を取り立てたのだ。またその情報の漏洩を防ぐ為に、忠真は養子・伊織を忠真の小姓に登用した次第である。

したがって武蔵が兵法を究める為に、武者修行と称し諸国を行脚していく中で、武蔵は、外様大名、譜代大名はたまた御三家など（含む駿河徳川家）の中から、噂があるとか調査命令を受けた大名らの内情を探ったのだ。

そのやり方としては、大名らに仕官希望を申し入れ、客分となって当該大名らの中枢《ちゅうすう》に入り込み、鋭意彼らの身辺情報を収集したのである。これは、誰にでもできるものではない。武蔵が公儀隠密と違って、大名らが真に求める剣豪、文豪、はたまた芸能、芸術家だったから、為せた業《わざ》なのであった。

そうした価値あるタイムリーな信憑性の高い内幕情報を、武蔵は暗号化して伊織経由で忠真に報告した。忠真は、この報じられてきたシークレットな「武蔵情報」を、幕府・老中あるいは叛逆などを取り締まる柳生宗矩へと報じていく体制を構築したのである。

だから幕府は、幕藩体制を維持していく為にも、その「武蔵情報」を重視し、大いに活用したと考える（幕府による大名らの除封件数は「はじめに」の3. 参照のこと）。

とはいえ、かように活躍する武蔵への功労報酬「隠し扶持」は表に出すこともできず、よって右記④の如く、その見合い分が養子・伊織二〇歳にして、今で言う満塁ホームランを打ったかのように、忠真は伊織を家老へと大出世させていった由である。

忠真と武蔵の関係

ところで武蔵が「隠密」だったと主張するのは、筆者だけである。しかしながら、本来、闇から闇へ処理されていく話に、本人も含めた関係者の誰一人とて、口が裂けても自分が「隠密」だ、あるいはその関係者だとは明かさないであろう。だからそんな「隠密」といった直接的な証拠を見い出すのは、至って無理難題である。

そうは言ってもその「隠密」を証する糸口が無いのかといわれると、そうでもない。本書は、右記の項目④、⑤、⑦を「武蔵の一生」の中で解明しながらストーリー化したことによって、武蔵が「隠密」だったと確信したわけである。

さらに本書は、他の項目も「武蔵の一生」の中で解明し纏めたことで、武蔵と忠真の新たな関係も見出したのだ。その関係とは、次の通り。

［武蔵は、「忠真公こそ我がお仕えする唯一の主君だ！」と仰ぎ見、また忠真は、陰で仕える客分「隠密」といえども「武蔵は、我が忠実な家臣なり」とその粉骨砕身の労を労《ねぎら》い褒め称えつつ、尚かつ以心伝心の二人は連携し、この動乱の世を平穏無事な世にしようと、けだし表立つことなく突っ走って行ったのである。

そして武蔵の九州（ひいては幕藩体制）の安定化に貢献した度合は測り難く、そうした武蔵の技量、功績を大いに評価したのが、忠真（含む幕府）なのであった］

したがって主君・忠真は、動乱の幕府草創期に大活躍した忠臣・武蔵の「剣豪日本一」に相応しいその偉業や足跡を、後々まで正しく語り伝えようと考えたのだ。そしてその偉業に見合うよう、また家光の了承も得ていたことから、小倉の手向山に、「剣聖」としてのサクセス・ストーリーを刻石した巨大な「武蔵顕彰碑」を、伊織に建立させた次第である。

以上、右記のことも勘案しながら、本書は、「武士の法」である『五輪書』を会得し実践すれば、善なる武士が育ち、その彼らが善政を執り行えば、邪剣のない「元和偃武《げんなえんぶ》」が行き渡り「天下泰平の世」が到来する、といったことを「空之巻」で論じる武蔵の意を理解した。

よって当時の激変する不安定な歴史動向の中で、さような論理、真理の探究に意気に燃えた武蔵が生命を賭《と》して果していった陰・陽の役割を、本書は一生涯に亘って曲がりなりにも纏め上げることが出来た、と自負もする。

『五輪書』の普及について

だが、武蔵の思いが詰まったこの剣技における「心、技、体」などを集大成した奥義を理解することは、中々容易ではない。さりとて、その『五輪書』は、

「米国では彼の書いた『五輪書』は経営学の参考書として、またフランスなどでは武士道というか、騎士道というか、サムライの心を伝えたものとして高く評価されているようである」（引用…高砂「宮本武蔵・伊織顕彰会」作成のパンフレット）

と記されている通り、極めてグローバル化した世界の剣術書とか経営書にもなっている。

因みに二〇一六年のマスコミでは、その年に就任した米国国防長官・マティス氏も、この『五輪書』を座右に置いていると報じていた。

ついては、武蔵の意図した悟りの境地「無」から導かれた「剣禅一如」や「万里一空」を唱道するこの「剣理」の真髄『五輪書』が、今後、「武道の宝典」として、さらには人間心理などの本質を解析した行動理論も組み込んだ実学「経営学、政治学、社会・人間学などの学問」として、幅広く世に普及していくことを切に願うものである。

参考図書

『新考・宮本武蔵』（遊佐京平）無明舎出版
『考証　宮本武蔵』（戸部新十郎）光風社出版
『図説　宮本武蔵』（戸部新十郎）河出書房新社
『宮本武蔵の真髄』（大浦辰男）マネジメント社
『史実　宮本武蔵』（富永堅吾）百泉書房
『宮本武蔵のすべて』（岡田一男、加藤寛）新人物往来社
『お伽衆　宮本武蔵』（井上智重、大倉隆二）草思社（尚、「細川藩・奉書」を収録）
『宮本武蔵　筆の技』和泉市久保惣記念美術館
『今こそ宮本武蔵』（清水豊）武蔵実像研究会
『宮本武蔵』（宮本武蔵遺蹟顕彰会編纂）熊本日々新聞社
『宮本武蔵　日本人の道』（魚住孝至）ぺりかん社
『佐々木小次郎（上）』（村上元三）講談社
『二天記』[『肥後文献叢書第二巻』（武藤厳男）歴史図書社」に収録）
『五輪書』（宮本武蔵原著、大河内昭爾訳）ニュートンプレス

『芸術家　宮本武蔵』（宮元健次）人文書院
『生国播磨の剣聖　宮本武蔵を行く』（中元孝迪）神戸新聞総合出版センター
『宮本武蔵の旅』（城塚朋和）六興出版
『別冊歴史読本　宮本武蔵孤高に生きた剣聖』新人物往来社
『別冊歴史読本　図説　宮本武蔵の実像』新人物往来社
『宮本武蔵「五輪書」のすべてがわかる本』（白井孝昌）廣済堂出版
『宮本武蔵　50の真説!!』（宮本武蔵研究会）東邦出版
『宮本武蔵　剣聖・剣豪事典』（加来耕三）東京堂出版
『美作誌前編　東作誌』（藤巻正之）石原書店
『仮名草子集成　海上物語』（朝倉治彦他編者）東京堂出版
『宮本武蔵事典』（加来耕三）東京堂出版
『徳川幕府事典』（竹内誠編）東京堂出版
『決定版　宮本武蔵全書』資料…兵法三十五箇条、羅山文集、渡辺幸庵対話、武公伝、都
甲太兵衛、新免武蔵論、論争直木三十五×菊池寛など（松延市次他）弓立社
『宮本武蔵』（吉川英治）講談社
『随筆　宮本武蔵』（吉川英治）朝日新聞社

『決闘者　宮本武蔵』（柴田錬三郎）集英社
『二人の武蔵』（五味康祐）新潮社
『菊池寛全集補巻第4　剣聖武蔵伝』（菊池寛）武蔵野書房
『宮本玄信伝史料集成』（宇都宮泰長）鵬和出版
『宮本武蔵と新史料』（宇都宮泰長）鵬和出版
『武蔵・伊織と小原玄昌について』（宇都宮泰長）鵬和出版
『小倉藩歴史叢書　鵜の真似』（小島礼生、宇都宮泰長校注）鵬和出版
『歴史と人物　巌流島以降―それからの武蔵を追う』（尾崎秀樹）中央公論
『直木三十五全集13　宮本武蔵』（直木三十五）示人社
『司馬遼太郎全集短篇全集5　新説宮本武蔵』（司馬遼太郎）文藝春秋
『江戸城の宮廷政治――熊本藩細川忠興・忠利父子の往復書状』（山本博文）読売新聞社
『木下延俊慶長日記（慶長一八年日次記）』（校訂　二木謙一他）新人物往来社
『織田信長総合事典』（岡田正人）雄山閣出版
『戦国細川一族』（戸田敏夫）新人物往来社
『細川幽斎・忠興のすべて』（米原正義）新人物往来社
『綿考輯録』（細川護貞監修）汲古書院

『大日本近世史料　細川家史料』（東京大学史料編纂所）東京大学出版会
『細川家の情報戦略』（山本博文）［『熊本歴史叢書④　近世編』熊本日々新聞社に収録］
『宮本武蔵の歴史像』（吉村豊雄）［『熊本歴史叢書④　近世編』熊本日々新聞社に収録］
『ドキュメンタリー織田信長』（濵田昭生）東洋出版
『宮本武蔵は、名君小笠原忠真の「隠密」だった』（濵田昭生）東洋出版
『姫路城史』（橋本政次）姫路城史刊行会
『BANCUL　新・宮本武蔵伝説　34（2000年冬号）』（姫路市文化振興財団）神戸新聞総合出版センター
『姫路城を彩る人たち』（播磨学研究所編）神戸新聞総合出版センター
『日本史を変えた播磨の力』（中元孝迪）神戸新聞総合出版センター
『加古川街実記』山脇重弘
『徳川十五代史』（内藤耻叟）新人物往来社
『福岡県史　第五篇　近世　豊前国』福岡県
『戦国大名閨閥事典』（小和田哲男）新人物往来社
『系図纂要』（岩澤愿彦監修）名著出版
『日本の名族』（菅英志）新人物往来社

『三百藩藩主人名事典』（藩主人名事典編纂委員会編）新人物往来社
『徳川幕府事典』（竹内誠編）東京堂出版
『戦国大名　系譜人名事典』（山本大他編）新人物往来社
『小笠原忠真一代覚書　乾坤』（東京大学所蔵本、読み下し…勇伊宏）
『講座　明石城史』含む明石記の上巻…「金波斜陽」（明石城史編纂実行委員会編）明石市教育委員会
『明石市史資料（近世編）』（黒田義隆）明石市教育委員会
『史話　明石城』（黒田義隆）のじぎく文庫
『明石城の歴史と文化』明石市立文化博物館
『明石郷土史料　播州明石記録』（桜谷忍）歴史図書社
『明石城』（島田清）中外印刷
『明石城の歴史』（パンフレット）公益財団法人兵庫県園芸公園協会
『赤石のくに』（川口陽之）みるめ書房
『明石文化史年表』（明石市教育部社会教育課編）明石市
『明石郷土史』（野田猪左雄）大観尋常高等小学校
『兵庫県十八藩史』（森口忠）中外書房

『柳生兵庫助』（津本陽）毎日新聞社
『代表作時代小説　柳生十兵衛七番勝負』（津本陽）光風社出版
『少年小説大系　柳生十兵衛』（根岸発五郎）三一書房
『阿部一族』（森鴎外）岩波書店
『徳川家光』（藤井譲治）吉川弘文館
『黒田長政』（徳永真一郎）学陽書房
『新選御家騒動』（福田千鶴）新人物往来社
『キリシタン武将　黒田官兵衛』（林洋海）現代書館
『日本城郭大系　18』（菅英志）新人物往来社
『決戦！　熊本城』（松永弘高）朝日新聞出版
『歴史群像　名城シリーズ　熊本城』（太田雅男）学習研究社
『考証　武家奇談』（稲垣史生）時事通信社
『名将言行録』（岡谷繁実原著・北小路健／中沢啓子訳）教育社
『大日本史料』（東京大学史料編纂所）東京大学出版会
『決定版　図説・戦国地図帳』（久保田昌希監修）学習研究社
『お湯殿の上の日記（御湯殿上日記）』［『続群書類従補遺第三第五』（塙保己一編纂）続群書類

従完成会に収録〕
『江戸時代年表』（山本博文監修）小学館
『江戸逸話事典』（逸話研究会）新人物往来社
『武道秘伝書』（吉田豊）徳間書店
『礼記（上）』（竹内照夫）明治書院
『緯書と中国の神秘思想』（安居香山）平河出版社
『江戸幕末・和洋暦換算事典』（釣洋一）新人物往来社
『細川三代　幽斎・三斎・忠利』（春名徹）藤原書店
『宮本武蔵　研究論文集』（福田正秀）歴研
『日本の名城解部図鑑』（中川武監修）エクスナレッジ
『新・日本名城100選』（西ヶ谷恭弘）秋田書店
『甲府略志』（甲府市役所）名著出版
『島原半島史　上巻、中巻』（林銑吉）国書刊行会

著者プロフィール

濱田昭生《はまだあきお》

1945年、兵庫県生まれ。津名高校、神戸商科大学（現・兵庫県立大学）卒業。

1968年、神戸銀行（現・三井住友銀行）入行。事務部門、業務企画部門、全国銀行協会などを担当。支店長、関西事務センター長などを歴任。

1998年、さくら銀行（現・三井住友銀行）退職。企業役員、銀行傍系会社社長などを歴任。

〈著書〉
『孫子に学ぶ　21世紀型組織経営論』（碧天舎2003年刊）
『織田信長　民姓国家　実現への道』（東洋出版2006年刊）
『桶狭間の戦い――景虎の画策と信長の策略――』（東洋出版2007年刊）
『信長、謙信、信玄の力量と、天皇が支持した信長の「布武天下」』
（第八回「歴史浪漫文学賞」優秀賞受賞作品、郁朋社2008年刊）
『ドキュメンタリー織田信長』（東洋出版2010年刊）
『宮本武蔵は、名君小笠原忠真の「隠密」だった』（東洋出版2012年刊）
『近衛前久が謀った 真相「本能寺の変」』（東洋出版2013年刊）
『真相解明―信長の七不思議―』（東洋出版2015年刊）

宮本武蔵《みやもとむさし》の一生《いっしょう》

著者　濱田昭生《はまだあきお》

発行日　2017年8月9日　初版　第1刷発行

発行者　田辺修三
発行所　東洋出版株式会社
〒112-0014　東京都文京区関口1-23-6
電話　03-5261-1004（代）
振替　00110-2-175030
http://www.toyo-shuppan.com/

印刷・製本　日本ハイコム株式会社

ISBN 978-4-8096-7883-7
定価はカバーに表示してあります